U0112518

Economics

两课经济学

[澳]约翰·奎金 著 张茜 译

in
Two Lessons

by
John Quiggin

九州出版社
JIUZHOUPRESS

致　谢

2011 年，普林斯顿大学出版社的出版商赛斯·迪奇克（Seth Ditchik）最早向我提出出版这本书的想法，当时普林斯顿大学出版社的主管彼得·杜赫蒂（Peter Dougherty）也鼓励我这样做。像很多书一样，这本书的写作也经历了相当长的时间，在如此长的这段时间中，我的这两位支持者赛斯和彼得一直在鼓励我，直到我最终明晰了这本书的写作思路。2016 年，莎拉·卡罗（Sarah Caro）接手了这个项目，并在这本书从草稿变成最终手稿的过程中经常鼓励和帮助我。感谢赛斯、彼得以及莎拉，这本书终得以问世。我也感谢包括鲍勃·贝滕多夫（Bob Bettendorf）、吉尔·哈里斯（Jill Harris）、迪米特里·卡雷特尼科夫（Dimitri Karetnikov）、汉纳·保罗（Hannah Paul）、斯蒂芬妮·罗哈斯（Stephanie Rojas）、朱莉·肖凡（Julie Shawvan）、凯伦·佛德（Karen Verde）在内的普林斯顿大学出版社团队，是他们的帮助使我的手稿成了一本真正的书。

感谢罗杰·巴克豪斯（Roger Backhouse）和另外一位匿名

读者，感谢他们对这本书的积极反馈和有价值的改进建议。我也收到了很多学者的宝贵意见和积极反馈，包括马克斯·科登（Max Corden）、西蒙·格兰（Simon Grant）、雅各布·哈克（Jacob Hacker）、拉贾·朱南卡（Raja Junankar）和弗拉维奥·梅内兹（Flavio Menezes）。

除了以上这些传统形式的反馈来源之外，我还从我的博客（johnquiggin.com），以及学术团体博客（crookedtimber.org）收到了积极的反馈。感谢这些不同媒体的有效反馈意见，有些是化名，我肯定错过了一些宝贵意见。我也感谢"Anarcho"、"Anarcissie"、罗伯·班克斯（Rob Banks）、斯蒂芬·巴托斯（Stephen Bartos）、吉姆·伯奇（Jim Birch）、格雷姆·伯德（Graeme Bird）、马克·布雷迪（Mark Brady）、"ccc"、"CDT"、"塞万提斯（Cervantes）"、哈利·克拉克（Harry Clarke）、保罗·戴维斯（Paul Davis）、"DCA"、提姆·迪蒙（Tim Dymond）、肯尼·伊斯瓦兰（Kenny Easwaran）、杰夫·爱德华兹（Geoff Edwards）、"Equalitus"、迈克·弗兰（Mike Furlan）、克里斯汀·海瑟梅尔（Christian Haesemeyer）、迈克·海恩斯（Mike Haines）、尼古拉斯·海恩斯（Nicholas Haines）、奈吉尔·哈登（Nigel Harden）、塞巴斯蒂安·霍尔斯劳（Sebastian Holsclaw）、休伯特·霍兰（Hubert Horan）、雨果（Hugo）、"Ikonoclast"、"J-D"、瓦莱丽·凯（Valerie Kay）、克沙夫（Keshav）、伊恩·柯克加德（Ian Kirkegaard）、"LFC"、彼得·鲁德曼（Peter Ludemann）、格雷·戈麦肯齐（Greg McKenzie）、罗伯特·默克尔（Robert Merkel）、佐伊·米森（Zoe Mithen）、"Nastywoman"、马克·纳尔逊（Mark Nelson）、"Newtownian"、彼得·T（Peter T）、菲利普（Philip）、格雷格·皮厄斯（Greg Pius）、"Plasmaatron"、昆汀·雷诺兹（Quentin Reynolds）、理查·里奇（Richie Rich）、大卫·理查森（David Richardson）、G. 布兰登·罗宾逊（G. Branden Robinson）、"Sandwichman"、斯科特·P.（Scott P.）、西蒙（Simon）、马修·斯梅德伯格（Matthew Smedberg）、史密斯（Smith）、"stostosto"、"Tabasco"、罗伯特·维恩瑙（Robert Vienneau）、布鲁斯·怀尔德（Bruce Wilder）、詹姆斯·温伯利（James Wimberley），最后也向那些我遗漏掉名字的人表示道歉。

我也要特别感谢三位读者。一位是与我搭档许久的同事大卫·亚当森（David Adamson），他对所有的章节一一提供了建议。第二位是迈克·胡本（Mike Huben），他仔细阅读并对书中每一章节提出详细修改意见，同时还向我提供了他关于自由主义的评论网站（http：//critiques.us.），该网站对本书的写作有所裨益。最后一位是我亲爱的妻子（同时也是我的同事）南希·华莱士（Nancy Wallace），她作为编辑所拥有的素养，以及作为读者所具有的批判性技能，帮助这本书避免了很多错误和草率的争论。没有我妻子的爱心与支持，我不会完成这本书的创作。

目　录

引　言

要理解经济学，你不仅需要知道基本原理，还需要知道其中微妙的差别。魔鬼藏在细节中。人们鼓吹"一课经济学"，而我建议回到第二课。

——保罗·萨缪尔森，"对现代金融理论迷惑不解的快乐生活"，《金融经济学年鉴》(*Annual Review of Financial Economics*)，第 1 卷，第 30 页

顾名思义，本书至少在最开始是回应亨利·黑兹利特（Henry Hazlitt）的《一课经济学》(*Economics in One Lesson*)，黑兹利特的著作最早发表于 1946 年，是一本为自由市场经济学辩护的书。但是，有关经济学的新书层出不穷，为什么要回应一本 70 多年前的书呢？为什么要用两课经济学代替一课经济学呢？机会成本又是如何融入这一切的呢？

普林斯顿大学出版社的赛斯·迪克奇跟我提出这个项目时，我自然而然也想到了这个问题。事实证明，《一课经济学》自首次出

版以来一直在重印，到目前为止已售出 100 多万册。黑兹利特的支持者们都已经接受了这样一个信息，即所有的经济学问题都有一个简单的答案，一个符合他们先入为主的答案。借用黑兹利特的书名，这个简单的答案就是《一课经济学》这本书。①

大概来讲，黑兹利特的简单答案就是"放任市场，一切都完美运行"，这也可以用 18 世纪法国作家、自由贸易倡导者达尔让松侯爵的话表达，即"放手让商业自主运行"。

正如黑兹利特自己所说的，他只是重写了法国作家弗雷德里克·巴斯夏（Frédéric Bastiat）的经典自由市场理论。巴斯夏在 1850 年发表的两本小册子《经济规律》（*The Law*）和《看得见和看不见的*》（*What Is Seen and What Is Unseen*）构成了《一课经济学》的基础。然而，黑兹利特扩展了巴斯夏的理论，在《一课经济学》中对（在解释 20 世纪 30 年代的大萧条时发展起来的）凯恩斯主义经济模式进行了批判。

黑兹利特说得对的地方和错的地方如今仍有价值，今天的自由市场倡导者（可以称为一课经济学家）并没有改进他的理论。事实上，黑兹利特在写作《一课经济学》时正值该理论的低谷时期，黑

① 一课经济学家并没有用这些术语来描述他们自己，他们更喜欢"自由市场"这样的术语。正如我将说明的那样，"自由"市场这个概念具有迷惑性和误导性。任何一种市场都在某种法律体系下运作，而这种法律体系会强制执行某些类型的产权及契约，并无视其他的。自由市场是指当前的私有产权优先于所有其他形式的产权的市场。有许多其他的术语可以用来描述"一课经济学"，但大多数带有批判性，包括"芝加哥学派经济学""新自由主义""撒切尔主义""华盛顿共识"。在我的前作《僵尸经济学》（*Zombie Economics*）中，我使用了"市场自由主义"一词。

兹利特用比他的继任者们更简单、更敏锐的方式阐述了这一理论。

黑兹利特简明清晰地介绍了一课经济学，后来的学者没有一位能够像他那样讲得如此淋漓尽致。而且，尽管经济学使用的数学越来越复杂，计算机模型也越来越强大，但是自黑兹利特写作的年代以来，经济学的基本问题并没有发生太大的变化，关键的争论仍然没有得到解决。因此，黑兹利特的作品即便到今天仍然值得一读。

黑兹利特遵循"微观经济学"的传统，即研究价格在特定市场中的运作方式。核心问题包含在"机会成本"这一概念中，即商品和服务的价格是否反映并且决定了一个社会再提供这些商品和服务时的所有成本，这也是本书所要探讨的主要问题。

> 任何有价值的东西的机会成本是你为了得到它而必须放弃的事物。

机会成本对个人决策或整个社会都至关重要。

黑兹利特的书中提到，机会成本的重要性并不是显而易见的，他认为：

> 经济学的艺术在于不仅着眼于行为或政策的直接影响，更着眼于其长期影响。同时，还在于追踪行为或政策对所有群体，而不是仅仅对某一个群体造成的后果。

这种阐述并没有帮助我们理解，它似乎只是说经济学家应该深入彻底地研究。但是，阅读《一课经济学》，我们很明显地发现，黑兹利特作为一个激进的反政府主义者，提出的主张更强有力。黑兹利特认为，只要经济运行得当，就可以对市场放任自流。因此，一课经济学理论可以重述为：

> 一旦把行为或政策的所有后果都考虑进去，政府采取行动治理经济的机会成本总是超过收益。

论证简洁是黑兹利特的伟大之处。他将许多复杂的问题与一个单独的原则联系起来，忽略次要的细节，直奔反对政府干预的核心。他的答案都来自他的一课经济学理论。

黑兹利特声称通过《一课经济学》可以快速学习经济学，这与《秘密》（The Secret）和《戒律》（The Rules）等畅销书的吸引力相似。对那些自文明诞生以来就困扰人类的问题，他给出了简单答案。和其他畅销书一样，黑兹利特提供了一种确定性错觉。他的一课经济学理论包含了关于市场力量的重要真理，但他却忽略了另一些同样重要的真理——市场具有局限性。

所以，我们需要重新思考一课经济学，我们称之为两课经济学。

两课经济学比一课经济学更难。用两课经济学重新思考经济学是有代价的：我们可能既无法认可一课经济学的教条主义确定性，也不能认可政府干预能够解决经济问题的假设。在许多情况下，正确的答案仍然是难以捉摸的，因为它综合了市场力量和政府政策。

尽管如此，本书提出的"两课经济学"提供了一个框架，在这个框架中，经济政策的常见问题都可以考虑周全。

当黑兹利特站出来为巴斯夏提出的"一课经济学"辩护时，他受到了当时主要经济学家的严厉批评。在几十年前，阿尔弗雷德·马歇尔（Alfred Marshall）、A. C. 庇古（A. C. Pigou）等经济学家提出了"外部性"的概念，即市场价格不能完全反映所有相关的机会成本的情形。典型的例子就是工厂产生的废气或污水，在没有具体的政府政策约束下，污染成本不是由工厂所有者承担的，也不会反映在工厂生产的商品价格上。要理解这个问题，我们需要超越个体机会成本，考虑整个社会的成本。因此，我们必须修改原定义：

> 任何有价值的东西的社会机会成本，是你和其他人为得到这样东西而必须放弃的事物。

外部性只是经济学家所谓的"市场失灵"问题的一个例子。在这些情况下，价格不同于社会机会成本。在某些情况下，这些问题可以通过适当的政府政策来解决。微观经济政策的典型课程是从一系列市场失灵开始，延伸到有关政策可行性的讨论。

当我着手写这本书时，我设想它是一本基于机会成本和市场失灵概念的微观经济政策的非技术指南。不过我在写作过程中，对此并不满意。

外部性和相关的市场失灵是一个大问题。尼古拉斯·斯特恩爵士（Sir Nicholas Stern）将气候变化问题描述为"历史上最大的市场失灵"。但是，当今许多发达国家长期处于经济衰退或萧条，经济不平等日益加剧，《两课经济学》的书名实在不应该用来描述一本只讲市场失灵的书。

我开始花更多的时间思考失业的问题，以及黑兹利特在他的书中是如何看待失业问题的。《一课经济学》这本书的大部分章节可以理解为对英国伟大经济学家约翰·梅纳德·凯恩斯作品的抨击。凯恩斯在1936年出版了《就业、利息和货币通论》一书，并在整个宏观经济学领域（对就业、利率和价格总水平扰动的研究）引起了轰动。

经验表明，经济衰退或萧条状态往往会持续数年。凯恩斯是第一位对市场经济如何在高失业率下长期运行做出令人信服的解释的经济学家。相比之下，尽管黑兹利特经历了大萧条，却含蓄地提出经济总能处于充分就业的状态，或者如果不是政府或工会的干预，经济将会处于充分就业状态的观点。

在我研究这个问题的过程中，我认为机会成本可以用来解释核心争论。在经济衰退或萧条时期，市场，特别是劳动力市场的供求不能完美匹配。这意味着价格，特别是工资往往不能反映或决定机会成本。

这并不能说明政府可以出台干预政策来恢复和维持充分就业，但也确实让我们看到了一个重要的观察结果，而且不仅黑兹利特忽略了这一点，当今的大多数主流经济学家也没有意识到。我们通常假定，在某些没有明显市场失灵的特定经济领域，黑兹利特的"一课经济学理论"是适用的。但经济衰退或萧条会影响整个经济，在经济衰退的情况下，机会成本一般不等于经济中任何一个部门的市场价格。

另外一个核心问题是关于收入和财富的分配，这在当下已经越来越不平等。尽管黑兹利特没有明确地说，但他暗示当下的市场收入分配（或者更确切地说，在废除他不支持的政策后出现的收入分配）是唯一符合一课经济学理论的。

市场结果取决于产权制度。事实上（正如我们稍后将看到的），当市场按照黑兹利特假设的方式运作时，总有一些产权制度可以导出价格和机会成本相等的商品和资源分配。因此，关于收入分配和可能改变收入分配的政府政策，黑兹利特的一课经济学理论没有什么有用的信息。

虽然市场是非常强大的社会制度，但只有政府建立了必要的框架，市场才能发挥作用。市场经济中经济框架的核心，以及政府的核心作用，是产权的配置和法律执行情况。选择什么样的产权也要遵循机会成本的逻辑，这一点与公司和家庭在市场环境中做选择一样。

其中，微观经济学、宏观经济学和收入分配涵盖了经济政策中的所有关键问题，要掌握这些领域的任何一个问题都需要多年的学习。例如，学习微观经济学就要掌握供求理论，首先要熟练使用基础经济学课程中的图形表示，然后掌握更复杂的代数和计算方法。

但是，只有那些需要定量回答某些问题的专家才必须做这个层面的分析，比如"钢铁进口关税的变化会对汽车行业的就业产生多大影响"。对我们大多数人来说，只要知道保护钢铁行业是有机会成本的，即会造成汽车行业就业损失。

机会成本的概念及其与市场价格的关系可以用来解释公共政策中涉及的大部分原则问题。为此，正如我上文中所说的，我们需要两课经济学。

一课经济学：市场价格反映并决定了消费者和生产者的机会成本。

一课经济学描述了市场运作的方式，并解释了为什么在某些理想情况下，黑兹利特的一课经济学理论可以提供正确答案。两课经济学是对两个多世纪以来市场在不理想情况下的运作方式以及对市场为什么不能达到预期进行研究的成果。

两课经济学：市场价格不能反映整个社会的所有机会成本。

市场如何运作以及市场为什么失灵的问题是大多数经济政策的核心，而这些经济政策常常引起政治和社会辩论。我希望这本书将有助于澄清这些问题。

本书提纲

这本书分为四部分，每一课有两个部分。

第一课的第一部分，解释市场经济如何在价格等于生产者和消费者的机会成本的条件下运行。

第一课的第二部分，是第一课的一系列应用。我们将考虑如何利用基于价格和机会成本概念的政策达到公共政策的目标。

第二课的第一部分说明市场价格可能无法反映整个社会的机会成本。事实上，市场均衡是针对产权配置的社会选择的产物，而市场价格没有考虑与这些选择相关的任何机会成本。

同样重要的是，并非所有与消费者和生产商选择相关的机会成本都反映在他们所面临的机会成本中，即市场价格在许多不同的情形下不能反映机会成本。这些市场失灵问题包括失业、垄断、环境污染和公共产品供给不足等，第二课我们将从机会成本的角度解释这些市场失灵问题。

第二课的第二部分包含各种政策问题的应用。首先，我们会考虑收入分配问题，我们会谈到，不论是在国内还是国际上，援助穷人最好的办法就是给他们资金援助，让他们在自己认为合适的时候消费，而不是援助特定的商品和服务。换言之，解决产权配置的不公平问题较解决由此产生的后果更合适。接下来，我们将考虑如何利用财政和货币政策解决宏观经济问题，尤其是解决大规模失业问题。最后，我们将研究一系列与市场失灵概念密切相关的传统公共政策。

为使这本书在坚持学术标准的同时更具可读性，我没有使用冗长的标准尾注，而是在每一章的结尾添加了一个简短部分，给出事实的来源及进一步阅读的建议，并在这本书的结尾使用了参考书目。我也谨慎地使用了脚注以涵盖相关问题及偶尔出现的问题。

延伸阅读

黑兹利特的书仍然在印刷，你可以在米塞斯研究所的官网找到电子版。除了《一课经济学》，黑兹利特最著名的著作是他在1959 年出版的《"新经济学"的失败》(*The Failure of the "New Economics"*)，这本书是对凯恩斯《就业、利息和货币通论》的回应。1994 年，黑兹利特去世那年出版了他的代表性著作集。此外，巴斯夏也有许多作品被翻译成英语。

马歇尔的《经济学原理》于 1890 年首次出版，是当时的经典经济学教科书，影响了 20 世纪的大部分时间。这本书经历过多次修订，最后一版是第八版（Marshall，1920），这一版是引用最多的版本。庇古在《福利经济学》(*The Economics of Welfare*) 一书中的分析引入了"外部性"的现代概念，它也成为市场失灵的典型形式之一。市场失灵最早的系统论述者是巴托（Bator，1958）。

本导言中引用的其他作品有拜恩（Byrne）的《秘密》(2006)，费恩（Fein）和施耐德（Schneider）的《戒律》(1995)，开篇引自萨缪尔森（Samuelson，2009）。

第一课第一部分

经济课

两条路在树林里分叉，而我——

我选择了那条少人行走的路，

这，造成了此后一切的不同。

——罗伯特·弗罗斯特（Robert Frost），《未选择的路》

（译文选 自《林间空地》，杨铁军译，
上海文艺出版社，2015 年版。）

第一部分讨论了一课经济学，解释了当价格等于生产者和消费者的机会成本时，市场经济如何运行。

第1章开篇阐述了本书的核心概念——机会成本，然后研究机会成本和我们熟知的生产成本之间的关系，接下来探讨我们作为消费者、劳动者、家庭成员在进行选择时面临的机会成本，最后梳理了机会成本这一概念的思想源流。

第2章阐述了理想条件下市场如何实现均衡，也就是价格等于机会成本以及实现了互利贸易。首先，我们会看到，经济上的互利合作可以为每个人提供"免费午餐"，这一点与许多其他看法相反。其次，我们将讨论自愿交易以及交易双方是如何在交易中互相受益的（尽管双方得到的利益并不总是平等的）。在国际贸易的特殊情况下，比较优势这一重要概念应运而生。最后，我们分析了交易中的竞争均衡价格是如何产生的，以及它们如何反映机会成本。

经济学入门教科书认为市场均衡是静态的（固定在某一时点）

和确定的（无不确定性），这主要是因为处理时间和不确定性这两种因素较为困难与复杂，因此也就让读者认为一课经济学只适合静态确定的世界。在第 3 章，我们阐述了原则上经济学也可以用于在连续的时间中和不确定条件下做选择，但均衡价格等于机会成本的条件比静态和不确定的情况要严格得多。第 3 章开篇以利率作为时间的机会成本进行讨论，接下来考虑信息和不确定因素，我们把价格作为收集和传递有关需求和机会成本等信息的社会机制。然后，我们研究风险和不确定性因素。我们研究了感知风险和机会成本的保险市场信息是如何与不同风险选择下的各种结果相关。我们稍后将在这本书中讨论这些问题。

第 1 章
市场价格与机会成本

> 切记，时间就是金钱。假如一个人凭自己的劳动一天能挣 10 先令，那么，如果他这天外出或闲坐半天，即使这期间只花了 6 便士，也不能认为这就是他全部的耗费。他其实花掉了，或者应该说是白扔了另外 5 先令。
>
> ——本杰明·富兰克林，《给一个年轻商人的忠告》（*Advice to a Young Tradesman, Written by an Old One*），1748

大多数经济学入门教材都从讨论机会成本开始。然而，若干页之后，机会成本的概念就消失了，取而代之的是对供求决定价格的图解说明，这一解释可以使用弹性（度量价格敏感性）的概念进一步阐述，即当决定供求的条件发生变化，价格会如何反应。

作为培养专业经济学者的起点，这些都是有用且必要的，尽管更加透彻地理解机会成本概念对于他们大多数人将更有利。[①]然而，对于理解公众讨论中经常涉及的经济问题，供求分析的技术手段基本上不是必需的，甚至可能成为一种障碍。

那么，什么是机会成本呢？

什么是机会成本

经济学家是出了名的意见不一。凯恩斯主义者与货币主义者就财政政策产生争议。芝加哥经济学派的成员，包括一系列诺贝尔奖[②]得主，都主张自由市场，而政府干预经济的主张得到了保罗·克鲁格曼、阿马蒂亚·森和约瑟夫·斯蒂格利茨等经济学家的支持，他们同样也都获得了诺贝尔经济学奖。正如萧伯纳所言："即使把所有的经济学家放在一起，他们也得不出一个统一的结论。"

然而，无论经济学家们对政策持何种观点，有一种经济学思维方式将他们与没有学过经济学的人区分开来。有些人，如本杰明·富兰克林，没有接受过任何正规的训练就能掌握这个概念。引自富兰克林的"时间就是金钱"已是众所周知的道理，它通常被认为是一个传统谚语，而不是富兰克林的敏锐观察。富兰克林的解释

---

① 有一项著名但有争议的研究报告称，参加 2005 年美国经济协会（American Economic Association）年会的 200 名经济学家中，只有 22% 的人对一个有关机会成本衡量的简单问题给出了正确答案。
② 最初的诺贝尔奖并不包括经济学奖，诺贝尔经济学奖的全称是瑞典中央银行纪念阿尔弗雷德·诺贝尔经济学奖。

引发我们思考一个更广泛的概念，也就是构成经济学核心思想基础的机会成本。

机会成本的概念与选择密不可分。当我们在两种选项中做出选择时，选择其中一种意味着放弃另一种。套用罗伯特·弗罗斯特的话说，选择了其中一条路走下去的机会成本是在未选择的路上可能发现的一切。未选择的路我们没有走过，因此也没有任何货币可以衡量，这是对我们在做出选择时所要付出的成本的最恰当表达。

总结来说：

> 任何有价值的东西的机会成本是你为得到它而必须放弃的事物。

这个想法看似简单，实际上却出乎意料地精巧。描述机会成本说起来容易，做起来难。好的经济学导论要能够引导学生理解这一概念。

让我们从一些教科书的案例开始思考。对于基本上能够自给自足的生产者，或主要通过易货交易的人来说，机会成本可以用简单的术语来描述。正因为如此，许多经济学入门课程花很多时间讨论孤岛求生的鲁滨逊·克鲁索，以及他和星期五进行的易货交易。①

如果克鲁索最好的选择是摘椰子，而他却花一天时间钓鱼，那么他晚餐吃鱼的机会成本就是他本可以在陆地上摘椰子、晚餐吃椰

---

① 在笛福的小说中，克鲁索和星期五是主人和仆人的关系，而不是像经济学教科书中那样，是贸易伙伴的关系。我们将在后面的章节中进一步讨论这个问题。

子的快乐。

或者克鲁索可以把鱼卖给星期五来换取烤山羊之类的东西。如果交易发生，那么克鲁索晚餐吃山羊的机会成本就是他交易出去的鱼。星期五的情况正好相反，他晚餐吃鱼的机会成本是交易出去的山羊。

对克鲁索来说，交易的收益是通过其他方式获得山羊的机会成本。如果这种成本大于捕鱼的机会成本，那么对他而言交易就是合适的。星期五和鱼的情况也是如此。

这些例子过于简单，掩盖了很多复杂性。有几点需要说明：首先，克鲁索不能确定如果他不去钓鱼而是去摘椰子会发生什么事情。不确定性的问题是不可避免的，而且往往很棘手。其次，在讨论物物交换时，我们没有提到克鲁索如何得到鱼以及星期五如何得到山羊。之后我们将讨论这两个问题，以及它们带来的复杂性。

引入资金将使问题更加复杂，而且更易推导出错误的结论。与普遍观点相反，机会成本告诉我们，经济学并非"完全与金钱有关"。事实上，你越习惯用金钱来衡量成本和收益，就越难理解机会成本。机会成本原则适用于所有类型的决策，无论这些决策是否涉及货币成本。

我们将会看到，有时商品或服务的货币价格是衡量其机会成本的一个很好的指标。但很多时候并非如此，正如富兰克林指出的那样，花在空闲消遣上的 6 便士只是休息半天的机会成本的一部分，即使加上放弃的 5 先令收入，也未必就是全部成本。也许这个勤劳的商人已经建立起了良好的商誉，他提供的服务在未来将增加需求，而休息半天的机会成本也就包括损失的这部分需求。

机会成本与公共政策同样相关。这在决定向公众提供某种特定的商品或服务时是显而易见的。在做出这样的决定时，政府放弃了一些机会，例如替代支出项目、减税或削减公共债务（允许未来增加支出）。为某一特定项目进行的公共支出的机会成本是这项支出的最优选择的价值。

选择有时候表现出的方式让人觉得某个有吸引力的商品是可以免费获得的。仔细思考替代方案常常（尽管并非总是）表明机会成本总是存在的。在后文中，我们会看到很多这样的例子。

生产成本和机会成本

机会成本是如何与我们更为熟悉的成本概念，例如生产成本等，联系起来的？这和价格有什么关系？

生产成本是以市场价格计算的生产者用于生产某种商品或服务的资源的价值，包括原材料、员工劳动、生产中使用的资本以及管理者的时间和精力。

以一家小型企业为例，比如一家专门制造夹克的服装制造商，每一件夹克的某些成本（材料、裁剪、缝纫等）与其自身紧密相关，而另一些成本是维持业务运行产生的"间接成本"或固定成本，而不管生产了多少件夹克。

这些投入的价格反映了其所有者在提供这些投入时所面临的机会成本。对于房东来说，机会成本是他们可以从其他租户那里收取的租金；对于供应商来说，机会成本是他们可以从其他买家那里得到的价格；对于工人和业主经理来说，机会成本是他们本来可以选择的最优项 —— 无论是另一份带薪工作、在家工作还是休闲。

其中有一点显而易见，像布料和其他材料等采购来的投入，买方和卖方的机会成本就是市场价格。无论布料用于夹克、裙子、织物，还是直接在服装零售商店出售，纺织品制造商对于中等规模的买家都收取相同的价格。这个价格是制造商放弃卖给这个买家转而卖给另一个买家的价格，所以无论是谁买了这种布，价格都是相同的。

在大多数情况下，商铺租金也是如此。只要能支付租金，维护大楼，房东就不会在意是把房子租给服装制造商还是其他租户，例如修鞋企业。同样，服装制造商也可以比较后再进行选择，他们也不愿支付溢价。因此，租金将反映空间的机会成本。

综上所述：

> 在一个竞争激烈的市场中，有许多买方和卖方，按市场价格计算的生产成本反映了投入的机会成本，这一点正如供应商认为的那样。

固定成本、可变成本、边际成本和沉没成本

为了更全面地理解机会成本，我们有必要深入研究生产成本。

有一种方法将生产成本分解为"固定成本"①和"可变成本"。固定成本是最初决定进行生产所产生的成本，例如房屋租金、必要的基本设备成本等。可变成本是取决于生产数量的成本，如投入材料的成本和生产工人的工资。

这种区别并不难，也不是固定的，它取决于做出选择的时间长短。每一天，出勤的员工都必须得到报酬，所以当天唯一的可变成本就是实际使用的原材料。长期（几年）来看，企业可能投资（或不投资）新的机器或者搬到新的地方，抑或是进行其他投资，因此几乎所有的成本都是可变的。尽管如此，区别固定成本和可变成本还是很有用的。

这种区分可以让我们更加深入地理解生产的机会成本。首先，让我们考虑当某种商品或服务的产量增加（或减少）时，可变成本的增加（或减少）。这就是所谓的"边际生产成本"。

假设企业只关心利润，只有当市场价格至少等于每增加一单位生产的边际成本时，它才会选择增加生产。这是一课经济学的例子，边际成本是机会成本的相关形式。

生产者必须定期（比如每天）根据市场价格调整产量的增减，同时也必须关注企业整体，并考虑是继续经营还是停产。如果决定彻底停产，可以节约所有的可变成本，还可能节省一些固定成本，比如房屋租金。

这里的关键区别在于，有些固定成本可以通过停产来节约，有

---

① 用商业术语来说，固定成本通常被称为"间接费用"。

些则不能。只有可节约的固定成本才是持续生产的机会成本的一部分。无论决策结果如何都无法节省或者收回的成本被称为"沉没成本"。机会成本推论出的一个重要观点（与民间智慧"不要花钱填无底洞"相呼应）就是，沉没成本不应该影响我们的决策，因为我们无法改变它们。

沉没成本的相关问题不仅局限于商业决策。在所有的长期项目中，从大学学习到人际关系，我们都要决定是否坚持下去。当我们后悔当初启动项目的决定时就会面临沉没成本的问题，它会使我们误入歧途。

一方面，我们可能认为，在一个项目上投入了大量资金之后，我们应该不顾未来的成本和收益，坚持到底，而不是浪费我们所有的努力。另一方面，我们可以得出这样的结论，即不管将来发生什么，这个项目整体一定是弊大于利的，因此我们应该立即放弃它。这两种推论都与机会成本的逻辑相矛盾。对某个决策而言，重要的是现在可以选择的替代方案，而不是过去已经发生的成本。

劳动和工资

机会成本的逻辑对于材料和租金等项目来说已经足够清楚了。然而，在任何经济体中，劳动都是最重要的投入，并且在很大程度上，生产任何商品或服务的成本是由所需劳动时间的工资成本决定的。那么，机会成本分析是否适用于工作和工资？

在某种程度上，答案是肯定的。

生产某种产品或服务的工人本可以把他们的时间花在另一份工

作上（假设有其他工作），或花在家务劳动上，又或是用来享受闲暇。在第一种情况下，劳动时间的机会成本是指如果工人选择"外部选项"，即可选的最优工作，他们本可以获得的工资。"工资"不仅包括每小时的工资，还包括雇主提供的福利和工作条件，包括那些影响工作乐趣、安全和保障的因素。

在充分就业的条件下，具有一般技能的工人很容易从一份工作转到另一份工作。而且，在竞争激烈的劳动力市场中，那些要求和职责相似的工作在工资和工作条件上通常也非常相似。

雇主提供的工资如果低于工人工作时间的机会成本，他不会立即失去所有工人。但是大多数流动工人（通常包括最优秀的工人）都会开始寻找新的工作，而且这些工人离开后，雇主将很难有替补员工。

因此，从长远来看，在竞争激烈的劳动力市场中，雇主必须支付市场工资。在这种情况下，市场工资通常是衡量买卖双方机会成本的一个很好的指标。在竞争激烈的劳动力市场中，工作机会充足，工人可以自由选择雇主，工资往往能够反映工人面临的机会成本。

但实际上，劳动力市场很少是这样的。当失业率高时，工人不能自由地从一份工作换到另一份工作。即使在充分就业的情况下，具有专业技能的工人对雇主的选择也只有有限的选项。而且，由于雇主资助的医疗保险等劳动力市场制度的存在，换工作的成本可能会很高。要理解就业、失业和工资，我们需要两课经济学。我们将在第 8 章和第 14 章更详细地讨论这个问题。

家庭、价格和机会成本

我们刚刚看到机会成本的逻辑如何适用于生产者。那么消费者呢？当我们每天决定买什么和买多少时，我们面临的机会成本通常由市场价格决定。

思考一下平衡家庭预算这一由来已久的问题。尽管我们收到了很好的建议，但很少有人按照家政手册中规定的系统方法来做这件事。相反，我们大多数人会支付必须支付的账单，购买我们认为是必需品的东西，然后决定剩下的钱如何消费或储蓄。

有时，我们有足够的闲钱用于选择。在这种情况下，机会成本的逻辑足够清楚。比如我们可以买一件漂亮的新夹克，也可以去餐厅愉快地享受一顿大餐，但不能两者兼而有之。

这样，如果我们选择夹克，它的机会成本就是我们用同样的花费可以享用的一顿美味。夹克的市场价格告诉我们，在外出就餐或其他可选的消费方式中，我们必须放弃多少才能得到它。

还有些时候，我们不太容易做出选择，我们可能没有足够的钱来购买必需品，更不用说奢侈品了。在这种情况下，要么放弃（实际上是重新定义"必需品"），要么负债，例如透支信用卡余额。

如果决定用负债来解决当前支付账单的问题，那么产生的机会成本就是一个月后账单上增加了信用卡债务和由此产生的利息，那时候将更难做出选择。无论如何，都与机会成本的逻辑相关。

在收支的另一边，我们必须挣钱来支付账单。对于大多数家庭来说，这些钱主要来自雇用劳动。在充分就业的条件下，我们总是有机会以市场工资找到工作。一课经济学家认为市场总是处于充分就业的状态，但实际上充分就业只是一种例外，而不是规则（见第8章）。

根据工作性质的不同，我们可以工作更长（或更短）的时间，从加班中获得（或放弃）额外的收入。从长远来看，一对夫妻组成的家庭必须做出选择，是双方都做全职工作，还是一方为家庭付出更长的时间。对于有孩子的夫妻来说，这种困扰尤其严重，他们工作时间的机会成本就是照顾孩子的时间。

家庭生产

谈到"经济"，大多数时候我们指的是有偿劳动、商品和服务在市场上销售的世界（或政府供应、税收资助）。然而，考虑到机会成本，我们认识到，许多经济活动发生在市场之外，主要发生在家庭内部，或者用经济学术语来说，发生在家庭部门。在家的时间可以用来做家务、照顾孩子或休闲，在家时间的机会成本也就是本可以在市场部门挣到的工资。

家务劳动或多或少直接替代了市场上的商品和服务。在家做饭是外出就餐的一种替代选项，购物旅行是送货上门的一种替代选择，等等。在每一种情况下，我们都要做出选择：是花时间直接生产商品或服务，还是花时间工作赚钱然后在市场上购买商品和服务？

在此背景下，值得一提的是国内生产总值（GDP）的概念。GDP 是衡量经济中市场部门总产出的指标。这个概念的提出是为了评估市场部门是处于繁荣时期（在这种情况下，它将吸引失业工人重返工作），还是处于萧条时期（在这种情况下，这些工人将回到家庭部门从事家务劳动或被迫失业）。

GDP 本来并不是用来衡量社会总生产活动或经济福利的指标。不幸的是，它经常以这种方式被误用，尤其是被一课经济学家误用。他们普遍认为，降低公司税和对商业友好的监管政策能够增加GDP。但即使这是真的，也不意味着整个社会就会变得更好。

虽然在过去 50 年左右的时间里，我们看到了很多变化，但大多数家务仍然是由女性完成的，大部分市场工作是由男性完成的。[1]滥用 GDP 作为衡量经济福祉的一项指标贬低了妇女的工作，并加剧了现有的不平等现象。

一课经济学

这些日常选择阐释了一课经济学：

> 市场价格（包括工资）让我们知道我们作为消费者和工人所面临的机会成本。

决定我们选择的除了市场价格，还有收入：收入越多，我们的

---

[1]　根据美国劳工统计局（Bureau of Labor Statistics）的数据，美国男性平均每天在带薪工作和相关活动上花费 4.3 个小时，在包括育儿在内的家庭活动上花费1.8 个小时。女性每天在带薪工作上花费 2.9 小时，在家务上花费 2.7 小时。

选择范围就越广。收入反过来又取决于产权配置，包括金融财富、受教育的机会、偿还债务（包括税收）的义务，以及从他人或政府项目（如社会保障和医疗保险）获得收入的权利。

黑兹利特和其他经济学家一样，认为私有财产权的分配是命定的、自然而然的，把社会保障等政府项目视为一种武断的干预。事实上，所有的产权都是政府和法律建构起来的。我们将在第 7 章进一步阐述这一点。

在某些情况下，这种构建显而易见，一眼就能看出来；在另一些情况下，这些构建已经有几十年或几百年的历史了。无论哪种方式，产权集合在逻辑上都优先于产权的确定。

大量的智力劳动被用来确定一组给定产权、生产技术和消费者偏好所产生的价格。下一章，我们将在经济学第一课的基础上来讨论这些努力的结果。

机会成本的思想史

机会成本的概念是现代化的自然结果。在传统社会中，大多数经济决策都是基于风俗习惯或固定的义务（马克思和恩格斯称之为"各种封建羁绊"）。传统最核心的思想是做以前做过的事。在现代社会，我们时刻面临着新选择，比如如何使用我们的家庭收入、如何管理生产企业、如何确定公共政策等。

我们已经了解的机会成本的概念，它可能是本杰明·富兰克林首次提出的，并且他把这个想法作为一种实用的智慧提出，自然地适用于现代商业社会，特别是对那些接受他建议的"商人"①。但是，它同样适用于现代生活中时刻面临复杂选择的人。

弗雷德里克·巴斯夏是第一个将机会成本（尽管当时还不叫机会成本）作为一种辩论武器的人。巴斯夏驳斥了各种旨在帮助特定行业的提议的虚假论据，他指出，这些提议的支持者只关注提议带来的好处，没有考虑到未采取的（看不见的）提议的机会成本。

巴斯夏在经济思想史上享有盛名，而奥地利经济学家弗里德里希·冯·维塞尔（Friedrich von Wieser）却没有这样的幸运。虽然他提出了"机会成本"这一术语，以及同样著名的"边际效用"一词。

对冯·维塞尔来说，机会成本的概念不仅适用于在市场所做的决定，也适用于整个社会财富和资源的分配。财富分配的高度不平等意味着富人的奢侈品消费优先于穷人的基本需求。正如冯·维塞尔敏锐地观察到的：

> 财富的分配决定了生产什么，并导致了一种更加反经济的消费者，这种消费者在不必要且罪恶的享受上肆意挥霍，而这种享受本来可以用来医治贫困的创伤。

冯·维塞尔用这个观点来证明累进所得税是合理的。

机会成本的概念是由奥地利学派和受奥地利学派影响的经济

---

① 当时的"商人"一词包括店主和个体手工业工人。

学家，尤其是哈耶克、路德维希·冯·米塞斯和莱昂内尔·罗宾斯，带入主流经济学的。不幸的是，这三个人都是教条主义的一课经济学家，他们剔除了冯·维塞尔观点中隐含的平等主义观点。

主流经济学家在很大程度上接受了罗宾斯的格言，即人与人之间的幸福不应该进行比较，因为这是"不科学的"，他们试图在不考虑边际效用等概念的情况下重建福利经济学。到20世纪70年代，当彼得·戴蒙德（Peter Diamond）和詹姆斯·莫里斯（James Mirrlees）等理论家重新讨论最优税收问题时，与冯·维塞尔的观点和机会成本概念之间的联系就消失了。

冯·维塞尔的学生哈耶克和米塞斯没有把机会成本概念应用到经济学的实际问题中，他们追求的是冯·维塞尔的研究中不太显眼的方面，也就是19世纪关于"价值理论"的毫无结果的争论。哈耶克和米塞斯的经济分析屈从于教条的市场原教旨主义，把奥地利学派逼入了一条死胡同，从此再也没能逃脱。

延伸阅读

在众多介绍微观经济学主流观点的入门教材中，我认为麦克洛斯基的著作（McCloskey，1982）是最独特、最有趣的一本。不幸的是，即使是这样一本经典作品也遵循了惯常的模式，在开头几节强调机会成本的重要性，但在作品的主体部分却很少使用这个概念。

我们有必要看看这类教材的重要配套书籍，它们指出了一些问题假设，特别是那些没有阐明的假设。凡恩的《微观经济学：批评导读》（*Microeconomics: A Critical Companion*，Fine，2016）是个不错的选择。与之配套的著作《宏观经济学：批评导读》（*Macroeconomics: A Critical Companion*，Fine and Dimakou，2016）也值得一读。它强调了宏观经济分析不能服从一课微观经济学的推论，这一点本书第 8 章将会介绍，因为一课经济学的推论是基于经济在充分就业条件下运行的假设。

本章的引文分别来自弗罗斯特（Frost，1921）和富兰克林（Franklin，1748）。《鲁滨逊漂流记》在 1719 年第一次出版，我们可以阅读 2003 年的版本（Defoe，2003）。脚注中提到的有关经济学家对机会成本问题的研究即费拉罗和泰勒的研究（Ferraro and Taylor，2005）。关于经济学家意见分歧的引文没有出处，尽管它经常（就目前所能确定的而言是错误的）被认为出于乔治·萧伯纳。

菲利普·米洛斯基在 YouTube 上的一段视频中对诺贝尔经济学奖是如何产生的发表了一些有趣的评论（Philip Mirowski，2011），《诺贝尔经济学奖的逻辑》（*The Nobel Factor*，Offer and Söderberg，2016）给出了更详细的解释，阐明了一课经济学理论与诺贝尔经济学奖的设立之间的关系。

玛丽莲·瓦林（Marilyn Waring）的《一文不值》（*Counting for Nothing*，1988）提供了一种对 GDP 的女权主义批判，本章对此进行了概述。有薪工作和无薪工作的估计来自美国劳工统计局 2018 年的美国人时间使用情况调查。同样令人感兴趣的是黛安娜·科伊尔（Diane Coyle）的《极简 GDP 史》（*GDP: A Brief but Affectionate History*，2015），该书探讨了这些问题（尤其是平装版的导言）。

冯·维塞尔对机会成本理论及其与边际效用的关系的系统阐述是在《自然价值》（*Natural Value*，1893）一书中提出的，并在《社会经济学》（*Social Economics*，1927）中提出了更广泛的观点。谷歌图书有这两本书的翻译版本。施特莱斯勒对奥地利学派的第一代经济学家进行了通俗易懂的描述（Streissler，1990）。罗宾斯证明了价值中立经济学是有用的这一荒谬的观点（Robbins，1932）。

戴蒙德和莫里斯提出了只有数学能力强、受过训练的经济学家才能理解的最优税收理论（Diamond and Mirrlees，1971a，1971b）。我们将在第 13 章进行简单介绍。

还有一些资料引用自马克思和恩格斯（Marx and Engels，1848）。

市场、机会成本和均衡

> 经济学家知道所有东西的价格，却不知道任何东西的价值。[①]
>
> ——改编自奥斯卡·王尔德的《温夫人的扇子》
> (*Lady Windermere's Fan*)

经济学家经常谈论市场和价格。然而，市场只是我们在做选择时平衡收益和机会成本的方法之一。我们已经知道许多经济活动发生在家庭内部，也了解了他们做出不同选择的机会成本。另外，政府也会代表整个社会做出选择。在正常运作的民主社会中，这些选择广泛地反映了选民的意愿。我们将在两课经济学部分更详细地讨论，机会成本不仅对企业和家庭有意义，对政府也很有意义。

即使在商业领域，市场也常常只是一个次要角色。在大公司

---

① 王尔德原书中形容的是"犬儒主义者"而不是经济学家，但使用他的措辞来描述经济学家已经很普遍。

里，决策是通过等级制度做出的，这种等级制度只在细节上与中央计划经济略微不同。①其他通过等级制度制定的决策包括与供应商和大客户的合同关系。只有在向家庭出售最终产品和服务的过程中，市场价格才会跟入门教科书中描述的那样发挥作用。

那么，市场有什么特别之处呢？答案是价格。当我们在两种商品之间做出市场选择时，其中一种商品的机会成本是由它相对于另一种商品的价格决定的。这也适用于企业决定在市场上生产什么产品以及生产多少。

通过这些观察，我们可以提出一些问题：

- 价格是如何决定的？
- 同样的价格如何反映生产者和消费者的机会成本？
- 以市场价格进行的交易对所有人都有利吗？还是一方（比如卖方）总是以牺牲另一方为代价从中受益？

一课经济学理论提供了这些问题的答案，虽然不是一个完整的答案。在一些严格的条件下，竞争性市场均衡就是一课经济学理论强有力的例证②：

---

① 伟大的芝加哥学派经济学家罗纳德·科斯（Ronald Coase）在 20 世纪 30 年代首次提出了这一观点。当时，科斯正从早期对社会主义的同情转向更加市场化的观点，因此在对企业的分析中涵盖了这两种立场。

② 一课经济学家通常认为，均衡状态会持续下去，不用费心去解释清楚。在黑兹利特 1946 年的作品中，这是可以理解的，因为直到 20 世纪 50 年代，阿罗和德布鲁的作品才精确地确定了条件，之后的研究者就没有逃避的理由了。

在理想的竞争均衡中，市场价格将等于机会成本，天下没有免费的午餐。对于给定的产权配置，以市场价格进行交易对所有人都是有利的。

天下有免费的午餐

天下没有免费的午餐首字母缩略写成 TANSTAAFL（There Ain't No Such Thing As A Free Lunch，读作 /tan'-stah- fl/），它在资产主义者圈子中的流行，是因为米尔顿·弗里德曼和稍早于他的罗伯特·海因莱因的经典科幻小说《严厉的月亮》（*The Moon Is a Harsh Mistress*）。[1]

这句谚语源于 19 世纪沙龙上的一种营销策略，当时酒馆向顾客提供"免费"午餐，前提是顾客会将午餐与啤酒或其他饮料一起消费。很自然，午餐的费用也包括在了饮料的价格中。

我们可以从更广泛的角度重申这一关键点，即在做出经济决策时，重要的是机会成本，而不仅仅是货币成本。虽然午餐没有明确收费，但顾客要想享受免费午餐只能放弃便宜啤酒，便宜啤酒就是机会成本。

资产主义者通常会用"天下没有免费的午餐"这句格言来指

---

[1] 这种观点的支持者通常将自己描述为"自由主义者"（libertarian）。我使用"资产主义者"（propertarian）这个词有两个原因。首先，左翼自由主义者也在争夺"自由主义者"的所有权，他们认为政府强制执行财产权是对自由的侵犯。其次，强调保护市场和现有产权制度不受政府干预的可取性，与通常意义上的自由无甚关联。在特朗普政府时期，这一点尤为明显。

出，政府"免费"提供的服务是有机会成本的。"免费"提供某些服务的资金必定来自提高税收或削减其他公共开支。更普遍的观点是，我们必须考虑商品或服务的全部机会成本，而不仅仅是眼前的价格，这是一课经济学的另一个版本。

但矛盾的是，大多数经济学家认为，改善经济政策可以为每个人带来更好的结果，尽管他们可能对改善所有人的政策到底是哪些存在分歧。资产主义者也不例外，他们大肆宣扬通过撤销国家控制和赋予市场自由可以获得的好处。

免费的午餐是"免费的东西"，也就是说，没有机会成本就能得到好处。相反，当且仅当没有免费午餐时，"天下没有免费的午餐"才成立，而这也只有在经济体系运转良好时才会发生。因此，如果每个人的经济状况都能得到改善，那么正确的说法是"天下有免费的午餐"。

"天下没有免费的午餐"体现了一个重要的真理，适用于许多显而易见的"免费午餐"，它们的机会成本被小心地隐藏起来。然而，如果"天下没有免费的午餐"是真的，人类的生活水平就不可能高于生存线。

从亚当·斯密的《国富论》开始，经济学家就提出了一个更重要的事实，那就是"天下有免费的午餐"。在现代发达经济体中，最贫穷的人用更少的付出和辛劳，享受着我们祖先无法获得的一系列商品和服务。对我们来说，现代经济带来的生活水平的提高就是免费的午餐。事实上，经济学告诉我们存在两种免费午餐：技术创新和资源优化配置。

技术创新是最明显的免费午餐。技术创新使我们能够以更少的投入（包括劳动力）产出特定的产品，这是免费午餐的经典例子。采用新技术可以使我们在不使用任何额外资源的情况下增加产量。因此，超额产出的机会成本为零。通过技术提高生产和消费的可能性所需要的唯一东西是信息。

第二种免费午餐是经济学关注的核心问题，它源于优化资源配置。一课经济学理论让我们思考市场发挥作用时可以带来哪些改善。在第二课中，我们将看到当市场无法匹配价格和社会机会成本时，公共政策可以改善资源配置。

与每个人都依靠自己的情形相比，通过贸易和市场进行的交流可以为每个人带来好处。当克鲁索用鱼交换星期五的山羊时，两个人得到食物的机会成本比在没有贸易的情况下低。这种改进（部分）就是免费的午餐，或免费的晚餐。

相比之下，"天下没有免费的午餐"背后的这个酒馆故事却与此截然相反，一笔显而易见的交易，结果却完全不是这么一回事，与交易双方都能获益的结果截然相反。这与前现代贸易的零和博弈观点是一致的，即一方的收益是另一方的损失。

使用正确的经济分析，酒馆的故事说明了"天下有免费的午餐"。假设顾客愿意单独购买啤酒。那么与没有交换的情况相比，午餐就是免费的。如果午餐不是免费的，那么啤酒价格必须高于通过其他途径获得啤酒的机会成本，例如在另一家酒吧购买啤酒或在家自己酿造啤酒。

然而，假设酒馆不是亏本经营，它的价格必须涵盖提供啤酒和午餐的机会成本。如果这个成本与啤酒和午餐单独定价的企业所面临的成本相同，那么午餐的价格就完全包含在啤酒的价格中。无论啤酒和午餐是分开定价还是一起出售，酒店和顾客之间的交易都有净收益。

在理想的情况下，市场结果将确保没有免费的午餐。这些是完全竞争均衡的条件，我们将在后文中讨论。首先，我们将更详细地讨论从交易中获利的概念。

从交易中获利

理解机会成本将我们引向经济学的核心思想。这是一种从交换中获得利益的想法，或者更准确地说，是一种自愿交换货物和服务的想法，这种交换通常会使双方受益。

乍一看，这一观点似乎自相矛盾，纵观历史，很多人都将贸易视为零和游戏。也就是说，一方所获必须以牺牲另一方为代价。美国前总统唐纳德·特朗普就持有这种想法。

特朗普看似可信的观点背后的理由很简单，尤其是在商品交易领域。一件商品有"真正的价值"或"合理的价格"。如果商品以高于其真实价值的价格出售，卖方的收益将由买方承担，反之亦然。

特朗普以这种方式看待贸易或许并不令人意外。投机性房地产交易在很大程度上是一种零和交易，卖方（或买方）通过获得高于（或低于）市场价值的价格而获利。《特朗普自传》（*Trump: The Art of The Deal*）就是这种想法的例证。事实上，这本书本身只是一个小例子，因为读者不会被告知他们读的是一位代笔作家的文字，而不是特朗普本人的文字。

机会成本的推理表明，贸易通常不是零和的。以书籍为例，假设 F. A. 冯·哈耶克将他的经典自由市场论战著作《通往奴役之路》给凯恩斯以换取对方的《就业、利息和货币通论》，对于哈耶克来说，获得凯恩斯著作的机会成本就是他自己著作的价值，反之亦然。

这些著名作家都读过自己的书，而且手头有很多本自己的书，因此放弃一本自己的书的机会成本很小。交换著作也许是一个把这本书作为礼物送给别人的机会。

另一方面，了解学术对手很重要，凯恩斯和哈耶克自然都想阅读对方写的东西。[①] 因此，即使两位作者都认为自己的论点更有说服力，但交换而来的书的价值将大于赠送这本书的机会成本。

当然，也有可能其中一位作者或两位作者都不那么重视阅读对方的作品，不想用自己的书交换对方的作品。在这种情况下，贸易确实会对至少一方造成伤害。然而，在这种情况下，交易不会发生。因此，交易发生的事实足以得出结论：相对于不交易，交易会让双方都变得更好。

即使交易涉及金钱，而不是实物交换，这个观点也不会发生任

---

① 在这种情况下，这种关系的敌对性质是有些片面的。哈耶克拒绝了凯恩斯的《通论》，但凯恩斯后来在给哈耶克的信中对《通往奴役之路》大加赞赏。此外，哈耶克在《通论》的批评者中并不特别引人注目。所谓凯恩斯–哈耶克之争，实际上反映了哈耶克作为市场自由主义预言家和"奥地利学派"经济学家的近代声誉。

何变化。对于购买者来说，购买一件物品的机会成本是这笔钱原本可以用来购买的其他商品或服务，只有当该物品的价值超过机会成本时，购买才会进行。对于卖方来说，销售的价值是用这些钱可以买到的商品的价值，而机会成本则是商品本身，或者替代它所需要的资源。

同样，只有当双方获得的价值超过了机会成本时，贸易才会发生，这样双方就都会比没有贸易时过得更好。事实上，使用货币进行贸易可以让我们把事情简单化。只有当价格低于物品对买方的价值而高于物品对卖方的价值时，才会发生销售。

双方从自愿交换中获益的事实并不意味着这种交换的结果对双方都是公平的。在进行交换之前，必须界定和执行产权。如果产权从一开始就是不平等、不公平分配的，那么在自愿交换之后，产权仍然是不平等、不公平的。

此外，两个人之间的交易可能会使其他人失去交易的机会，从而使他们的情况变得更糟。当一个新的供应商以更低的价格提供产品时，客户的情况会更好，但以前供应这些客户的公司却不是这样。因此，从受限制的贸易转向不受限制的贸易不一定会让每个人都更好。

贸易和比较优势

国际贸易是一种特殊的交换形式，它比同一个国家居民之间使用同一种货币进行的普通市场买卖更为复杂和富有争议。国际贸易通常以"竞争力""顺差"和"逆差"等术语为中心进行讨论,这种语言往往会强化这样一种观点,即不同国家之间的贸易必然是一场零和游戏。

长期以来,经济学家一直拒绝接受这一观点。他们的主要论点基于比较优势的概念,这一概念最早是由伟大的古典经济学家大卫·李嘉图提出的。虽然这个术语主要用于国际贸易,但它同样适用于任何一种贸易。

比较优势的概念精巧、强大、令人惊奇。对比较优势的理解以及由此产生的贸易收益理论,是经济学家与其他人的区别之一。经济学家非常喜欢这个想法,有时甚至过于喜欢,这一点毫不稀奇。

李嘉图将葡萄牙(当时和现在都是葡萄酒生产国和出口国)和英国(与现在不同,当时是布料生产国和出口国)之间的贸易作为例子。我将试着通过研究美国和澳大利亚来了解最新情况。为了与本书的总体思想保持一致,将重点放在思想而非图表和计算上,我放弃了数学示例。

从表面上看,澳大利亚的生产商似乎在所有重要行业上都无法与美国竞争。美国的技术更先进,农田更富饶,即使澳大利亚可以大量生产煤炭和铁矿石,美国的产量也超过了国内需求。

不出所料,美国向澳大利亚出口了许多制成品,比如船。另一方面,澳大利亚向美国出口各种各样的农产品,尤其是牛肉,如果取消为保护美国农民而实施的各种市场准入限制,澳大利亚会向美国出口更多的农产品。

要了解原因,我们可以应用一课经济学理论,思考一下在澳大利亚和美国生产牛肉的机会成本。简化思考，我们假设另一种选择是生产船只。

假设澳大利亚要生产更多的船，来取代从美国进口的船。要做到这一点，可以把养牛场改造成木材种植园，再雇用澳大利亚的农场工人来造船。然而，澳大利亚的肉牛主要生长在低肥力且缺乏雨水的土地上，牛肉产量本身就不高，更不用说生产木材了。利用土地生产牛肉的机会成本是本来可以种植的木材的价值，而这个价值非常低。

同样的道理也适用于劳动力。在我们的例子中，牛肉生产中使用的农场工人的劳动的机会成本，是同样的工人被重新培训为造船工人后可以多生产的船只。因为各种各样的原因，澳大利亚大多数制造业每小时的产出低于美国，因此每放弃 1 吨牛肉能够多生产的船只数量很小，远远低于将美国工人从农业（牛肉）转移到制造业（船只）能多生产的数量。也就是说，美国生产牛肉的机会成本更高，而生产船只的机会成本相应更低。

综上所述，我们可以看到，为了生产更多的船只，澳大利亚将不得不放弃大量的牛肉生产。相比之下，美国船只和其他制成品的机会成本要低得多。所以，在一个简单的易货贸易体系中，澳大利亚人用他们的牛肉来交换美国的产品是有道理的，就像现实中发生的一样。[1]

---

[1] 的确，美国向澳大利亚出售的商品和服务比它购买的要多；也就是说，美国与澳大利亚的双边贸易存在顺差。但这并没有反映出美国的绝对优势。中国对美国的贸易是顺差，对澳大利亚的贸易是逆差。这种"三角贸易"模式很常见。这是有道理的，因为贸易是由比较优势而不是绝对优势决定的。

竞争均衡

让我们重新描述一下一课经济学理论：

> 市场价格反映并决定了消费者和生产者所面临的机会成本。

我们已经看到市场价格如何决定我们作为消费者、工人、商品和服务的生产者在做出经济决策时所面临的机会成本。作为个人，我们无法改变我们所面对的商品和服务的市场价格，因此我们在考虑不同选择的机会成本时必须将其视为已知。

一课经济学理论告诉我们，市场价格也反映了机会成本。也就是说，正如我们做出选择的机会成本由市场价格决定一样，这些市场价格也由我们的选择决定。在理想的条件下，一个社会的所有成员的选择进行加总，可以反映出整个社会的机会成本。

经济理论的一个主要分支即致力于用数学形式证明这类结果。但是这个想法的核心正如前文所讨论的那样，"天下没有免费的午餐"，或者更准确地说"没有对等价值的机会成本就没有收益"。

正如我们所看到的，这种情况要求所有生产都具有技术效率。如果不是这样，那么通过提高生产效率，在相同的投入下生产更多的产品，总能得到一顿免费的午餐。

"天下没有免费的午餐"的第二个要求是，互惠互利的交流应该没有任何有待实现的剩余收益，显然这一要求与市场价格密切相关。

例 1：假设你有一件新夹克，你愿意用它来换今晚棒球赛的门票，而我有票，愿意用它来换你的夹克。

现在我们来看看市场价格。如果夹克的市场价高于门票的价格，你就没有必要和我交易了。你可以以市场价卖掉这件夹克，用所得的钱买门票还会有剩余。这是你能够做出的最好选择。如果我想用门票交换夹克，就必须弥补差价。

如果夹克的市场价格低于门票价格，那就说明一定有其他人愿意以该价格出售夹克，也有人愿意用该价格购票。所以，我可以卖掉我的票，用这些钱买一件夹克，这样的交易对我们交易双方都有利。也可能你运气不好，没有人愿意按照当前价格用门票交换夹克，而且也没有其余的交换可以进行。

这个简单的例子佐证了一课经济学理论的论点。从直觉上看，它表明这样一个结论：以市场价格进行的交易能够实现互利交易中所有的潜在收益，因此不会留下免费的午餐。换句话说，市场均衡时，不存在免费的午餐。

经济学的第一课往往介绍到这里就打住了。但上面这个简单的例子包含了关于市场运作方式的很多假设。最重要的假设有：

（A）商品和服务（包括特定质量的劳动）的价格是由市场决定的，市场上每个人都面临相同的价格，每个人都可以在当前价格下任意买卖。

（B）每个人都清楚地知道所有商品和服务的价格，也知道不确定事件可能如何影响这些价格。

（C）没有人能影响价格。

（D）每个人都基于自己的偏好和可用的技术做出最好的选择。

（E）卖方承担生产商品的全部机会成本，买方从消费商品中获得全部利益，不多也不少。也就是说，没有人能在不付出报酬的情况下将生产或消费的成本转移给他人（例如向外部环境倾倒废物），也没有人能不付出成本就能获得收益。

我们回到上面的门票与夹克的例子，看看这些条件分别适用于何处。

如果夹克的市场价高于门票的价格，你就没有必要和我交易了。你可以（假设 A）以市场价出售这件夹克（不受假设 C 的影响），用所得的钱买门票还会有剩余。这是你能够做出的最好选择（假设 D），你应该这样做。如果我想用门票交换夹克，就必须弥补差价。根据假设（E），没有其他人受到影响。

这个更为复杂的版本可以用数学来表述，以表明在规定的条件（以及一些额外的技术要求）下，将出现"天下没有免费的午餐"的竞争均衡，也就是说，任何潜在的收益都意味着至少同样巨大的机会成本。[①]

在这种"完全竞争"均衡中，任何一种特定商品的价格，对于每一个消费这种商品的人来说，都等于消费变化的机会成本，这种机会成本表示为他们用来购买这种商品的钱的最佳替代用途。同

[①] 肯尼斯·阿罗（Kenneth Arrow）和杰拉德·德布鲁（Gerard Debreu）在 20 世纪 50 年代对这一结果的证明，可以说是数理经济学最伟大的理论成就。然而，正如我们将看到的，它对经济理论和经济政策的影响经常被误解。此外，这个结果并没有说明经济是否会实现均衡，以及会以多快的速度实现这种均衡。

样，只有当企业生产的产品价格等于资源的机会成本时，企业才能实现利润的最大化。

这是一课经济学的核心。在完全竞争均衡中，价格与机会成本完全匹配。"天下没有免费的午餐"。更准确地说，经济中的任何人可能获得的额外利益都必须与同等或更大的机会成本相匹配，在这种情况下，机会成本等于以均衡价格衡量的放弃的商品和服务。这种机会成本可能由受益于这种变化的人或其他人承担。

像黑兹利特这样的一课经济学家则给出了更强的隐含假设，即如果价格反映的是机会成本，那么公共政策就没有改善的空间。他认为任何以牺牲其他群体利益为代价而使一个群体受益的政策都是不可取的。他进一步说，如果所有政府干预都被取消，我们可能会观察到与竞争市场均衡相关的收入分配是最优的。

这种观点是错误的。正如我们将看到的，不同的权利分配和不同的市场均衡都可能会产生"天下没有免费的午餐"这一结果。

免费午餐及租金

只要还有免费的午餐，价格和机会成本之间就会有差距。[①] 如果商品或服务的价格高于机会成本，本可以从销售中获益的潜在生产商就不会这么做。另一方面，那些进行销售的生产商卖出商品和服务的价格超过了它们的机会成本。反之，对于买家来说，价格低

① 开设这一章节的想法是由普林斯顿大学出版社的一位匿名读者提出的。

于机会成本的情况也是如此。

经济学家使用了多种名称来描述价格和机会成本之间的差异，包括"经济利润""真实利润"，以及最常见的"经济租金"。竞争均衡的特点是没有经济租金。此外，产生租金的一种常见方式是将竞争对手排除在市场之外，方法要么是通过可疑的商业行为，要么是寻求政府援助，将市场准入限制在少数人的手中。出于这两个原因，经济学家往往对租金持怀疑态度，"寻租"一词常常是贬义的。

然而，租金并不总是坏事。第一家将改进后的新产品推向市场的公司可以赚取租金，至少在竞争对手能够复制它们的创新之前是这样。当工人组成一个有效的工会时，他们得到的加薪是一种租金。在高度不平等的情况下，比如目前美国普遍存在的情况，工人收入的增加很可能对社会有益，不管这是否符合竞争性市场均衡。这些问题将在第 12 章中讨论。

亚当·斯密和劳动分工

尽管在亚当·斯密之前就有一些作家关注经济话题，尽管他认为自己是一位道德哲学家而不是现代意义上的经济学家，但亚当·斯密的经典著作《国富论》仍然被视为当前我们所说的经济学的开端。斯密是第一位系统阐述贸易收益的经济学家。在技术变革方面，他同样具有洞察力。

斯密试图了解生活水平不断提高的过程。他的主要关注点是劳动分工所带来的技术进步。[1]

他以大头针厂为例说明了这一点，值得我们回顾一下：

大头针制造业是极微小的了，但它的分工却引起人们的注意。所以，我引以为例。一个劳动者，如果对于这份职业（分工的结果，使大头针的制造成为一种专门职业）没有受过训练，又不知怎样使用相关机械（这种机械的发明，恐怕也是分工的结果），那么纵使竭力工作，也许一天也制造不出一枚大头针，要做二十枚，当然是决不可能了。但按照现在经营的方法，不但这种作业全部已经成为专门职业，而且这种职业被分成若干部门，其中有大多数也同样成为专门职业。一个人抽铁线，一个人拉直，一个人切截，一个人削尖一端，一个人磨另一端，以便装上圆头。要做圆头，就需要有两三种不同的操作。装圆头，涂白色，乃至包装，都是专门的职业。这样，大头针的制造被分为十八个操作步骤。有些工厂，这十八个操作步骤，分别由十八个专门工人担任。当然，有时一人也兼任两三个。我见过一个这种小工厂，只雇用十个工人，因此在这个工厂中，有几个工人进行两三种操作。像这样一个小工厂的工人，虽很穷困，他们的必要机械设备，虽很简陋，但他们如果勤勉努力，一日也能完成十二磅的大头针。每磅针以四千枚

---

[1] 斯密不是第一个强调劳动分工重要性的作家，甚至也不是第一个强调劳动分工在扣针生产中的重要性的作家。他的伟大见解是看到了劳动分工在技术进步中的关键作用。

第 2 章 市场、机会成本和均衡 | 47

计，这十个工人每日就可成针四万八千枚，即一人一日可成针四千八百枚。如果他们各自独立工作，不专注于一种特殊操作步骤，那么，他们不论是谁，绝对不能一日制造二十枚针，说不定一天连一枚针也制造不出来。他们不但不能制出今日由适当分工合作而制成的数量的二百四十分之一，就连这数量的四千八百分之一，恐怕也制造不出来。

斯密接着阐述了技术进步的三个来源。第一，通过教育和经验获得专业技能。第二，通过重复执行一个任务而不是在多个任务之间切换来节省时间，每个任务都需要适当的设备。最后，得益于改进机械设计，其中一些改进是由工人在工作中发现的，另一些是由专业研究人员发现的。

在现代经济学术语中，这些分别被称为"人力资本""规模经济"和"技术创新"。

机会成本和专业化的逻辑解释了为什么在发达经济体中人们花费大量时间生产商品和服务用于销售，然后用取得的收入交换他人生产的商品和服务。[①]

一个有专门设备的熟练工人，比如一个砖瓦匠，可以把时间用来砌砖，也可以用来做其他事情，比如修理汽车；同样，机修工可以把时间用来修理汽车，也可以在花园周围砌一堵砖墙。显然，砖瓦匠维修汽车的机会成本高于机修工，反之亦然。于是贸易给双

---

① 虽然不是所有的时间。经济活动的一大部分，特别是对妇女而言，包括为她们自己的家庭生产服务，以及在较小程度上生产商品。

方都带来了收益，这种收益以劳动分工带来的生产率收益的形式出现。

延伸阅读

在诺贝尔经济学奖得主中，科斯的著作相对较少。他的名声几乎完全建立在《公司的性质》（Coase，1937）和《社会成本问题》（Coase，1960）两篇论文之上。

维基百科将"天下没有免费的午餐"这句话追溯到 1938 年《埃尔帕索先驱报》（*El Paso Herald-Post*）上的一篇文章。这意味着读者已经理解了这句谚语的意思，这句谚语大概以口头形式流传了一段时间。海因莱因让这句话广泛传播（Heinlein，1966）。

海因莱因以激进作家厄普顿·辛克莱（Upton Sinclair）的支持者身份开始他的创作生涯。辛克莱的著作包括《丛林》（*The Jungle*，Sinclair，1906），其中对 19 世纪末的"免费午餐"酒馆进行了批判性的描述。然而，随着时间的推移，海因莱因转向了政治右翼。里根巴赫引用了个人自由协会的一项研究（Riggenbach，2010），声称六分之一的产权活动家是通过阅读海因莱因的小说而成为资本主义者的，其中《严厉的月亮》（Heinlein，1966）体现出非常明显的资本主义倾向。

米尔顿·弗里德曼在一组批评政府监管论点的文章和专栏（Friedman，1975）中，使用了更为传统的措辞"天下没有免费的午餐"。

斯密的《国富论》是少数几本仍值得一读的经济学经典著作之一。如果没有读过他的《道德情操论》，就不能完全理解《国富论》。

凯恩斯（Keynes，1936）和哈耶克（Hayek，1944）对理解当代辩论也很重要，尽管哈耶克的书（在我看来）大错特错（Quiggin，2010）。在一些视频中，哈耶克被错误地理解为凯恩斯的主要学术对手。

李嘉图在他的主要著作《政治经济学和税收原理》（Ricardo，1817）中提出了比较优势理论，我建议在微观经济学入门教材中阅读更容易理解的版本，如麦克洛斯基的著作（McCloskey，1982），而不是去看晦涩难懂的原版。

德布鲁的小书《价值理论》（*Theory of Value*，Debreu，1959）是一颗宝石，虽然只有通过数学教育才能欣赏它的价值。这本书用数学证明了竞争均衡的存在。阿罗和德布鲁联合在他们的研究中证明这个结果（Arrow and Debreu，1954）。

第 3 章

时间、信息和不确定性

> 我又转念，见日光下，快跑的未必能赢，力战的未必得
> 胜，智慧的未必得粮食，明哲的未必得资财，灵巧的未必得喜
> 悦，所临到众人的，是在乎当时的机会。
>
> ——《传道书》9：11

在前面的章节中，我们对一课经济学理论的讨论与大多数经济学入门一样，描述的是一个绝对确定的永恒世界。商品一次性完成交换，每个人都知道自己放弃了什么，又得到了什么，也知道交易的价格。

在一个更现实的世界里，选择是在时间的推移中做出的，我们对未来的了解只有有限的信息，一课经济学理论还有意义吗？如果有的话，市场价格是多少？它们能告诉我们多少关于机会成本的信息？

在本章中，我们将肯定地回答第一个问题。利率、保险费和金

融资产的市场价值都是特殊的价格。当金融市场平稳运行时，金融
资产的价格告诉我们在当前和未来之间选择的机会成本，以及可能
在未来发生的不同意外事件之间做出选择的机会成本。一课经济学
理论仍然很重要。

利息和（不）等待的机会成本

利率是一种价格，表示的是目前开支的成本，这种开支通过借
款筹集，必须在未来进行偿还。利率可以用许多不同的方式表示，
最常见也最有用的是年利率（APR）。如果年利率等于 5%，今天
借的 100 美元，一年后就要还 105 美元。更长期的借款可以用复利
标准公式计算。

就机会成本而言，这意味着什么？一个有用的方法是"70 法
则"，它规定以利率为 r 的复利投资，总额在大约 70/r 年内翻倍。①
例如，现在以 2% 的利率投资的 1 美元，在 35 年后将价值 2 美元。
也就是说，今天花 1 美元的机会成本是 35 年后可用的 2 美元。

2% 的利率可能看起来很低，但实际上，如果考虑在当前和未
来之间做出选择的机会成本，这是一个正确的起点。如果全额还款
是确定无疑的（就像最近美国政府债券的情况一样），并且通胀不
严重，那么利率通常就维持在这个水平。在过去的两个世纪里，经
通货膨胀调整后的"无风险"利率平均约为 2%。在撰写本书时，

---

① 从数学上了解，这个规则的基础是 2 的自然对数近似为 0.7，而投资回报 1+r
的自然对数，在 r 值较小的情况下近似等于 r。

这一利率低于 1%。

利率是如何决定的？与任何价格一样，我们有必要从消费者和生产者的角度来看待这个问题。

生产方面

在生产方面，技术的本质是这样的：现在进行的投资可以在未来获得超过自身价值的回报。新石器时代的农业发现是最早的（也是最重要的）例证。在农业出现之前，人类收集物品的方式与其他动物大致相同，只是使用了工具和加强了合作。人类收集谷物和其他植物产品来食用，并捕杀野生动物来获取肉类。

只要人口压力足够低，狩猎和采集的机会成本就非常低，一般的再生产周期就能弥补人类在一个季节中消耗的动植物。

如果人口压力太大，被当作食物猎杀的动物可能会灭绝，也可能会导致能收集到的食物越来越少，这样人口数量就会减少到某一水平。成功的狩猎采集社会进化出了制度，比如部落边界和禁忌，这些制度都考虑到了这种机会成本。这些制度本质上是固定不变的，使得人口保持在稳定的可持续水平。

农业的关键发现是，通过留存一些谷物并将其播种到可以存活的地方，最初的种子将得到成倍的回报。同样，通过蓄养并控制一些动物，可以让它们繁殖很多后代。要获得这些收益，就要确定管理农作物和牲畜的额外成本。但是，只要有足够的土地，就会存在净盈余。

在合适的条件下，比如在西亚肥沃的新月地带以及在埃及、印度和中国的河谷地带，农业发现使给定生产区域内的食物生产大规模增加，支撑了人口繁衍。不断扩大的农业人口为了寻求更多的土地，迅速拓展狩猎采集社会的规模，活动范围超出适宜种植和放牧的地区，进入更边缘的丘陵和森林地区。

在农业社会中，今天多吃一顿谷物（例如小麦）的机会成本，是把谷物留作种子种植后在下一季可以收获的粮食产量。同样，今天吃一顿牛肉的机会成本，是继续蓄养牛等它繁殖或增肥后第二年可以产出的牛肉。

在正常情况下，用作种子的谷物数量小于将来收获的数量。然而，情况不一定总是如此。丰年收获的粮食可能会因为贮藏困难或无法贮藏而存在很多剩余，因此在边缘土地上播种是有意义的，因为那里的产量可能低于播种的种子数量。

约翰·梅纳德·凯恩斯用"小麦利率"表达了这些观点。例如，如果今天用 100 蒲式耳（1 英制蒲式耳 = 36.37 升）的小麦作种粮，下一季的产量是 110 蒲式耳，那么小麦的利率就是 10%。凯恩斯观察到，尽管小麦利率通常为正，但在某些情况下，它可能为负。[①]

在一个具有生产机会并产生正净回报的社会中，你可以选择现在消费，也可以选择进行投资在未来消费更多，利息就是现在消费的机会成本。更简单地说，利息是无须等待的机会成本。

①　黑兹利特在他的反凯恩斯主义论辩书《新经济学的失败：对凯恩斯主义谬论的分析》（*The Failure of the "New Economics": An Analysis of the Keynesian Fallacies*）中完全没有抓住重点，声称"负利率是一个愚蠢和自相矛盾的概念"。实际上，在任何一个粮食异常丰富但无法储存的时期，农业社会自然会出现负利率。黑兹利特大概是被金钱误导了，因为钱可以以很少的成本或零成本储存。

机会成本这一抽象的经济现实很快转化为具体的货币和债务社会制度。农业社会产生了粮食盈余，可以用来养活专业的贸易者。然而，盈余也可能被军事统治者以税收和强制赠予的形式榨取，这种方式要无效得多。

臣民对统治者的义务，穷人对富人的义务，产生了债务制度。机会成本的逻辑确保债务的清偿不仅需要偿还最初所欠的数额（本金），而且还需要偿还额外的机会成本（利息）。从那时起，债权人和债务人之间的政治、社会和宗教冲突就一直围绕着对这种苛求的怨恨以及相伴而生的权力失衡。

虽然小麦等大宗商品的"自有利率"概念很有用，但债务和利息以货币形式表示是非常顺理成章的事。对于国王和专业贷款机构来说，货币提供了一个通用的记账单位和贮藏价值。也就是说，钱是从债务中产生的，之后才被用作交换媒介。[1] 这一观点颠覆了经济学家的标准（但完全不顾史实的）理论。在经济学家的标准理论中，货币的出现是为了克服物物交换的种种不便，而债务等更为复杂的金融工具是从货币中衍生出来的。

金钱有很多好处，但它也会让人感到困惑。现代经济生活涉及大量的金融交易：把钱存入银行和从银行账户中取出、贷款买房或进行商业投资等。利率显然是一种价格，但目前还不清楚这个价格

---

[1] 大卫·格雷伯（David Graeber）在他的新书《债：5000 年债务史》（*Debt: The First 5000 Years*）中指出了这一点，并得出了一系列有趣而有争议的结论。在我的研究过程中，我发现，与我同姓的艾莉森·辛斯顿·奎金（Alison Hingston Quiggin）在她的经典著作《原始货币研究》（*A Survey of Primitive Money*）中也做过同样的观察。

是如何确定的，也不知道这个价格应该如何确定。因此在现代经济中，思考如何将"自有利率"的理念应用于借贷的机会成本是非常有用的。

现代制造业技术面临的机会成本逻辑与农业相同。把今天没有消耗的资源进行投资可以在将来产生更多的收益。此外，现代社会特有的迅猛技术进步使机会成本增加了新的来源。生产一定数量和质量的最终产出所需的资源正在稳步下降。这个过程可能是缓慢而渐进的，比如农业生产力的提高；也可能会很快，比如信息和通信技术的进步，根据摩尔定律预测，密集集成电路中的晶体管数量大约每 18 个月就会翻一番；还有在一些情况下，技术进步的速度可能基本上为零，比如理发等服务业的生产率几乎没有任何变化。[①]

总的来说，生产率的年增长率在 2% 左右，这大约等于无风险利率。正如下文将讨论的，这是在对当前和未来消费之间的机会成本权衡做出明智判断的基础上所期望的结果。

消费者方面

每一笔市场交易都涉及买方和卖方，市场均衡涉及生产者和消费者的机会成本。有必要思考利率如何影响消费者面临的机会成本，以及在当前和未来消费之间的选择如何有助于确定市场利率。

---

① 其中一个含义是，受快速技术变革影响的商品（如电脑）的自有利率将高于一般制成品，而服务业的自有利率则较低。考虑到所有这些商品和服务的生产者和消费者面临相同的货币利率，这似乎会产生一个问题。随着时间的推移，价格的变化可以解决这个问题。理发等服务的价格涨幅超过了通胀率，而电脑的价格却在下降，尽管它们的计算能力已大幅提高。

正的利率意味着当前消费支出的机会成本在未来会更大。反之，未来消费支出的机会成本在当前要小一些。

一个关键点是，在一个不断增长的经济中，大多数人预期未来的消费会比现在更多。与之相反，我们预期现在对消费支出的未满足需求和愿望比将来更紧迫。为了平衡机会成本，当前放弃的消费必须在未来有较大幅度的增长。[①]

未来消费的增长必须达到多大才能超过机会成本，即可以放弃当前消费的机会？其中一个答案是同等比例的消费增长，当人们被问及这类问题时，通常会得出这样的观点。也就是说，从 10000 美元增加到 11000 美元与从 20000 美元增加到 22000 美元一样可取。相反，如果高收入者获得 10000 美元收益的机会成本是低收入者损失超过 1000 美元，那么成本就超过了收益。

正如本例所示，当未来总消费翻倍时，未来增加的消费也应该翻倍，这样才能证明今天放弃的消费，其机会成本是合理的。从 70 法则可以看出，当利率等于消费增长率时，就会出现这种平衡。例如，如果消费以每年 2% 的速度增长，35 年后将翻一番，那么当利率是 2%，任何储蓄和投资复利后也同样会在 35 年内翻一番。更普遍地说，利率等于消费增长率。

---

① 另一种解释是，人们天生缺乏耐心，总是喜欢现在的消费而不是未来的消费。特别是，经常有人认为，当代人（或至少是那些有能力做出经济决定的人）比后代人更重视自己的福祉。没有太多证据支持这一观点。相反，更普遍的模式是父母牺牲自己的福利来改善孩子的生活。至少在运转良好的政治体系中，我们可以在集体决策中看到同样的模式：政府经常对实体基础设施和教育进行长期投资，这将主要造福未来的选民而非当前的选民。

哪种利率

在上面的讨论中，我们研究了理想化的利率概念，它对所有借款人和贷款人都是一样的。这个理想化的概念对应无风险利率，通常约为 2%。

在实际的市场环境中，我们可以观察到各种各样的利率，从非常低到非常高。标准的"投资级"公司债券的利率高于美国国债。低等级"垃圾"债券的利率要高得多，而大多数消费债券的利率还会更高。

解释低利率和高利率之间的差异是一项复杂的工作，超出了本书的范围。关键因素是风险，更准确地说，是债务无法偿还的"违约风险"。即使考虑到与违约有关的平均损失，受违约风险影响的债务的利率（或预期收益率）也要大大高于无风险利率。

股票（投资于股票市场或私人公司）的风险更高。考虑到企业倒闭的风险，股票的平均回报率历来在 8% 左右。股票回报率与票面利率的差额被称为"股票溢价"，远远超过一课经济学理论的经济模型所能解释的水平。我们将在第 11 章更仔细地研究"股票溢价之谜"，并证明它的存在破坏了一课经济学隐含的许多假设。

个人借款人所面临的利率差异要大得多。"发薪日贷款"向信用记录差、抵押品少的借款人收取的利率可能高达 400%。

正是违约风险的存在导致了这种差异，也使得像银行等放贷机构不愿意向信用不良的借款人发放贷款。然而，仅仅是违约风险还不能解释这一差异，即使加上风险溢价也不能解释。一旦被排除在常规信贷市场之外，借款人就很容易遭受各种掠夺性行为，这些行为迫使他们支付远远超出违约风险合理水平的利率。

信　息

说我们身处"信息经济"已经是陈词滥调。我们的生活中充斥着电脑、手机和其他数字设备，我们大多数人都或多或少卷入其中，处理信息。在现实中，信息一直是经济活动的核心。

人类与其他动物的区别主要在两个方面：我们制造和使用工具的能力，以及我们相互沟通的能力。两者都与信息和我们的推理能力息息相关。

技术所包含的信息和我们交流信息的能力使人类能够发展大型复杂的社会。这一发展解决了许多问题，但也产生了新的问题：复杂的人类社会在运作中所需的信息远远超出任何个人能够获得或处理的规模。

这些问题在经济活动方面特别严重。在任何现代社会中，我们的绝大部分需求和欲望都依赖于他人，而我们自己的劳动只是复杂的生产过程的一部分，并且没有一个人能够完全理解这个复杂的生产过程。这个系统中不同的部分是如何组合在一起来生产和分配我们所消费的商品和服务的呢？

哈耶克等人指出，市场为这个问题提供了解决方案。在这一点上，有必要详细引用哈耶克的经典文章《知识在社会中的运用》（The Use of Knowledge in Society）：

从根本上说，在一个相关事实的知识掌握在分散的许多人手中的体系中，价格能协调不同个人的单独行为，就像主观价值观念帮助个人协调其计划的各部分那样。下面，我们值得考虑一个简单而常见的例子，以弄清楚价格体系的作用。假设在世界某地有了一种利用某种原料——例如锡——的新途径，或者有一处锡的供应源已枯竭，至于其中哪一种原因造成锡的紧缺，与我们关系不大（这一点非常重要）。

锡的用户需要知道的只是，他们以前一直使用的锡，现在在另外一个地方利用起来更能赢利，因此他们必须节约用锡。对绝大多数用户来说，没有必要知道更迫切的需要是在哪儿出现的，或者他们善用供给是为了其他什么需求。如果只有他们中间的一部分人直接了解新的需求，并且将资源调配给这种需求，只要了解到由此产生的新缺口的人转而寻求其他来源来填补这个缺口，则其影响就会迅速扩及整个经济体系。受到影响的不仅是锡的使用，而且还有锡的替代品以及替代品的替代品的使用，用锡制作的商品的供应以及它们的替代品等。而那些有助于提供替代品的绝大部分人，一点也不知道这些变化的最初原因。所有这些构成了一个市场，并非因为任一市场成员都须对市场整体全部了解，而是因为他们每个人有限的视野充分重叠在一起足以覆盖整个市场。所以，通过许多中介，有关的信息就能传递到全体成员。一个掌握所有信息的单一管理者本来可以通过下面这个事实得出解决办法，即任何商品都只有一个价格，或更确切地说，各地的价格是相互关联的，其差别取决于运输费用等。但是事实上，没有一个人能够掌握全部信息，因为它们全部分散在所有有关的人手里。

神奇的是，在像原料稀缺这样的案例中，没有命令发出，也没有多少人知道原料短缺的原因，就使许许多多的人——他们的身份花几个月时间也无法调查清楚——更节约地利用这种原料或其产品。也就是，他们行动的方向是正确的。

这很好地说明了一课经济学理论背后的关键思想，即市场价格如何反映机会成本。但是哈耶克的分析到此为止。尽管哈耶克说，"价格体系是人类偶然发现的，未经理解却已经学会使用的体系"，但他对探索人类社会管理与信息相关的问题和机遇的其他方式没有表现出多少兴趣。我们将在第11章进一步研究这一点。

《信息经济学》和《鲁滨逊漂流记》

正如我们所看到的，鲁滨逊·克鲁索是一个经常出现在经济学教科书中的人物，他首先生产供自己使用的食品和服装，然后与星期五进行交易。但教科书很少问鲁滨逊如何管理生产问题。最简单的答案，也是阅读丹尼尔·笛福原著的经济学家最先会想到的，克鲁索有必要投入：劳动力（他自己）、土地（岛上的自然资源）和资本（他从沉船中抢救出来的工具和原材料）。

继续读下去，很明显克鲁索有更重要的东西：信息。首先，他知道如何建造一个木筏和一个简单的房子，以及如何点火。虽然他最初是依靠从船上取回的食物和狩猎野味为生，但很快他就着手农业生产。

鲁滨逊有着 17 世纪欧洲水手的技术知识。他知道播种、收割农作物以及驯养狗和山羊等动物的基本知识。虽然他不知道如何磨谷物、烤面包、制作陶器或金属工具，但他知道这些事情是可以实现的，并且成功弄清楚如何做出来。因此，他的生活水平很快就高于岛上缺乏这些知识的土著居民。①

笛福笔下的鲁滨逊没有和星期五交易，而是给他提供信息，以便他们合作。正如今天的读者所预期的那样，两人是主人和仆人的关系，这一地位是有根据的，因为克鲁索将星期五从即将杀死并吃掉他的敌人手中救出了他。他教给星期五农业，从而提高了星期五的生产力。②在笛福的故事中，信息在为克鲁索和星期五提供免费午餐方面比贸易更重要。

不确定性

在某种意义上，不确定性是信息的另一面。在不确定的情况下，我们面临着许多可能性，我们没有足够的信息来确定哪一种可能性会实现。机会成本的逻辑在这里适用，就像在时间流动中进行选择时面临机会成本一样。举个简单的例子，假设我决定出去散散步，考虑下暴雨的可能性。我可以带把雨伞避免被淋湿。与淋湿的

---

① 笛福的叙述以亚历山大·塞尔柯克的真实经历为基础。

② 以及传授基督教。

风险相比，这种选择的机会成本是天气晴朗，不带雨伞可以走得更愉快。

对于某些（但不是全部）不确定的事件，可以确定一个大多数人都同意的客观概率，并假定它们是"公平的"，比如骰子和轮盘赌等赌博设备会给任意数字设定赔率。还有许多事件在个别情况下是不确定的，例如房屋失火的风险，我们可以通过分析大量的案例来分配客观概率。使用"风险"这一术语来描述这些情况很常见，而概率可能是主观的，甚至是无法确定的，这种更普遍的情况就可以使用不确定性。

保险市场提供了一种管理风险的方法。如果我房子投保了火灾险，我将在房子被烧毁的情况下获得净赔付的利益，而机会成本是预先支付的保险费。在竞争激烈的保险市场中收取的保险费（一种特定的市场价格）将取决于保险事故发生的风险。一般来说，保险费会根据房屋的结构和现有的保护措施（如警报和洒水系统）而有所不同。保险费是一课经济学理论的另一个例子。保险费提供了有关机会成本的信息，这些机会成本与根据火灾风险进行的不同选择造成的各种可能结果有关。

至少在大多数入门书中，金融市场以理想化的形式为未来可能发生的不同事件之间的交易提供了相同的机会。例如，投机性股票在繁荣时期会带来高回报，但在衰退时期可能变得一文不值。"反周期"股票，例如那些提供廉价娱乐的公司，因其在经济衰退期间表现良好，在最需要的时候提供收入，而受到规避风险的投资者的高度重视。① 无论经济状况如何，政府债券都提供固定收益。金融经济学有一个分支专门计算这类资产的适当价格，并推断这些资产将产生的或有支付的机会成本。

因此，从原则上讲，一课经济学理论可以应用于包含不确定性的选择，就像它可以应用于在时间流动中进行选择一样。正如我们将在本书后半部分看到的，在实践中情况要复杂得多。金融市场未能发挥经济学理论赋予它们的作用，这也正是我们既要学习一课经济学理论，也要学习两课经济学的重要原因之一。

延伸阅读

荷马和西拉详细论述了利率的历史（Homer and Sylla，2005）。对于关键的反驳，可以试着阅读费利克斯·马丁（Felix Martin）的《金钱：未经授权的传记》（*Money: The Unauthorized Biography*，Martin，2015）和大卫·格雷伯的《债：5000 年债务史》（Graeber，2011）。

很多人都描述过农业崛起的故事，通常是从"进步主义者"的角度，从这个角度看，农业崛起是人类享受不断提高的生活水平、科学文化发展和政治民主过程的一部分，并且在社会主义（Wells，1921）或市场自由主义（Fukuyama，1992）中达到顶峰——依据

---

① 一个经典的例子是 20 世纪 30 年代大萧条时期的电影。1939 年上映的《乱世佳人》经通货膨胀调整后，是有史以来票房最高的电影，尽管当时美国人口比现在少得多，失业率也超过了 15%。

时代的趋势和作者的信仰而定。

作为这种乐观观点的替代品，贾里德·戴蒙德（Jared Diamond）将农业描述为"人类历史上最严重的错误"，这主要是因为农业造成了密集的人口，农民要比那些被农业取代的狩猎采集者做更辛苦的工作，面临更多的疾病，是更不幸的人口（Diamond，1987）。这一观点也值得一读。

凯恩斯在其经典的《就业、利息和货币通论》（Keynes，1936）中提出了"小麦利率"的定义。黑兹利特对凯恩斯进行了逐字逐句的批判（Hazlitt，1959）。

关于股票溢价问题有大量的文献，大多数都是经济学家感兴趣的，他们喜欢解决谜题。我和西蒙·格兰特（Simon Grant）一起研究过这个话题，试图解释股票溢价对资源分配的意义，并从机会的角度含蓄地加以阐述，可参见我们分析中最易读的部分（Grant and Quiggin，2005）。

为了对这个问题有一定的了解，有必要研究利率以及高风险和低风险利率之间的差异随时间波动的方式。由圣路易斯联邦储备银行维护的联邦储备经济数据库（FRED）是关于这一主题和许多其他主题的优秀数据来源（Bank of St. Louis，2017）。

哈耶克对信息的讨论可以追溯到"社会主义经济计算大辩论"，开始于米塞斯的主张（Mises，1920），即社会主义经济不可能有效运行，因为它不包含有意义的定价体系。哈耶克根据朗格提出的相反观点（Lange，1936，1937），扩展了这一论点（Hayek，1938），即利用价格来表示机会成本的计划系统与生产资源的集体所有制是一致的。斯蒂格利茨根据 20 世纪的经验，概述了这场辩论（Stiglitz，1996）。

莱夫–拉姆讨论了电影制作的反周期性（Lev-Ram，2008）。

不过，我也举不出简单的好方式来了解不确定性经济学中的机会成本。

第一课第二部分

应　用

富裕国家的幸运之处在于经济讨论的机会成本很低，因此它能够负担得起各种各样的讨论。

——约翰·肯尼斯·加尔布雷思，《经济学、和平与笑声》

(*Economics, Peace, and Laughter*, 1971)

市场均衡价格如何反映生产者和消费者所面临的机会成本，这样的经济分析是简洁的，在某种程度上也是令人信服的。

对于我们大部分人来说，更有用的是了解价格和机会成本如何在特定情况下起作用，有时它们是以一种与强烈的直觉相冲突的方式起作用。这也将有助于我们更深入地了解价格在反映整个社会的机会成本上的失败，其中的一些我们将在第二课中讨论。

在这一部分，我们将学习一课经济学理论的三个方面。

在第4章中，我们将从一个简单的例子开始，说明机会成本推论中的一些技巧和陷阱。然后我们将看到机会成本的逻辑如何在各种市场中起作用，包括航空旅行、大学教育和广告。

在第5章中，我们将探讨政府政策的影响。对机会成本的理解表明，为什么具有大量政治吸引力的政策（无论是左派还是右派）并没有像预期的那样奏效。这些措施包括价格和租金控制、食品券和其他旨在控制穷人如何花钱的政策，以及收费公路和禁渔期。关键的一点是，政府政策创造了各种各样的产权，并凌驾于现有的

（通常是非正式的）权利之上，而大多数一课经济学家都不理解这一点。

　　在第 6 章中，我们将探讨一个令人惊讶的持久观点，即战争和自然灾害造成的破坏在经济上是有益的。黑兹利特在《一课经济学》中就对这一观点进行了正确的批判。尽管他在某些方面夸大了自己的观点，但经过仔细考虑，他的主要结论得到了加强。机会成本是"看不见的"，这一理念纠正了任何破坏成本最小化的企图。

第 4 章

第一课：机会成本如何在市场中起作用

机会成本的问题是，它有很多歧义。

——丹·艾瑞里（Dan Ariely）接受 PBS（美国公共广播
公司）克里斯腾·多雷尔（Kristen Doerer）的采访（2016）

技巧和陷阱

要加深对机会成本的思考，可以尝试举一些例子，下面这个例
子据说愚弄了很多专业经济学家：

你赢得了一张埃里克·克莱普顿演唱会的免费门票（没有
转售价值），而当晚还有鲍勃·迪伦的演出，是你的最佳替代
选择。去看迪伦要花 40 美元买门票。在往常的日子，你愿意
为迪伦的演唱会花 50 美元。假设看这两场表演都没有其他费
用。根据这些信息，你去埃里克·克莱普顿的演唱会的机会成

本是多少？（a）0，（b）10 美元，（c）40 美元或（d）50 美元。

回想一下机会成本的定义：

> 任何有价值的东西的机会成本是你为得到它而必须放弃的事物。

在这个例子中，看克莱普顿演唱会的机会成本是最佳替代选择，也就是去看迪伦的演唱会。这一替代选择的价值是什么？根据问题中提供的信息，迪伦演唱会的门票售价 40 美元，但对你来说价值 50 美元。所以，去看迪伦的演唱会，你将获得 10 美元的净收益。这就是去看克莱普顿演唱会的机会成本。所以，正确的答案是（b）。

在美国经济协会年会上，两百名专业经济学家被问到这个问题，他们的答案几乎是随机的。只有 22% 的人选择了正确的答案（b）。一些经济学专业的捍卫者为他们的同行想出了复杂的辩护理由，相当于任意地重新定义了机会成本的概念。[1] 然而，更有可能的情况是，提出问题的场景比较紧张，容易出错。[2]

在上述问题的错误答案中，直觉上最吸引人的答案可能是（a）。克莱普顿演唱会的门票是免费的，可以合理地推断去看克莱

---

[1]　仔细想想，承认经济学家有时会犯错似乎远没有宣称的那么尴尬，不仅机会成本的概念可以用你喜欢的任何方式定义，而且没有人会注意到这一点。
[2]　一个受试者回忆道："我当时在就业市场，去了酒店的四楼，查看我的面试地点。正如你所想象的，我极度紧张、分心。后来有人找我，要我填这张表。"

普顿演唱会的费用是零。反过来，这就意味着，除非你绝对不喜欢克莱普顿，否则你应该去。但机会成本的逻辑表明，这种推理是错误的。如果克莱普顿的门票价值是 5 美元，你最好扔掉它去看迪伦。

如果你花了 5 美元买了一张（不可退还的）克莱普顿的票，而你正好又有机会去看迪伦的演唱会时，此时机会成本是多少？这是第 1 章讨论的"沉没成本"的一个例子。不管你做什么选择，花在克莱普顿的票上的钱都没了。所以，去看克莱普顿演唱会的机会成本是 10 美元，和门票是免费的情形一样。

机　票

曾经有一段时间，航空旅行既简便又舒适，但是很昂贵。自 20 世纪 30 年代以来的 40 年里，美国民用航空局（CAB）将所有美国航空运输路线作为公共设施进行管理，制定票价、路线和时间表。如果你想从纽约飞往洛杉矶，你可以选择一家有权限提供这条航线服务的航空公司，无论何时何地，只要你预订这条航线，你支付的票价都是相同的，当然经济舱和头等舱（现在主要是商务舱）的票价是有区别的。几乎所有的票价都是灵活的，乘客可以随时取消或重新安排航班。

卡特政府于 1978 年颁布的《航空业解除管制法》（Airline Deregulation Act）废除了 CAB 的管制，允许航空公司自行安排航班，选择自己的航线，并向客户收取他们愿意支付的任何费用。

可以说，航空公司放松管制是一课经济学理论最大的成功。新航空公司进入市场，与老牌航空公司展开了激烈的竞争，而这些老牌航空公司已经习惯于在管制市场中轻松挣钱。机票价格下跌，这对价格敏感型旅行者来说影响尤其大。很多人第一次乘飞机旅行，并在以后继续选择乘飞机旅行。

放松管制带来了许多变化，包括"点对点"网络被"中枢轮辐式"网络取代。"点对点"网络中，旅客直达目的地，而在"中枢轮辐式"网络中，旅客通常从起点飞到航空公司的中心枢纽，更换飞机，然后飞到目的地。最著名的例子是亚特兰大的哈特斯菲尔德-杰克逊机场，它从一个相对较小的地区性机场发展成为世界上最繁忙的机场之一，这是达美航空公司选择它作为枢纽的结果。

最大的变化是标准机票的消失。航空公司不再只提供经济舱和头等舱两种票价选择，而是每天甚至每小时都制定不同的票价。这些票价大多低于原来的经济舱票价，但有时，特别是当航班满载的时候，价格会大幅上涨。

我们对此怎么理解呢？了解航空公司和旅客所面临的机会成本，一切就一目了然了。

从航空公司的角度来看，机会成本是原来的两倍。第一个是航空公司决定是否在某条航线上提供服务。这样做的机会成本是飞机和机组人员不能用于其他路线。因此，航空公司只愿意提供比其他选择更有利可图的服务。[①]

一旦选择了提供某条航线的服务，飞机座位的机会成本接近于

---

① 从长远来看，航空公司可以运营更多或更少的飞机，雇用或解雇员工。但是在制定调度决策的时间框架内，我们可以假设另一种选择是提供另一条路线的航班。

零。增加的每一名乘客都要办理登机手续、托运行李等，但飞机的主要成本（飞行员和机组人员、操作飞机的成本等）是相同的，或者（考虑到燃油费用）飞机是满载还是空载都没有太大的不同。

由此我们可以得出结论，航空公司与其空置座位，不如以服务额外旅客的边际成本来销售空置座位。但这个边际成本远远低于为每名乘客提供服务的平均成本，即用替代服务的机会成本除以乘客数量。因此，航空公司至少需要向一些客户收取高于平均成本的费用，这个费用也远远高于边际成本，这样它们才能以低价销售空置座位。

实现这一目标的关键是确定哪些乘客愿意支付高价，并向他们收取高昂的费用。商务旅客通常需要在相对较短的时间内（通常是几个星期）旅行，并且不用自己支付费用。因此，航空公司对商务舱收取的费用超过了商务舱座位的额外成本，并会在飞机起飞前几周提高票价。

在飞机起飞前的最后几天，航空公司能够知道是否有空座位，如果有，票价会下降，如果没有空座位，票价会迅速上升。

这一过程有一个关键问题是超额预订，这导致了很多人的反感。2017 年，一名乘客被强行赶下飞机，并在这一过程中严重受伤。几乎所有的航班都有一些没有登机的旅客。于是航空公司为了避免空载就会超售机票，也就是出售的机票比飞机上的座位多。如果登机乘客超额，它们会向愿意乘坐晚一些航班的乘客提供优惠，试图买回座位。①

---

① 直到这一事件发生之前，航空公司对它们愿意支付的金额设置了上限，并优先考虑自己的员工。这导致持票乘客被拒绝登机或被强行转移，造成公共关系灾难。如果更多地关注机会成本，这些政策可能永远不会被采纳。

现在让我们从乘客的角度来看问题。购买一张特定机票的机会成本是金钱成本，但大多数情况下不是。如果最好的选择是放弃旅行，把钱花在别的事情上，那么货币成本是衡量机会成本的一个很好的指标。但大多数时候情况并非如此，人们希望从 A 到达 B，唯一的问题是通过什么方式。在机票超售的情况下，最好的选择是乘坐另一架飞机，或者通过公路和铁路。

在这种情况下，合理的备案是给乘客一点时间寻找替代方案以获得尽可能低的票价，并确保他们在旅行时间和日期方面尽可能灵活。但乘客这样做涉及成本，这都是旅行机会成本的一部分。

技术在这里扮演着一个矛盾的角色。在互联网上搜索票价的便利性降低了乘客搜索最便宜票价的成本。然而，这使得航空公司更难弥补成本，因此它们投资更强大的"收益管理"软件来提高自身的辨别能力。

总的来说，航空旅客从放松管制中获益。然而，并不是所有人都从中获益。正如我们已经看到的，在一个放松管制的系统下，商务旅客支付更多费用，商务旅行的成本是生产商品和服务的机会成本的一部分。正如一课经济学理论告诉我们的，竞争市场中的价格反映了机会成本。因此，更昂贵的商务旅行意味着更高的一般商品和服务的价格。那些不乘飞机旅行，但因放松管制而支付更高价格的人的境况更糟。

然而，最大的输家是航空公司的员工。放松管制允许新进入者在没有工会合同的情况下进入该行业。更糟的是，许多现有公司都经历了破产程序，撕毁了原来的合同。因此，这些没有专业技术技能的航空公司员工曾是高薪员工，现在的收入则只比类似工作的地面员工高一点点。例如，许多空乘人员的收入只不过略高于餐馆的服务员。

航空公司的短程航线定价具有太多复杂性。我们在这里看到的是，通过仔细考虑机会成本，可以解决表面上的难题。

（不）上大学的成本

大学学费上涨是许多国家面临的一个大问题，美国也是如此，即使将助学金和税收优惠考虑进去，在州内上公立四年制大学的平均学费自 1990 年以来也实际增长了近 60%。

此外，州立大学越来越不容易录取，大学试图通过招收别的州的学生和国际学生来改善自己的财务状况，这些学生支付的学费更高，得到的援助也更少。加利福尼亚州长期引领这一潮流，加利福尼亚大学系统于 2015 年宣布了招收本州学生的人数上限。这一决定巩固了一个长期趋势，即过去 20 年来入学人数的增加完全由别的州的学生和国际学生组成。

同时，大学教育的回报已经远不如以前了。自 2008 年经济危机以来，大学毕业生的平均工资一直在下降。到如今，经通胀调整后的工资水平比 1970 年还要低。

另一方面，进入"好"学院和"好"大学的斗争从未如此艰难。哈佛大学每年的标准学费和寄宿费超过 60000 美元，2013 年每一个名额都有近 20 名申请者。至少在一百所美国大学里，每个名额都有 3 名或更多的申请者。

这种情况看似矛盾。年轻人比以往任何时候都更热衷于向教育投入越来越多的钱，而教育的回报却越来越少。这种看似矛盾的现象可以用机会成本来解释。

上大学的机会成本不仅包括学费，还包括通过高中文凭进入劳动力市场所带来的回报。对于大多数学生来说，上大学所放弃的工资比学费的货币成本要高出很多。这是一课经济学理论的另一个例子。

而且，虽然大学毕业生在劳动力市场不像以前那样有吸引力，但是高中毕业后直接找工作的选择近年来更是越来越少。自 20 世纪 70 年代以来，美国男性高中毕业生的实际工资一直在下降，到 20 世纪 90 年代才有短暂的回升。对于女性来说，工资仅从一开始很低的水平略有上升。

假设你能找到工作。没有大学学位的工人的就业率比有大学学位的工人低得多，在高失业率时期，这一差距会扩大。因此，尽管大学学位的货币成本急剧上升，但机会成本却没有增加那么多。这有助于解释为什么学费上涨在很大程度上没有影响对大学的需求。

教育远比找一份工作更有意义。尤其是在主导公众对教育讨论的精英大学中接受教育，高等教育被视为一种"变革性经历"，是成为受教育精英的一员的一个重要组成部分。更简单地说，精英教育是一个人脉、关系和合作伙伴的来源，在当今社会中，这些资源越来越重要。放弃教育的机会成本包括失去这种潜在的关系网络及其提供的向上流动（或避免向下流动）的机会。

综上所述，尽管大学教育的货币成本急剧增加，但不上大学的机会成本却增加了更多。因此，越来越高的学费和越来越激烈的入学竞争并不矛盾。

例外：法学院的繁荣与萧条

一般认为接受教育的机会成本小于不接受教育的机会成本的说法并不适用于所有的大学学位。最引人注目的例子是法学院，从20世纪70年代开始，法学院经历了长达数十年的繁荣。到2010年，入学人数增加到14.5万多人，比20世纪70年代初增加了近50%。

但社会对执业律师的需求并没有快速增长。2010年，只有68.4%的毕业生能够找到一份需要律师资格证的工作，这是自美国法律专业人士协会开始收集统计数据以来的最低比例。

当然，不是每个获得法律学位的人都想当律师。然而，对于那些没有成为律师的毕业生来说，他们获得法律学位的机会成本会快速增加。法律学位的学费比一般大学学位的学费上涨得更快。此外，有争议的是，在长期萧条的情况下，推迟进入劳动力市场的成本甚至更高，就像2008年经济危机以来的情况一样。一个从大学毕业就进入劳动力市场的毕业生比上法学院的毕业生 [1] 多三年以上的工作经验。

由于上法学院的收益下降并且机会成本增加，法学院入学人数

① 在美国想要进入法学院必须先拥有大学本科学位，一般三年后获得法学博士（J. D.）学位。

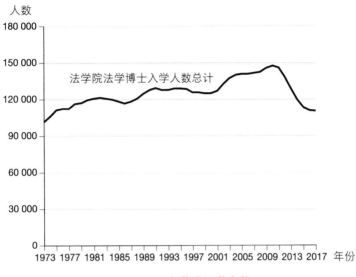

图 4-1 法学院入学人数

骤降，下降到了 70 年代的水平，如图 4-1 所示。作为回应，法学院削减或冻结了学费，并向入学成绩高的学生提供更多奖学金，这些学生有望在未来提升法学院的声誉。

但是，调整过程非常缓慢。对于那些已经开始攻读法律学位的人来说，大部分费用都是沉没成本，他们会继续完成学位，结果是，在全球金融危机之后，2010—2011 届毕业生进入了一个低迷的就业市场。不出所料，就业结果进一步恶化，2013 届毕业生中只有 57% 找到了律师工作。

随着调整的继续，新申请者的数量将继续下降，直到就读法学院的收益与机会成本恢复平衡。这将需要更好的就业结果、更低的学费，也许还需要减少应届毕业生的其他就业机会。

"免费"的电视、广播和互联网内容

我们在第 2 章看到,就机会成本而言,酒馆提供的"免费午餐"不是真的免费。更确切地说,吃午饭就意味着放弃了在一家餐厅购买便宜啤酒的机会,在那里,午餐是分开收费的。

同样的观点也适用于由政府提供并由税收买单的"免费"服务。机会成本是放弃纳税所增加的私人支出。这一点是由宣扬"天下没有免费的午餐"的人提出的,尽管他们中的许多人可能不愿意付费使用"免费"公共道路。

然而,也有很多其他的服务例子,显然是由营利性公司免费提供的。这些活动包括"免费"广播和电视节目,谷歌、脸谱网和推特等互联网服务,以及体育和文化活动的赞助。

尽管没有货币成本,但电视和广播电台,就像谷歌和脸谱网一样,将它们的免费服务与广告捆绑在一起,而广告则是套餐的一部分。企业赞助是基于这样一种观念:它会给相关公司留下良好的印象,这是一种广告。我们的分析如何应用于广告?

在考虑电视和类似媒体的广告时,我们可能会忽略行业倡导者提出的一些主张,即此类广告向消费者提供有用的信息。如果这是真的,公司就不需要付费给电视网络或互联网公司来播放这些广告。

从各种专业杂志的销售情况来看,消费者愿意为有关消费品的有用信息付费。但是,没有人愿意接受普通的广告,除非它们被包装在一个他们想看的节目或一个他们想看的网页中。

事实上，最初的免费午餐提供了一个更好的类比。吃饭或吃零食，尤其是咸的，会增加喝冷饮的欲望，而酒吧提供的就是冷饮。同样，广告也发挥着类似的作用，广告会增加观看者购买相关产品的欲望。这可能是因为广告在产品上附加了令人满意的品质（如成熟度或性感），或者是因为它引起了我们对正在消费的同类商品的不满。

就机会成本而言，广告的好坏并不重要。无论哪种方式，替代产品的机会成本都会相对于所宣传产品的价值而增加。在经济学的标准术语中，一个成功的广告与被广告的产品（在消费方面）相辅相成。

不过，就我们的幸福而言，却有很大的不同。广告的净效应几乎肯定会降低我们对所购买商品的满意度，因为我们看到的大多数广告都是为了让我们转向其他商品。当然，那些没有广告的东西，如与家人和朋友的闲暇时光，不需要商品和服务，也不需要花钱，都会被进一步降级。

市场价格显示了我们面临的机会成本，虽然成本是隐藏的，就像最初的免费午餐一样。我们可以选择观看广告（以及与之捆绑的节目）并购买广告中的品牌产品。或者，我们可以避开广告，购买更便宜的替代品，这并不包括广告成本。

第三种可能，是看广告但还是买便宜的产品。如果广告按预期的方式运作，这应该会让人产生一种类似于吃咸零食但不买饮料。也就是说，如果我们没有观看品牌产品的广告，我们就不会对自己的选择感到不满意，而观看广告带来的不满意感也许会让我们改变主意，转而购买广告产品。

许多读者（包括我自己）可能自认为意志坚定，不会被广告左右，尤其不会受大众媒体那些毫无信息量的夸夸其谈的影响。但广告品牌长期在市场上占主导地位，表明这是一种错觉，就像有80%的人认为自己比普通司机更好的错觉一样。

上述分析的一个例外是，我们愿意付费观看有针对性的广告。比如特殊兴趣类杂志，其中包含大量广告，这类杂志的售价与其中相对有限的内容相比似乎较高。

机会成本对于广告商的意义不亚于它对消费者的意义。特别是，机会成本解释了为什么某些商品和服务通常与广告捆绑在一起，而另一些则不是。制作电视节目或吸引人的网站的机会成本可能很高。但是一旦一个节目或网站被制作出来，允许访问它的机会成本就很小（通常比限制访问的成本低）。

在这种情况下，将节目与广告捆绑在一起可能是弥补固定生产成本的唯一途径。这样一来，与其他选择相比，将节目与广告打包作为一个整体会改善我们的境况。①

当有其他选择时，问题就更加复杂了，例如公共广播资金，它可以通过电视机的许可费来筹集资金（就像英国广播公司的情况一样）。当两种融资方式都可用时，选择最大化，但从政治实践来看，由广告资助的商业广播公司将游说关闭公共广播电台或迫使公共广播电台也播放广告。互联网已经显示出第三种替代方案的力量

---

① 至少在强假设下，我们仔细考虑了"免费午餐"的隐藏成本。

和局限性，即由个人（如博客）或大型合作团体（如维基百科）自愿提供内容。

最后还有一种情况值得思考，即不顾我们意愿，让我们被迫消费广告且没有得到任何好处。最明显的例子是高速公路的广告牌广告，它与在特定出口处提供服务的信息性标志不同。

在这种情况下，设立广告牌的权利是由（例如）高速公路管理部门控制的，广告商必须付费，这与"免费"电视和广播本质上是一样的。只要道路使用者消费了广告上的产品，他就支付了公路服务的部分成本。[①]

相比之下，相邻的业主展示广告牌，道路使用者和供应商都得不到任何好处。实际上，广告牌的所有者没有介入市场却带来了成本。用经济学的专业术语来说，这是一种"负外部性"，我们将在第 10 章中进一步讨论这一点。

延伸阅读

艾瑞里的这句话是在 AZQuotes 网站上找到的（Ariely，2016）。费拉罗和泰勒报道了经济学家对机会成本理解的调查（Ferraro and Taylor，2005）。其中脚注中引用的这位疲惫的求职者在边际革命博客（JC2005）上发表了评论。我发现波特和桑德斯的回答（Potter and Sanders，2012）不令人满意，有兴趣的人可能希望了

---

① 根据本节前面的论点，消费者被迫看广告，然后自愿购买广告产品，比他们选择不接触广告更糟糕。

解更多。

大多数有关航空公司放松管制的报道都是积极的，关注重点是乘客可以灵活地搜索到较低的票价。汤普森就是一个典型的例子（Thompson，2013）。仔细研究发现，这些收益至少在一定程度上被第4章（Richards，2007）讨论的机会成本抵消了。我自己对澳大利亚航空公司放松管制的分析也得出了类似的结论（Quiggin，1996）。普尔提供了乘务员工资的信息（Poole，2015）。

约翰·肯尼斯·加尔布雷思在他最著名的著作《富裕社会》（*The Affluent Society*，Galbraith，1958）中，做了大量工作，确立了关于广告的传统观念①，即广告使人们对不想要的商品和服务产生了需求。对这一观点的一个更轰动的描述是万斯·帕卡德（Vance Packard）的《隐藏的说服者》（*The Hidden Persuaders*，Packard，1957）。

贝克尔和墨菲提出了广告作为补充商品的分析（Becker and Murphy，1993）。贝克尔和墨菲指出，广告可能是好的，也可能是坏的，但并不符合这样一种公认的测试，即如果广告是好的，人们会愿意花钱去消费它。结果是，他们的论文经常被视为对加尔布雷思的反驳。事实上，正如我在一篇博文（Quiggin 2006a）中指出的那样，电视、广播和互联网观众必须得到报酬（免费的内容）才会观看广告，这意味着广告本身是不受欢迎的。

大多数人认为自己高于平均水平，会对广告商的甜言蜜语免

---

① 加尔布雷思自己创造的术语。

疫，其中一个原因就是，能力最差的人最有可能高估自己的能力。这被称为邓宁-克鲁格效应（Dunning-Kruger effect），最早由克鲁格和邓宁在经典研究中发现（Kruger and Dunning，1999）。

美国大学理事会（College Board，2016）、哈佛大学（Harvard University，2016）和"美国新闻与世界报道"（US News and World Report，2015）提供了有关上大学成本和收益的证据。基特洛夫（Kitroeff，2015）和奥尔森（Olson，2014，2017）研究了法学院的案例。

第 5 章

一课经济学与经济政策

在许多情况下，租金管制似乎是目前已知的除了轰炸之外
最有效的摧毁城市的技术。

——阿萨·林德贝克（Assar Lindbeck），《新左派政治经
济学》（*The Political Economy of the New Left*,
1972），第 39 页

一课经济学理论是对经济政策进行批判性分析的有力工具。通
常，表面上具有吸引力的政策都会失败，因为它们的设计没有考虑
机会成本，也没有考虑价格在标示机会成本中的作用。相反，许多
政策可以通过明码标价来改进。在本章中，我们将研究各种示例。

为什么价格控制（通常）不起作用

当一些重要商品或服务的价格快速上涨时，政府就会有压力采

取措施。通常有多种选择可供考虑。

政府可以补贴必需品的供应，包括食品和燃料，而且他们也经常这样干。这种政策很受欢迎，通常一开始成本相对较低，而且在政治上很难取消。但谁会受益？机会成本是多少？

在欠发达国家，这种补贴通常使城市居民，尤其是中产阶级受惠，他们往往比农村贫困人口有更大的政治影响力。自给自足的农民不会从粮食补贴中受益。如果补贴的食品是进口的，导致其国内价格下跌，国内的农民还可能是输家。燃料补贴通常有利于那些高收入的、消耗更多能源的人。与粮食一样，这种影响在欠发达国家尤为明显，在这些国家，农村贫困人口可能依靠收集木材、牛或他们自己的粪便作为燃料，以此作为粮食生产的能源投入。

食品和燃料补贴的机会成本并不难辨认。政府收入分配给了补贴就不能用于医疗和教育等服务，也不能用于穷人的收入补贴。即使补贴资金名义上是从削减浪费性或非生产性支出中获得的，但真正的机会成本是这些资金的最佳用途。

如果政府希望降低价格，但缺乏资源来补贴消费者，那么最简单，似乎也是成本最低的对策就是立法将价格固定在"公平"水平上。历史上很多政府曾多次采取这种政策，合理有效地防止了因暂时短缺而导致的价格上涨（"哄抬物价"）。政府在战时对"牟取暴利"的限制更为严格，而且这类控制可以持续多年。然而，试图在较长时期内维持价格控制的努力大多以失败告终。

许多经济学家讨论的一个经典例子是纽约的租金管制政策。纽约在第二次世界大战期间实行了租金管制，此后虽然有所改变但延续了下来。纽约市的经验表明，全面的租金管制是无法持久的，因为它总是带来严重住房短缺。只要实行了全面租金管制，就没有人会再修建新的租赁房屋，房东们也会尽可能减少维修房屋的支出。

当短缺变得严重时，典型的解决办法就是通常所说的"不受新规限制"。对现有住房单元实行租金控制，但允许新建住房根据市场承受能力收费。由于租金管制单位实际上已脱离市场，市场租金将高于没有租金管制的情况。

结果是产生了两类租户[1]，房租管制的房屋的租户继续受益，但新进入市场的租户支付的租金超过了预控租金（我们应该记得，预控租金被认为是难以承受的，因此构成了一种紧急情况）。最终，就像现在纽约发生的那样，受益于租金管制的租户要么死亡要么搬走，整个系统就此崩溃了。

从机会成本的角度考虑，价格控制的问题很简单。如果价格是法律规定的，它们就不能告诉我们商品和服务的真正机会成本。然而，机会成本的逻辑仍然适用于生产者（房东）和消费者（租户）。

价格高于机会成本，生产者将提供商品。如果价格固定在一个较低的水平，那么生产者只会供应少量商品或者根本不供应。同样，如果机会成本低于商品对消费者的价值，消费者愿意购买更多的商品。机会成本包括价格以及获得商品涉及的其他成本。如果

---

[1] 纽约市有三类房客。租金管制适用于自 1971 年起住 1947 年以前建造公寓的约 20000 名的租户。租金稳定制度是对 1947 年至 1973 年期间建造的公寓的租户进行监管的制度。新公寓的租户支付市场价格。

价格固定在一个较低的水平，或者商品是免费的，他们会选择大量消费。

这其中有一个矛盾。如果价格固定在一个较低的水平，消费者需求增加，而企业供给却减少，那么商品将无法免费获得。一个可能的结果是，消费者将花更多的时间寻找或排队。他们花费的时间的机会成本将弥补固定价格与商品对消费者的价值之间的差额。

另一种可能性是制定正式或非正式的定量配给制度。例如，政府可以估计普通人的需求（包括一些儿童津贴），并为每个家庭发放相应数量的配给券，允许他们以法定的固定价格购买商品。但这样的系统存在一段时间后，不可避免地会发展出一个黑市（或准合法的"灰色市场"），就像体育和音乐活动的倒票系统。因此，对于一个家庭来说，在官方制度下购买一件商品的机会成本将是法定价格，加上他们本可以将配给券转卖给他人所获得的现金或好处。对于购买黑市配给券的人来说，商品的机会成本包括法定价格和配给券的成本，以及与黑市交易相关的风险和困难。

如果价格控制有效，定量配给券可以自由交易，那么消费者的机会成本（官方价格和配给券价格之和）必然高于在没有控制的情况下的价格。因为生产者提供的商品比没有控制的情况下要少。边际成本与收益的逻辑意味着，在价格控制下，消费者边际产品的机会成本必须更高。

通过定量配给进行价格控制，既有赢家也有输家。最大的赢家是那些消费量不会超过按市场价格下定量补贴的消费者和家庭。他们以更低的价格得到了同样数量的商品，也许还可以从出售剩余配给券中获得额外的好处。

价格管制中最明显的输家是受管制商品和服务的供应商。就食品而言，这类人包括农民、农场工人、食品加工人员（面粉厂、肉店等）以及各种各样从事运输、批发和零售贸易的人（有时称为"中间商"）。

另一类输家是愿意以市场价格购买更多商品，而不是仅消费定量配给的消费者。他们要么没有得到想要的商品，要么需要同时支付固定价格和非法获取额外配给券的费用。

有时候，从价格控制中获益的人，或被认为从价格控制中获益的人，被认为比输家更值得救助。然而，从社会的角度来看，直接对收入进行再分配通常比控制价格上涨或补贴价格上涨要好。我们将在下文继续讨论：如果你想帮助穷人，就给他们钱。[①]

想帮助穷人，就给他们钱

贫困问题在富国和穷国都十分严重。全世界有近 10 亿人生活在极端贫困中，每天生活费不足 1.5 美元。即使在美国这个各种标准下世界上最富裕的国家之一，美国农业部估计有 12.3% 的人口遭遇了粮食短缺。粮食短缺是指"不确定是否有足够的粮食或无法获得足够的粮食，以满足其所有成员的需要，因为他们没有足够的资

---

① 这种提出难题的方式引出了一个问题：最低工资是多少？一方面，正如黑兹利特所强调的，最低工资是一种价格控制；另一方面，由于他们提高了最贫穷工人群体的收入，提高了他们购买各种商品和服务的能力，最低工资是价格控制的更好的替代品。我们将在第 12 章进一步研究这一点。

金或其他资源来获得食物"。

面对饥荒和极端贫困造成的饥饿和痛苦，最自然和直观的反应就是发放食物。这种反应在那些恰好拥有大量粮食储备的国家往往非常具有政治吸引力，这些国家的粮食储备来自市场需求出现了不可预见的下降，或政府出台的对农民的价格支持等政策。

另一方面，许多发展援助的倡导者认为食品援助是一种短期的"创可贴"，并认为援助的目的应该是提供"恰到好处"的支持，这种好处由随后的经济增长来衡量。援助的倡导者最初把重点放在经济基础设施和工业发展上，最近把注意力转向了卫生和教育。

美国也发生了类似的辩论。补充营养援助计划（SNAP），也就是人们熟知的食品券，自 1964 年推出以来，在美国帮助低收入家庭的计划中发挥着核心作用。随着其他福利计划的削减，其重要性更是与日俱增。另一方面，与国际粮食援助一样，SNAP 经常被嘲笑为一种创可贴方法。自由主义者经常指出教育才是为穷人提供真正机会的途径。

到底哪种方法是正确的？很多时候两者都不是。尽管从过往记录来看，对健康和教育的支持比粮食援助更有效，但越来越多的证据表明，在贫穷国家和富裕国家，帮助人们最好的方法是给他们钱。

为什么会这样？我们可以这样问：一个极度贫困的家庭会用额外的钱做什么？他们可能会用它来解决眼前的灾难，购买急需的食物或用于患病儿童的医疗护理。另一方面，他们可以把钱花在孩子的学费上，或者攒钱买一台缝纫机或手机之类的资本设备，这样可以提高家庭的收入能力。

贫困家庭面临着机会成本的现实。未来生活水平的提高是以目前的痛苦，甚至可能是饥饿和死亡为代价的。无论他们的判断是否与我们的相同，他们所处的位置能够做出最佳的选择。

这是经济学第一课的一个简单应用。

> 市场价格反映（并决定）消费者和生产者面临的机会成本。

同样的观点也适用于富裕国家。向穷人提供实物援助，如食品券和廉租房，具有很强的政治吸引力。它不仅满足了明显的需求，而且似乎也减少了接受者将额外收入浪费在包括酒精和烟草等奢侈品上的机会。此外，正如美国食品券计划一样，实物援助也可能与生产者利益形成政治联盟，比如农业游说团体代表。

然而，从机会成本的角度考虑，我们可以看到，实物援助几乎不可避免地会导致浪费。廉租房的机会成本是为住房支付的较低租金，而搬迁的机会成本通常包括退房。居住在廉租房的租客不太愿意搬走，即使房子太大、太小或离新工作太远，已经不再适合他们的需要。

食品券也存在同样的问题。那些穷到能领食品券的家庭可能面临着许多艰难的选择。例如，他们可能需要紧急的医疗或牙科护理，或者他们如果不支付租金就会被驱逐。

很多时候，食品券只能支付一个家庭食品预算的一部分，所以它们就像现金一样。家庭可以用食品券来支付一些食品账单，然后用他们省下来的钱满足其他需要。在食品上花费更多的钱的机会成本是他们本来买不起的食品。

但恰恰是在人们最需要钱的时候，他们可以限制饮食，而这时候食品券的限制就会开始发挥作用。如果给贫困家庭钱，他们可以选择付房租，即使这意味着靠大米和豆类生活。这是一个艰难的选择，但它可能是最好的选择。

因此，毫不奇怪，穷人经常把食品券卖了换钱。而这种行为被指责为"欺诈"，并被用作进一步削减食品券的理由。

市场价格决定了个人和家庭商品和服务的机会成本。当人们选择如何花额外的钱时，一种选择的机会成本是可以以相同的金额购买的另一种选择。

以为穷人不明白这一点是一种傲慢和错误。预算约束越紧，就越需要注意。穷人进入市场的机会往往是有限的，包括超市和银行账户等基本金融市场。因此，它们面临着复杂多变的价格。然而，他们中的许多人找到了富有创造性的方法来扩展有限的预算以满足他们的需要。他们最不需要的是额外的限制，即只能在特定地点和特定货物上使用的付款形式。

这些争论已经持续了很多年，但事实证明这个问题很难解决，因为对贫困家庭的政策会产生好的结果还是坏的结果受许多不同因素的影响。然而，近年来，统计技术的进步以及对实验试点项目的仔细研究，使我们能够对证据进行评估。绝大多数情况下，它支持这样一种观点，即在改善福祉和生活成果方面，给予人们金钱比大多数（即使不是全部）形式的捆绑援助更有效。

如果帮助穷人的最好办法是给他们钱，那么它是怎样发挥作用的呢？在市场经济中，答案有两种可能。人们讨论最多的是再分配，即利用税收和福利制度将一些市场收入从富人手里转移到穷人手中。难度更大但也更有效的方法是改变市场结构和产权，使市场收入分配更公平，这有时被称为"预分配"。我们将在第 11 章研究这些问题。

外国援助失败了吗

如何最有效地帮助穷人是国内社会福利政策的核心问题，也是决定如何（如果有的话）向海外穷人提供援助的核心问题。

人们（包括经济学家）普遍认为，历史经验表明援助不起作用，与此形成了鲜明对比的观点是：我们应该直接给穷人发更多的钱。争论大多忽略了个人和家庭获得多少援助，以及如果他们可以自由选择，将如何利用这些援助。

针对第一个问题，人们常常声称援助规模巨大，其效果应该是显而易见的。这些主张最突出的支持者是威廉·伊斯特利（William Easterly），他在 2006 年说："证据很明显，5680 亿美元用于援助非洲，但是今天的非洲国家并不比 40 年前富裕。"[1]

这是一个粗略的计算。伊斯特利的估计是在 21 世纪初做出的，距"变革之风"引发非洲独立已经有 50 年。也就是说，5680 亿美

---

[1] 伊斯特利近年来有些改变了他的观点，接受了本书的论点，即援助不足以使整个国家摆脱贫困，但同意精心设计的计划可能带来实质性的净效益。

元的总额相当于每年约为 110 亿美元，这是一个庞大的金额。随着时间的推移，这个数字有所增加，至少以美元计算是这样，所以现在的年流量约为 150 亿美元。非洲人口大约有 10 亿，所以平均每年人均 15 美元。

理想情况下，尽管事实并非如此，但这笔钱将针对最贫穷的人，即每天只有 2 美元或更少生活费的数亿人。即便如此，每个穷人每周的福利也不可能超过 1 美元。每周多挣 1 美元就足以让一个家庭摆脱贫困，伊斯特利（或者任何重复这种说法的人）是认真的吗？

抛开这一点不谈，我们希望如何使用援助？伊斯特利认为，非洲国家并不比几十年前富裕，这意味着援助应该用来促进经济增长。乍一看这似乎是合理的，但它忽略了机会成本。为促进经济增长而投资从而在未来增加收入的资金，不能用来缓减现在的极端贫困。

思考不同用途的援助的机会成本，有助于我们理解这场看似没有结果的辩论。想象一下，自己处在一个极度贫困的非洲家庭中，如果每周多出几美元，你会怎么花？

也许，有了特殊的纪律，你可以省钱去买一台二手缝纫机，或者用来为你的孩子付学费①。但你投资的机会成本将是看到你的家人营养不良，也许还会错过急需的医疗服务。

没有什么"正确"的选择。但是，面对如此艰难选择的人比一个遥远国家的富裕观察员更有资格做出选择。

---

① 在贫穷国家，学校教育很少是免费的。

相比之下，伊斯特利和许多评估外国援助的文献一样，理所当然地认为援助的唯一目的是促进收入增长，而不是减轻目前的痛苦。

即使就其本身而言，这种论点也站不住脚。即使接受援助的人选择全部用于投资，以美元表示的人均援助金额也过于小，从经济增长的角度来看，期望这些小额投资获得巨大回报是荒谬的。

我们可以以例子来说明这一点。假设一个非洲家庭选择将每人15美元投资于农业设备或缝纫机，并获得每年10%的净回报。这超过了发达国家大公司的平均投资回报率。净回报将是每年1.5美元，这相当于贫困线上的人一天的收入。以增长率的增加来表示，这将不到0.5个百分点。

当然，如果政府愿意将生活水平标准在贫困水平保持数十年或更长时间，并将所有盈余收入用于投资，那么至少在一段时间内，有可能实现经济高速增长。斯大林时期的苏联就是这样做的，一些欠发达国家也曾试图效仿苏联模式，但收效甚微。但即使苏联模式有效，未来获得更高产出仍然需要承担巨大的机会成本，即在当前忍受贫穷的痛苦。

发展援助被证明是失败的，这一观点被急于削减开支的政府所接受。但简单的计算和对机会成本的理解就能表明这是错误的。对外援助政策正如国内扶贫政策一样，帮助人们的最好方法就是给他们钱。

这一简单的观点正逐渐受到决策者的重视。许多实验项目表明，穷人更善于利用直接的现金转移，而不是由政府或援助机构决定他们应该得到什么。

道路收费

在 20 世纪的大部分时间里，公路是自由的象征，是各种各样文化作品的中心，如杰克·凯鲁亚克（Jack Kerouac）的《在路上》（*On the Road*）、桑顿·怀尔德（Thornton Wilder）的《特伦顿和卡姆登的快乐之旅》（*The Happy Journey to Trenton and Camden*）以及好莱坞大量的公路电影。但公路并不自由。公路建设和维护费用占各级政府（地方、州和国家）预算的主要份额，并引起了相当大的关注。公路网络的机会成本甚至更大，但很少被考虑。

公路上的资金占政府投资存量的很大一部分。这些投资以牺牲学校、医院和公共交通系统等替代方案为代价。而专用于公路建设的土地的机会成本更大。

从公路转向车辆，交通拥挤、车祸风险以及"路怒症"等增加了公路使用者的机会成本。这些成本并不对称，大型车辆和超速驾驶者增加了车祸风险，而慢速驾驶则可能导致更严重的拥堵。驾车者和骑自行车者之间的冲突甚至可以写成一本书。最后，公路使用者通过噪音、空气污染以及对行人和其他非机动车驾驶者造成的车祸风险给其他人增加了成本。我们将在第 10 章中更详细地讨论这些"外部成本"。

我们以许多不同的方式支付道路费用：燃油税、过路费、车辆登记费，以及政府一般收入。通常，这些系统是在资金紧张的历史时期发展而来的，很少或根本没有合理性。因此，在公共资金相对充裕的时期修建的一条公路可能是一条免费公路，而附近的另一条公路可能会收费。有些区域对汽油征税，而另一些区域则对车辆征税。这些价格通常与机会成本几乎没有或根本没有关系，这一事实有助于解释为什么开车经常成为挫败感和社会政治争议的来源。

目前，最常见的道路定价方法是使用通行费为新建公路的建设提供资金。这通常是通过"政府和社会资本合作"（PPP）进行的，或被称为"建设—拥有—经营—转让"（BOOT）计划。在该计划中，私营企业联合体同意修建道路，以换取在规定期限内收取通行费的权利，通常约为 25 到 30 年。期限结束时，公路恢复公有制，通行费取消。在此期间，其他路线（通常是通过住宅区街道）不收取通行费。

要设计出一个更直接地与机会成本相违背的定价方案很难。刚建成的公路还没有发生拥堵，公路上增加的使用者的机会成本几乎为零。司机数量较少意味着他们中的任何一个都不会因为交通流量而减速。公路是新建的，通常意味着它不经过居民区，因为居民会受到噪音和事故的影响。[①] 此时，公路的交通状况是最好的。如果价格与机会成本相等，这条路就不应该收取通行费。

快进到 25 年或 30 年后的今天，通行费已经被取消，而这条公路上的交通经常很拥挤，取消收费只会使公路更拥挤。公路也促进了附近居民区和商业区的发展。并且，即使小心维护（决不能保证），公路也会老化，更容易因重型车辆和拥挤的交通而损坏。

除了不符合一课经济学理论，道路收费的标准体系也是武断和

---

① 一些房屋被拆除用来建设公路，但这属于"沉没成本"。

不公平的。公路是否收费的问题几乎完全是历史性的偶然事件。如果一个社区一直都有良好的道路服务，也许是因为它的居民富裕而且有政治影响力，那么那里的司机就不用支付任何费用。同样地，如果修建公路时政府预算是充足的，那么公路服务就可以免费提供。但是，如果需要公路时，政府预算紧张，公路就会征收通行费。

在使价格与机会成本保持一致方面，一些城市做得比大多数城市好。最引人注目的例子是伦敦，它在 2003 年引入了"拥堵费"。推行这一改革的市长是工党成员肯·利文斯通（Ken Livingstone），由于他的左翼观点，他经常被称为"红色肯"（Red Ken）。然而，这个想法的发起人是著名的芝加哥经济学家米尔顿·弗里德曼。

伦敦的实验通常被认为是成功的。它减少了伦敦道路上的车辆，在没有收费的情况下，车辆几乎肯定会增加。自收费实施以来，当局已采取多项措施，改善行人的安全及市容，由于汽车数量减少，这在不增加驾车者出行时间的情况下是有可能做到的。

尽管拥堵费取得了明显的成功，但很少有城市效仿伦敦。很大程度上，这反映出决策者和广大公众未能理解机会成本的教训。人们不愿为曾经"免费"的东西买单，尽管作为社会成员，我们都要承担道路拥挤的代价。

然而，不理解机会成本不能完全解释这一结果。有很多公共服务以前没有定价但后来实行了收费，而公众大多自愿或以其他方式接受了这种变化。

拥堵费与这些公共服务的关键区别在于，受拥堵费影响最直接的人是那些开车到城市中心商务区工作的人，比如能够使用办公室停车场的商务人士。这些人最有可能定期与州或地方政府的成员接触，而拥堵费是由州或地方政府决定的。按照巴斯夏的说法，这些人对支付进入城市的费用具有非常明显的敌意，而自由进入城市的机会成本是"看不见的"。

我们可能没有办法使公路使用者支付的价格与他们产生的机会成本完全一致。世界各地的收费公路项目中常用的定价系统显然已经很糟糕，再怎么做也不会更糟。使用以拥堵和外部成本为基础，而不是以历史成本为基础的定价系统，无疑会有所帮助。

渔业和可交易配额

渔业的例子也表明了机会成本的重要性，以及价格和市场可以告诉我们关于机会成本的哪些信息。

俗话说"海里有的是鱼"，这句话反映了直到现代以前，鱼似乎都是取之不尽、用之不竭的丰富资源。海洋的浩瀚、众所周知的捕鱼难度，以及大多数鱼类的繁殖能力让人觉得无论一个季节能捕到多少鱼，下一个季节也能捕到同样多的鱼。

19世纪末渔业的工业化改变了这一切。蒸汽动力船可以不受风和洋流的影响行驶得更远。捕鱼加工船的发展使工人能在船上处理捕获物，从而延长航行时间。到20世纪，新的拖网技术、长线捕鱼、电子导航、雷达和声呐系统不断涌现。捕获率飙升，紧接着却是暴跌。

鲸鱼是第一个被捕杀到灭绝边缘的物种，因为它属于哺乳动物，繁殖速度慢，并且不幸被用作宝贵的灯油原料。露脊鲸（英文为 right whale，是指可以捕获的"合适的"［right］鲸鱼）在 20 世纪 30 年代几乎灭绝，于是 1937 年全球范围内开始禁止捕杀露脊鲸。即便如此，近 70 年后，北大西洋和北太平洋露脊鲸仍然濒临灭绝，其数量只有数百头。

其他鱼类物种也紧随其后。大西洋西北部鳕鱼渔业的衰退就很典型。20 世纪上半叶，渔获量稳步上升，在 20 世纪 60 年代达到顶峰，随后就跟股市暴跌一样，渔获量急剧下降。至少在最初，这种下降并没有促使捕鱼量下降。相反，为了保住正在下降的收入，政府加大了捕鱼力度。

到 1992 年，渔获量几乎降到零，据估计，大西洋西北部鳕鱼只剩下原来的百分之一。加拿大政府实施了一项暂停令，这原本是暂时的。然而，与露脊鲸一样，过度捕猎对大西洋鳕鱼造成的损害太严重，暂时的休养无法补救。暂停令实施了 20 多年后仍在继续。鱼类种群只得到了有限的恢复，而要恢复商业捕鱼仍有很长的路要走。同样的情况在世界各地的渔业中反复出现。

从机会成本的角度考虑，可以清楚地说明原因。如果土地所有者砍伐树木并出售木材，机会成本包括让树木再生长一年可能获得的回报。但是，对于渔民来说，捕鱼没有这样的机会成本。鱼留在海里，可能会生长繁殖，增加未来的捕获量。但是对于任何一个渔民来说，考虑是否要再撒一次网的时候，现在没有捕到的鱼将永远消失。

其他渔民可能会在未来抓住它们，但这部分不属于个体的机会成本。单个渔民的机会成本包括花费的捕鱼时间和精力、船只、燃料、渔网等的成本，不包括对捕鱼量的影响。

在这种情况下，除非技术进步可以阻止过度捕捞，否则过度捕捞是不可避免的。为了防止过度捕捞，人们尝试了广泛的应对措施，比如限制渔场的渔船数量，限制捕捞工具的使用，缩短捕鱼季节。

这些措施几乎总是被证明是无效的。限制渔船数量，渔民就会购买更大的船；施加齿轮限制，渔民则会开发新类型的齿轮来规避这些限制；缩短捕鱼季节，他们就会加大努力，无论天气好坏，都会驾驶船只出海。总之，过度捕捞仍在继续。对此，只能将捕鱼季节进一步缩短。正如纽约大学斯特恩商学院的劳伦斯·怀特（Lawrence White）所言：

> 这些对输入端的限制——特别是对捕鱼天数的限制——导致了"捕鱼陷阱"或"捕鱼竞赛"，在这种情况下，渔民们狂热地在有限的时间内最大限度地捕捞。
>
> 阿拉斯加大比目鱼季节的收缩是这个过程的"典型例子"。从20世纪70年代初超过150天的开放季节，到1977年缩短到只有47天，然后在1980年到1994年期间平均每年下降2~3天。同样，大西洋中部地区的浪蛤渔业的崩溃导致允许捕鱼的天数逐渐缩短，直到1990年浪蛤船每两周只允许捕鱼6小时。

即使这样，这些案例也不是最极端的情况。阿拉斯加鲱鱼因其在寿司中的使用而受到高度重视。在 2017 年的收获季节，渔民们花了 3 小时 20 分钟的时间捕获了半年的配额。第二个开放季只持续了 15 分钟，渔民捕获了剩下半年的配额。那些无法起航的渔民则错过了整个捕捞。

渔业中的私有产权和公共产权

综上所述，任何通过限制捕捞来控制过度捕捞的企图最终都是荒谬的。唯一持续有效的措施是建立产权。主要有三种产权制度。

第一种是私有化，整个渔业可以移交给一个私人所有人，通常是一个公司。所有者控制使用的船只数量、捕鱼数量等，承担管理渔业的成本，并从捕鱼中获得所有净回报。这就是一些一课经济学家认为的最"理想"的解决方案。[1]

第二种选择，也是实践中最常见的一种选择，是个体捕捞配额制度。是对个体渔民可捕捞数量的限制，没有配额的人会被排除在渔业之外。通常情况下，可允许的总捕获量是确定的，然后以单个可转让配额（ITQ）的形式进行划分。每个渔民都被分配一个他们能捕获的配额。如果他们想捕捞更多的鱼，或者有新的渔船想要进入，他们必须从愿意出售的人那里购买配额。

第三，如果行业是以合作的方式组织起来的，则可以确定总配

[1] 包括被广泛认为是渔业经济学创始人的 H. 斯科特·戈登（H. Scott Gordon），以及使"公地悲剧"一词广为人知的生态学家加勒特·哈丁（Garrett Hardin）。

额，并通过共同协议在渔民之间进行分配，在此之外的人则被排除在外。通过这种方式，集团成员获得了有关渔业的公共产权。

公共产权在历史上以各种形式存在，大多与私有财产权并存。例如，在公共产权渔业中，渔船和渔具通常归个别渔民所有，而被捕获的鱼则是捕获者的财产。类似的私人产权和公共产权的混合体也出现在共管公寓这种复杂的组织形式中。

不幸的是，经济学家经常把公共产权当作"没有产权"的同义词。最显著的例子是加勒特·哈丁，他的文章《公地悲剧》（"The Tragedy of the Commons"）从 20 世纪 70 年代起就极具影响力，这篇文章虽然很有说服力，但有不符合历史的地方。从历史的角度来看，哈丁对英国大部分地区直到 18 世纪还普遍存在的牧场制度的描述是不准确的，他说：

> 这是一出悲剧。在一个有限的世界里，每个人都被锁在一个迫使他无限增加牛群的系统中。在一个相信公地自由的社会中，每个人都追求自己的利益最大化，所有人的目的地都是毁灭。公地自由给人带来的是毁灭。（Hardin，1968）

哈丁的文章得出的结论是，公地的固有逻辑无情地制造了悲剧。文章提出了私有化的理由，但忽略了一个历史事实，即公地制度在许多情况下以及在长期中都运转良好。

许多经济学家批评哈丁，有些非常尖刻。最尖锐的批评来自帕塔·达斯古普塔（Partha Dasgupta）。他说："很难找到一篇文章包含了这么多错误还能这么有名。"

最详细和最有影响力的反驳来自政治学家埃莉诺·奥斯特罗姆（Elinor Ostrom）。奥斯特罗姆对共同财产制度运作的研究结合了深刻的经济洞察力和对管理共同财产的正式和非正式制度的详细分析。她因这一研究获得了诺贝尔经济学奖。到目前为止，她是唯一一个获得诺贝尔经济学奖的女性，也是少数获得该奖项的非经济学家之一。

无论是个人还是集体，捕鱼季如果设定了捕捞配额，渔民就需要面对机会成本问题。当前季节的捕捞数量越高，意味着存量越少，未来的捕捞成本将提高。如果捕鱼量超过了最大可持续产量，那么不管付出多大努力，未来的捕捞数量都必然会下降。

要设定最恰当的总渔获量配额，就要使渔获量进一步增加的价值等于捕捞鱼类的成本加上减少的存量（在未来产生）的机会成本。

确定总配额使人们面临这样一个问题：如何组织渔民、渔船和捕鱼时间来捕获允许数量的鱼。在这方面，不同的产权制度因市场和价格在决定机会成本方面所起的作用而不同。

市场和价格的作用在 ITQ 系统中是最大和最明显的。在这个系统中，个体渔民决定捕获属于他们配额的数量有一个明显的机会成本：他们可以通过出售配额和在其他地方使用劳动力和资本来实现价值。

相比之下，在完全私有化的渔业中，个体渔民是渔业所有者的雇员或合同工。私人管理者而不是渔民个人决定了谁捕鱼以及何时何地捕鱼。

在公共产权制度下，共同协议取代市场交易。这些例子表明，虽然市场价格显示了机会成本，但价格并不总是传播信息的最佳方式。

引入配额的效果是建立新的产权。引入可转让配额以及适当的制度安排，可能建立一个以前不存在的市场。然而，建立新的财产权，包括渔业财产权，是一个充满政治问题和哲学争议的过程。

就其性质而言，正式的财产权取代了关于谁有权使用渔业这样有社会价值的资产以及如何使用该资产的期望和社会判断。当先前对所有人开放的资产成为产权主体时，先前被视为理所当然的使用权将被撤销或严格限制。在这一过程中被侵占的人可能得到一些补偿，也可能得不到补偿。但是，即使在支付赔偿金的情况下，通常也不足以抵消不公正的感觉。

就像地方渔业经常发生的情况一样，当一个非正式的公共产权管理制度出现时，冲突甚至更为严重。由国家或州政府建立的产权制度通常是中立的，因为它是在整个管辖范围内的公民之间建立的，通常与现有渔民之间的既定社会规范相冲突。这些规范通常强调地方所有权和控制权，但可能受到"局外人"的挑战，这些人被排除在准入之外。

就渔业管制而言，一般在实际渔获率达到不可持续的高水平并开始下降之后很久才会引进正式产权，这加剧了固有的冲突。

渔民已经建立了他们的生活方式，并投入了大量的资金，他们基于这样一个假设，即渔获量可以高水平无限期地维持下去。将渔获量减少到可持续水平的过程涉及剧烈而痛苦的调整，例如减少特定渔业中的渔船和渔民数量。这种调整与产权的变化同时发生，经常引起冲突。

产权的建立

建立新的产权和市场的过程通常会引起各种哲学上的关注。如上所述，建立新的正式产权有机会成本，即失去原来的非正式的权利。[①] 特别是在完全私有化的情况下，再分配过程通常有利于富人和政治强国，而牺牲了其他人。

因此，市场和产权的批评者会反对继续使用市场和产权来进行分配。如果现有公共产权制度被正式化，我们遇到的困难将最小，但即使在这种情况下，机会成本的问题也无法避免：对某些人来说，公共产权也就意味着对其他人的排斥。

新产权带来的哲学难题并不局限于市场体系的批评者。像黑兹利特这样的经济学家常常不愿面对这样一个事实：正式的产权及其交易市场是政府和法律制度的产物。

结果是很大程度上的不一致，部分取决于社会中哪些群体因产权的改变而受益或受损。例如，主张产权的卡托研究所热情支持渔业的可转让配额，但反对在理论上相同的温室气体排放许可证贸易政策。[②]

---

① 我们将在第二课进一步讨论这个问题。
② 和其他财产主义者一样，卡托将其描述为"自由主义者"。

同时考虑一课经济学和两课经济学，我们就会知道任何扩大产权作用的提案都必须经过仔细审查。但是，至少在渔业方面，某种形式的财产权，个人的、公共的或公司的，似乎是必不可少的。

印钞许可证：产权和电信频谱

19 世纪末无线电波的发现使人类获得了一种新的交流方式。这是第一次可以在不使用电线的情况下远距离传输信号（最初是摩尔斯电码，然后是普通声音）。

最初，这项技术免费提供给任何拥有发送和接收信号所需技术设备的人。然而，很快人们就发现，机会成本的逻辑在其中也一样起着至关重要的作用。

以相同或相近的频率发送的无线电信号会相互干扰，产生我们所知的静电干扰噪声。随着 20 世纪初无线电台的激增，这个问题变得越来越严重。一个电台使用一个频率的机会成本是使其他电台无法使用该频率。

美国政府的回应是 1927 年的《无线电法》，该法成立了联邦无线电委员会，后来改名为联邦通信委员会（FCC），其权力扩展到电视和其他电信技术。委员会被授权许可广播公司，确定它们可以使用的频率，以及覆盖地理范围和信号强度。

在决定谁应该获得许可证时，联邦通信委员会过去和现在仍然需要考虑到"公共利益"。尽管运行了近一个世纪，但公共利益的标准仍然含糊不清。其中一个方面随着时间的推移逐渐被削弱，那就是对粗俗语言和色情内容的限制，广播媒体比有线电视等竞争对手更严格。

公共利益标准更重要的含义是 1949 年至 1987 年盛行的"公平原则"。这一原则要求广播许可证持有人以（委员会认可的）诚实、公平和中立的方式播报重要的公共议题。在实践中，这通常意味着在保持中立和客观立场的同时，播报美国的共和党和民主党双方在党派辩论主题中的观点。罗森将这种方法描述为"没有立场的观点"（view from nowhere），虽然它提供了某种客观性，但是也在两个主要政党达成一致的问题上排除了其他的不同观点（Rosen，2010）。

对公平原则的抛弃，导致了公开拥护某个党派的广播公司的崛起，比如拥护政治右派的福克斯，以及拥护左派的微软全国广播公司（MSNBC）。随着公平原则的终结，以及对粗俗语言和性内容容忍度的提高，公共利益标准在实践中已变得无关紧要。

公共利益标准的真正意义在于，从一开始，它就有理由将广播频谱部分的产权分配给私人所有者，而私人所有者可以将所有其他人排除在广播频谱之外。这种权利通常被称为"印钞许可证"。事实上，这种描述适用于任何类似的情况，即国家创造了可执行的产权，并将其赠予特定的个人或公司。

那么，有什么备选方案吗？技术进步使我们能够更有效地利用带宽，结果是一些频谱可以免费用于新的用途。近年来，政府选择拍卖这些频谱，而不是免费赠送。2015 年，联邦通信委员会从 1700 兆赫到 2100 兆赫的"中频"频谱拍卖中筹集了 450 亿美元。

这种频谱被认为不如电视广播频谱等低频频谱有价值，因为信号传播的距离比低频频谱短。

不出所料，过去受赠频谱的私人拥有者也利用拍卖获益。2017年，一家私人电视台放弃广播频谱，拍卖所得近 200 亿美元，其中电视台收到了 120 亿美元，其余的归美国财政部所有。在这些拍卖中，实现的价格表明了原来的自由分配政策的机会成本。

排除需要为警察和紧急服务等重要公共需求预留带宽，其实也不必拍卖整个频谱。认真对待"公共利益"理念的广播公司总能在创造利润的同时兼顾公共利益，而不是将公共利益作为利润驱动的节目的遮羞布。但是，在市场经济中，大部分频谱将分配给商业服务，这是不可避免的。以分配方式获得频谱使用权的人应该补偿社会分配给他们的稀缺和有价值的服务的机会成本。

总结评论

本章涵盖了一系列不同的问题，统一的主题是一课经济学理论。价格告诉我们机会成本，并试图通过调节价格或通过法令分配稀缺商品和服务来制定公共政策，但很少能奏效。经济学家得出的一个结论是，政府不应采取任何行动。但是，对本章讨论的问题进行更仔细的研究，我们将在第二课中讨论完全不同的结论：如果你想解决社会问题，就要解决财产权的分配问题。

延伸阅读

纽约大学富曼中心详细介绍了纽约的租金控制和租金稳定（Furman Center，2012）。克劳奇描述了斯德哥尔摩的类似问题（Crouch，2015）。德格拉纳多等人（del Granado et al.，2012）和平斯特鲁普-安德森（Pinstrup-Andersen，1988）以及培根、莱伊、小岛（Bacon，Ley and Kojima，2010）提供了燃料和食品补贴的证据。

最近的研究表明，现金援助能够比其他形式的援助对发展中国家的穷人产生更好的效果，包括豪斯霍弗和夏皮罗的研究（Haushofer and Shapiro，2013）、斯汤顿和科林斯的研究（Staunton and Collins，2013），以及达瓦拉等人的研究（Davala et al.，2015）。戈德斯坦（Goldstein，2013）和肯尼（Kenny，2015）提供了易于阅读的摘要。

在发达国家，支持无条件现金支付的证据使人们对全民基本收入和负所得税等设想重新产生兴趣。威德奎斯特研究了关于负所得税的实验（Widerquist，2005）。仁辛和索尔提出了额外的证据，论证教育而不是收入再分配是更平等社会的关键这一观点（Rensin and Shor，2014）。

伊斯特利的论点（Easterley，2006），用加尔布雷思的话来说，已经变成了"传统智慧"（Galbraith，1958），但这并不意味着它是正确的。

弗里德曼关于道路收费的论文最早写于 1951 年，但直到很久以后才发表（Friedman and Boorstin，1951）。贝克特（Beckett，2003）和蒂姆斯（Timms，2013）给出了伦敦拥堵收费计划的一些背景。我在《远大前程》（*Great Expectations*，Quiggin，1996）和最近一本书（Quiggin，2014）里写了大量关于 PPP 和引导方案的问题。

杜林的作品可以让你了解美国捕鲸业的历史（Dolin，2008）。怀特的报告为美国渔业问题提供了背景（White，2006）。引用的段落来自 71~72 页和 304~307 页。

加勒特·哈丁（Hardin，1968）的文章《公地悲剧》从 20 世纪 70 年代起就极具影响力，这篇文章很有说服力，但在历史上并不准确。20 世纪 70 年代，希里亚西-万特鲁普和毕晓普（Ciriacy-Wantrup and Bishop，1975）以及达尔曼（Dahlman，1980）的著作让人们对共同产权有了更准确的理解。我的硕士论文就是有关这个课题，并在之后的研究中逐渐完善了观点（Quiggin，1988，1995）。埃莉诺·奥斯特罗姆（Elinor Ostrom，1990）对共同财产制度的系统研究做出了最重要的贡献。

关于美国广播政策中的公共利益和公平原则，请参见鲁安（Ruane，2011）和布罗特曼（Brotman，2017）的研究。罗森（Rosen，2010）在他的博客上发表了对"没有立场的观点"的批评，这是对美国媒体更广泛批评的一部分。雷登（Reardon，2015）和约翰逊（Johnson，2017）报告了 FCC 拍卖的结果。

其他参考文献包括以下这些研究：科恩和哈克（Cohan and

Hark，1997）、达斯古普塔（Dasgupta，1982）、弗雷（Fry，2017）、高登（Gordon，1954）、凯鲁亚克（Kerouac，1957）和怀尔德（Wilder，1931）。

第 6 章

破坏的机会成本

> 造出的每一支枪，下水的每一艘军舰，发射的每一枚火箭，归根结底，都意味着一种对忍饥挨饿的人们的盗窃。
>
> ——德怀特·艾森豪威尔，《最后的演说》，1961

> 你们要进窄门，因为引到灭亡，那门是宽的，路是大的，进去的人也多。
>
> ——《马太福音》7：13

仔细思考一课经济学理论，我们可以反驳一个在市场的崇拜者和批评者中都很流行的观点，即浪费和破坏。比如战争造成的破坏在经济上是有益的。黑兹利特对这一观点的批评是他书中最有力的部分之一。

在概括地描述了他的理论之后，黑兹利特用一个来自巴斯夏的寓言开启了书的主要部分。寓言从一面被砸破的橱窗讲起，破坏可能是有益的，因为它能"创造工作"。但是正如巴斯夏指出的，这一概念没有考虑用于修理的资源的机会成本。

黑兹利特将这个简单的比喻扩展到了重要的现实政策问题上。这就是修复战争造成的破坏以及满足战时受压制的消费品和服务需求，是否能够刺激经济活动并实现繁荣的问题。黑兹利特认为不会。

在这一章中，我将进一步阐述黑兹利特的关键点，阐明机会成本在分析中的作用，并在论证中涉及自然灾害。

我想说，黑兹利特和巴斯夏基本上是正确的。在大多数情况下，自然灾害也是经济灾难。自然灾害如此，人为灾难更是如此。在人为的灾难中，战争造成的破坏最大。

另一方面，阐明论点也会引起人们关注其局限性。最重要的是，基于一课经济学理论的"破窗"寓言，假设经济处于充分就业状态，要理解失业的影响，我们需要深入学习。我们将在第 8 章中更详细地讨论这个问题。

破窗谬论

巴斯夏对机会成本概念最清晰的阐述是他的"破窗寓言"，黑兹利特提出了相同的观点，即"破窗谬论"（向巴斯夏致敬）。

话说一个顽童抢起砖头，砸破了面包店的橱窗。当店主怒气冲冲追出来时，小捣蛋已经溜得没了踪影。看热闹的人围拢了过来，幸灾乐祸地盯着橱窗的窟窿以及散落在面包和馅饼上的玻璃碎片。不一会儿这群人就会进行哲理思辨，其中必然有人开始用祸福相依的哲理宽慰起众人或者店主的心：玻璃破了很是可惜，可是这也有好的一面。这不，对面的玻璃店又有生意了。一个新的橱窗需要多少钱？要 50 美元?这笔钱可不算少。话又说回来，要是玻璃永远都不破，那装玻璃的人吃啥？他们越琢磨越来劲。玻璃店多了 50 美元，会去别的商家那里消费，那些个商家的口袋里多了 50 美元，又会向更多的商家买东西，这样下去以至无穷。经这么一说，小小一片破橱窗，竟能够连环不断地给很多商家提供资金，使很多人获得就业机会。要是照这个逻辑推下去，结论便是：扔砖头的那个小捣蛋，不但不是社会的祸害，反而是造福社会的善人。

　　且慢！让我们来分析其中的谬误。至少围观者得出的第一个结论没错，这件小小的破坏行为，首先会给某家玻璃店带来生意。玻璃店主对这起捣蛋事件除了略表同情之外，高兴程度不亚于棺材店老板获知新的死亡事件。但是，面包店主损失掉的 50 美元，原本是打算拿去做一套西装的。如今，这钱被迫挪去补破窗，出门就穿不成新西装（或者少了同等价钱的其他日用品或奢侈品）。他本来有一个橱窗再加 50 美元，现在只剩下一个橱窗。或者说，在准备去做西装的那个下午，他本来可以心满意足同时拥有橱窗和西装，结果却只能面对有了橱窗就没了西装的糟糕现实。如果我们把他当作社会的一员，那么这个社会就损失了一套原本会有的新西装，那就是精确的社会财富减少程度。

总之，玻璃店主的这桩生意，不过是从做西装的缝纫店主那里转移来的。整个过程并没有新增"就业机会"。那些围观的人只想到了交易中的两个当事人，即面包店主和玻璃店主。他们却忘记了可能涉及的第三方，即缝纫店主。他们之所以忘记了他，恰恰是因为现在玻璃碎了，他也就失掉了亮相的机会。人们过两天就会看到多出一个新橱窗，但绝不会看到多出一套新西装，因为那套西装根本就不会被做出来。人们总是只看到眼前所见的东西。

这基本上是正确的，但需要做出一些重要的限定。黑兹利特没有详细说明他论点中的所有步骤，所以我们将为他补充完整。

这一论点隐含的假设是经济处于竞争均衡状态。在这种状态下，增加一种商品的生产，如橱窗，只能带来同等或更大的机会成本，在本案例中，也就是少生产了一套西服。在这种情况下，没有任何净收益可以抵消故事开头被打破的橱窗。

让我们回顾一下我们在第 2 章中讨论过的竞争均衡条件。在黑兹利特的版本中，关键的假设是:(A) 商品和服务（包括特定质量的劳动）的价格是由市场决定的，市场上每个人都面临相同的价格，每个人都可以在当前价格下任意买卖。

因此，假设（A），玻璃匠和裁缝的工作已经饱和，想要让玻璃匠或裁缝增加工作，要么是在当前工资水平上诱导玻璃匠增加工作量，要么让工人转换工作岗位，比如裁缝转做玻璃匠。无论哪种方式，都没有产生净收益。这是一课经济学理论的核心。

以这种方式表述论点，我们很容易看出，这个论点取决于充分就业的假设。人群的反应暗示旁观者最先想到的是失业问题。在充分就业的情况下，更可能的反应是"我不可能把橱窗修好"。如果有人想在建筑热潮期间翻修或修理，他会很快意识到这种机会成本。

当然，玻璃匠的故事是一个寓言。它有助于我们了解自然灾害甚至战争造成的大规模破坏对经济的影响。

自然灾害经济学

洪水、地震和飓风等自然灾害会突然发生，在短时间内造成严重破坏，然后消失，留下巨大的破坏，这些破坏基本上是随机的。在最初的影响过去后，生产性经济活动往往要停止或中断几周到几个月。

这类事件的报告通常包括破坏造成的损失和生产损失的成本估算。部分费用由保险索赔和政府救灾援助支付，但大部分费用会落在受灾地区的居民身上，这是不可避免的。

面对这样的灾难，人们自然会寻求一些安慰性的"一线希望"，其中一个安慰就是，自然灾害能创造就业，从而刺激经济。灾难无疑为应急服务创造了工作机会，而重建受损房屋和基础设施也需要工人。

这些工人挣来的工资可能被看作对灾难造成的损失的补偿。如果他们没有别的事可做，那就是真的。但是，大多数时候，这些工人并不是无所事事地坐等着灾难发生。

政府预算长期紧张，因此应急服务经常超负荷。为应对灾难而提供额外的服务会带来机会成本，即一般情况下能够提供的更多的常规服务。

同样，除非灾难发生在建筑业衰退时期，否则重建受损的房屋将以原本可以建造的新房屋为代价。自然灾害是随机发生的，而且大多数时候并不符合在建筑业创造就业机会的任何要求。此外，还有许多更有用的创造就业机会的方法。期望从自然灾害中获得经济利益，就像希望一场车祸能校准你的车轮一样。

总而言之，从经济角度来说，在大多数情况下，灾难从来都很糟糕。正如破窗的例子一样，灾后重建的经济活动是以生产活动为代价，这些生产活动可能会被忽视，它们也不会发生。

战争的机会成本

即使是最严重的自然灾害——摧毁整个城市，造成数千人死亡——与人类战争、革命和内乱造成的灾难相比，也会显得微不足道。然而，与自然灾害相比，"战时破坏对经济有益"的观点长期以来一直被认为是理所当然的，而且至今仍然具有影响力。

与自然灾害一样，这一观点基本上是错误的，但并非完全错误。大多数时候，用于战争的资源，或在战争过程中被摧毁的资源，本可以用于更有益的目的。即使是中等规模的战争，也需要大幅增加税收、征兵，而通货膨胀是最常见的手段。

最近的经典例子是越南战争。美国在 20 世纪 60 年代初卷入这场战争，当时由于采用凯恩斯主义宏观经济管理，美国处于数十年的充分就业期。战争与"伟大社会"计划（Great Society program）同时发生，"伟大社会"计划雄心勃勃地扩大社会福利，并向公众提供医疗和教育。天下没有免费的午餐，可以充分使用一课经济学理论来理解。增加的资源必须来自某处，而唯一的来源是私人消费和投资。

这些影响没有得到充分的认识，而战争和扩大社会项目所需的资源不是通过税收而是通过通货膨胀来获得的。通货膨胀降低了私人储蓄的价值，至少最初降低了工资的实际价值。当工人们意识到他们的工资能够买到的东西越来越少，就会要求越来越高的工资，这反过来又导致了物价的进一步上涨。这一过程最终导致价格管制（第 5 章），但价格管制终究会失败。核心问题是试图从充分就业的经济中榨取额外资源。没有一套稳定的价格能够反映这种政策所涉及的机会成本，因此通胀是不可避免的。这是一课经济学理论的一个必要的暗示，尽管有些微妙。

越南战争并不罕见。历史上，战时通胀是一种常态，而非例外。美国独立战争的资金来自大陆会议印刷的通胀货币。南北战争的双方，都依赖通货膨胀，尤其是南部邦联。① 第一次世界大战和其他许多战争也是如此。

---

① 1864 年，南部邦联政府的美元通货膨胀率达到了 700% 的峰值。

然而，这条规则有一个很大的例外（经常被误解）。在第二次世界大战前的十年里，大萧条使三分之一的工人失业了，也让饥饿和痛苦蔓延开来。

相比之下，在战争年代，尽管数百万工人加入了军队，所有剩余资源都被用于战争，但许多以前失业的家庭的生活水平得到了改善，人口整体营养水平也提高了。

1945 年战争结束后，资源从战时生产转移到国内需求。战后初期房屋和汽车等资本品存在大量未满足需求，因为这些产品的生产在战争期间大大削减。但是，即使消除了这种投资积压（并考虑到潜在的技术进步），生产和生活水平仍远高于 20 世纪 30 年代。

正如澳大利亚 1945 年发布的《充分就业白皮书》（*White Paper on Full Employment*）所言：

> 尽管需要更多的住房、食品、设备和其他各种产品，但在战前，并非所有能够工作的人都能找到工作或对未来有安全感。从 1919 年到 1939 年的 20 年间，有十分之一以上渴望找到工作的人处于失业状态。在经济大萧条最糟糕的时期，超过 25% 的人失业。相反，在战争期间，没有任何财政或其他障碍，我们有限的资源都被用来满足额外的生产需要。

白皮书呼吁政府承诺确保充分就业。在澳大利亚和整个发达世界，各国政府放弃了造成大萧条的一课经济学，致力于实现和保持充分就业。这一承诺持续了 30 多年，创造了一个空前繁荣的时代。

我们需要明白，虽然与大萧条相比，战争和破坏可能产生经济效益，但如果经济管理得当，保证充分就业，劳动力和资源就可以用于生产而不是破坏，我们也能收益更大。

在每一场危机中，都会有人呼吁军事干预，这些人往往认为"外国援助"已被证明是失败的。但是，军事干预的失败率远远高于普通的外国援助。在过去20年里，美国进行的军事干预（科索沃、索马里、海湾战争、阿富汗、第二次海湾战争、利比亚、叙利亚和伊拉克）中只有科索沃可以被视为是成功的行动。即使在科索沃，结果也只是一个弱国被武装维和部队分离成两个敌对阵营。[1]

即使军事行动按计划进行，也很难用机会成本来证明其合理性。支出总数是惊人的。据估计，阿富汗战争和伊拉克战争加起来给美国造成的战争开支和退伍军人未来的医疗费用估计在4万亿到6万亿美元之间，是自1945年以来整个非洲接受的援助总额的10倍，而非洲接受的援助经常被用来证明外国援助的无用。军事行动的这个成本还没有算上美国相关人员伤亡的巨额成本，以及对平民的"附带损害"。

与其计算整个军事行动庞大的机会成本，不如让我们看看在阿富汗每一名士兵的机会成本。据估计，每一名士兵每年的直接费用为210万美元，而保障费用和今后的医疗保健需求几乎肯定会增加一倍。

---

[1] 第一次海湾战争在最初设定的条件下取得了成功，但从煽动失败的什叶派起义开始，启动了灾难性的进程，最终导致了第二次海湾战争，以及10年后针对ISIS的战争。

　　我们可以考虑向阿富汗提供援助的其他途径，以此来计算机会成本。美国开发机构美国国际开发署（USAID）每年向阿富汗提供大约 7000 万美元的教育和社会服务援助，据称这笔钱可以让 100 万失学儿童入学。显然，在阿富汗或其他地方，这类支出还有很大的增长空间。一个简单的计算表明，让 35 名士兵留在战场上的机会成本相当于让 100 万年轻人接受学校教育。

　　面对这种计算，大多数战争支持者会说，战争的目的（主要）不是为了增进阿富汗人的福祉，而是为了保护美国人免受恐怖袭击的威胁。金钱没有办法衡量这种保护的价值。然而，至少我们能够确定采取军事行动的机会成本，而美国政府也明确这样做了。

　　美国政府要批准旨在保护美国人免受生命和安全威胁的干预措施，就需要保证每挽救一条生命的成本低于相关机构的"统计生命价值"。这一程序特别适用于旨在保护美国人免受美国境内恐怖袭击的政策。在评估 2007 年 9 月国土安全部关于扩大航空旅行安全的提议时，美国海关和边境巡逻队分别用 300 万美元和 600 万美元来评估拯救生命的价值。

　　海外军事行动从未使用过这种分析。尽管如此，机会成本的逻辑仍然适用，不管计划人员是否考虑到它。在阿富汗每增加一名士兵，代价都是所需资金的替代用途。根据上面边境巡逻队的估计，多部署 3 名士兵所花费的 630 万美元的机会成本是一项国内安全计划，该计划每年可挽救一名美国人的生命。

　　如果战场上士兵的伤亡率是三分之一，那么战争早就该结束了。同样的生命代价，却没有在美国国内保护美国人，而两党却都支持，因为这种代价是无形的，除非从机会成本的角度来看。

巴斯夏对"看得见"和"看不见"的对比从未如此贴切。

艾森豪威尔和军工复合体

德怀特·艾森豪威尔是二战期间欧洲盟军的最高指挥官，可以说是美国最伟大的军事指挥官，曾在美苏冷战时期担任美国总统。令人吃惊的是，艾森豪威尔对军事力量的局限性和军事开支的经济成本表现出了极其敏锐的理解，超过他之前或之后的任何一位美国政治领导人。他最为人所铭记的，或许是他对"军工复合体"的危险性发出的警告，军工复合体是一个主张增加军备支出的长期游说团体。

在他最后的演说中，他的观察更加深刻：

> 造出的每一支枪，下水的每一艘军舰，发射的每一枚火箭弹，归根结底，都意味着一种对忍饥挨饿的人们的盗窃。

这句话简单尖锐地指明了机会成本的逻辑，特别是当它适用于军事开支时。艾森豪威尔去世将近50年后，人们还没有从中吸取教训。

战争的技术优势

尽管战争总是造成明显的浪费和破坏，但人们常常声称战争具有经济效益，甚至说它对经济的成功运行是必要的。我们已经研究了基于"破坏的祝福"的论点。

在本节中，我们将研究另一个流行的论点，即战争能够刺激科技研发（R&D），从而促进和平时期的繁荣。经济学家泰勒·柯文（Tyler Cowen）最近重新提出了这一观点，他认为经济增长缓慢部分是由于对和平的坚持和期望。和这篇论文的其他支持者一样，柯文关注的是第二次世界大战的例子。

第二次世界大战非常特殊。第一次世界大战的技术进步造成了死亡和毁灭（毒气、坦克和潜艇战等），但除此之外几乎没有任何价值。20 世纪的战争，除了冷战，规模都很小，对整个世界的技术发展影响不大。

第二次世界大战却不同，至少表面上是不同的。青霉素、核能、计算机和喷气式飞机都是在二战期间迅速发展或进步的技术，在战后的繁荣中也发挥了重要作用。

所有这些技术进步的基础研究始于 20 世纪 20 年代和 30 年代。1928 年，亚历山大·弗莱明（Alexander Fleming）偶然发现了青霉素的抗菌特性。1939 年，霍华德·弗洛里（Howard Florey）和恩斯特·钱恩（Ernst Chain）开始研究青霉素的治疗作用和化学成分。1930 年，弗兰克·惠特尔（Frank Whittle）为涡轮喷气发动机申请了专利，并于 1937 年制造出第一架原型机。图灵（Turing）在可计算性方面的基础工作也发生在 20 世纪 30 年代。1938 年，经过数十年的研究，人们首次证明了原子裂变。1939 年 8 月，包括阿尔伯特·爱因斯坦在内的一群物理学家写信给美国总统富兰克林·罗斯福，警告说这一发现将推动原子弹的发明。

战争的爆发让这些研究发现得到了大规模的工业应用。二战期间，人们生产了数百万剂青霉素，成千上万架飞机（包括第一架喷气式战斗机），当然还有原子弹。ENIAC 是第一台电子通用计算机，被用来计算炮台数量。这台计算机直到 1946 年才问世，当时它被用于计算制造第一颗氢弹。

机会成本的推理引导我们提出这样的问题：为了释放资源，我们放弃了什么？很有可能，答案是"使这些发展成为可能的那种研究"。战争以牺牲"研究"（R）为代价，迫切地要求"发展"（D），于是产生了一些令人印象深刻的短期回报，如上文所述。

另一方面，要求立竿见影的结果可能带来长期的损失。这一点很明显，例如在计算方面。总的来说，第二次世界大战似乎推迟了现代数字计算机的发展。对计算能力的迫切需求意味着设计上仍然接近于旧的模拟计算设备。

当科学家从基础研究转向与战争更直接相关的活动时，造成的损失更难衡量，但几乎可以肯定，损失更大。这些活动大部分都没有什么价值，超出了军队的直接需求。还有大量的年轻科学家因为服兵役而中断了他们的职业生涯。

对于相当多的科学家来说，服兵役不仅仅是职业生涯的中断。1915 年，被公认为 20 世纪最伟大的实验物理学家亨利·莫斯莱（Henry Moseley）在加里波利被杀。[1]伟大的理论物理学家卡尔·史

---

① 据称尼尔斯·玻尔说，即使没有其他人死亡，亨利·莫斯莱的死也足以使第一次世界大战成为一场无法忍受的悲剧。

瓦西（Karl Schwarzschild）于次年去世。在第二次世界大战中，我们损失的科学家包括被盖世太保射杀的数学家让·卡瓦耶斯（Jean Cavaillès），以及面临被德国人俘虏而自杀的沃尔夫冈·杜布林（Wolfgang Doeblin）。另一个悲剧和英雄的故事是列宁格勒（现在的圣彼得堡）附近的巴甫洛夫斯克实验站的科学家们，其中 12 人在 1941 年围城期间在保护该站的种子库时饿死。还有更多的年轻科学家没有机会做出贡献就死了。我们可以想象一下 1914 年巴黎高等师范学院学生 50% 的死亡率。

正如巴甫洛夫斯克实验站的例子所表明的那样，科学项目本身也未能免于破坏。第一款可编程计算机不是 ENIAC，而是德国康拉德·楚泽（Konrad Zuse）设计的 Z1。这台计算机以及后来的 Z2 和 Z3 毁于盟军的轰炸。此后经过多年努力，楚泽的研究还是没能恢复。

机会成本"不可见"的概念又一次纠正了任何企图无视破坏成本的做法。

延伸阅读

冯特维基亚在《福布斯》杂志上撰文，引用高盛的研究称飓风桑迪将对经济产生有利的影响（Fontevecchia，2012）。许多经济学家，比如斯科卢普重复了巴斯夏对"破窗谬论"的批评，却没有注意到它依赖于充分就业的假设（Skorup，2011）。

帕赛尔的处理更平衡（Passell，1995），他引用了萨缪尔森的经典教科书（Samuelson，1948）来论证，"一线希望"的观点充其量是"四分之一的事实"，只有当灾难与高失业率同时发生时才成立。我也是这样认为，我探讨了使用 GDP 等指标来评估灾害影响时可能存在的问题（Quiggin，2011a）。

关于澳大利亚的《充分就业白皮书》，在我所著的《为所有人工作》（*Work for All*，Langmore and Quiggin，1994）中有进一步的讨论。

艾森豪威尔的演讲《和平的机会》（1953）和《告别演说》（1961）非常值得一读，尤其是与特朗普卑劣的言辞相比。

关于战争成本的资料，可以参见哈里森的研究（Harrison，2013）、克劳福德的研究（Crawford，2016）和美国国际开发署的数据（US Agency for International Development，2017）。对生命价值的估算可见马蒂亚的研究（Madia，2008）。

本章提到的这些科学家的生平可搜索维基百科。维达尔讲述了巴甫洛夫斯克实验站的故事（Vidal，2010），以及最近的一个来自房地产开发商的威胁，这个威胁似乎已经被击退（REALS，2015）。普罗查森提供了在第一次世界大战中死亡的科学家和其他知识分子的信息（Prochasson，2010）。

巴罗（Barro，2001）和费尔德斯坦（Feldstein，2009）提出的论据支持军事支出能够提供财政刺激的观点。泽尔维（Zelveh，2009）总结了政治右派的罗伯特·希格斯（Robert Higgs）和左派的布拉德·德隆（Brad Delong）等批评家的观点。柯文（Cowen，2014）对战争技术利益的论述借鉴了莫里斯（Morris，2014）。

第二课第一部分

社会机会成本

在第一课中，我们看到了竞争市场中的价格如何反映生产者和消费者所面临的机会成本。在第二课中，我们将会看到许多生产和消费过程中产生的机会成本没有反映在市场价格中，或者没有完全反映在市场价格中。

对于包括黑兹利特在内的许多经济学家来说，这既是故事的开始，也是故事的结束。他们得出的结论是，将经济结果从已经观察到的市场均衡中转移出去的政府行动可能会让社会变得更槽。然而，在现实中，市场并不像《一课经济学》中所描述的那样以一种理想化的方式运作。

首先，我们在任何给定时间观察到的特定市场均衡没有什么特别之处。正如我们将在第7章中讨论的，产权分配有无限可能，每一种分配对应不同的社会选择，每一种分配都与不同的竞争均衡相关联。由于产权随着时间的推移不断变化，因此市场过程推动经济达成的竞争均衡也在不断变化。所以，我们首先需要考虑产权分配的公平性或其他方面，然后才能讨论均衡结果的可取性。

其次，市场经济的实际结果与理想的竞争均衡有很大不同。卫生和教育等重要服务的市场要么运转不良，要么根本不存在。包括失业、污染和垄断在内的社会和经济问题，不会像黑兹利特设想的那样运作。所有这些问题统称为市场失灵。虽然市场失灵多种多样，但都与市场价格未能反映机会成本有关。

导致大规模失业的繁荣与萧条周期的市场失灵是如此严重和普遍，它已成为经济学的一个特殊分支——宏观经济学，它是对整体经济水平的研究，有别于微观经济学。微观经济学研究的是个体价格和市场以及它们在均衡中相互作用的方式。

宏观经济学的证据表明，就整体经济而言，资源的配置并不总是基于机会成本。相反，在长期的衰退和萧条中，生产资源被闲置，它们的机会成本实际上为零。

各种类型的市场失灵，包括宏观经济失灵和市场无法解决的产权分配问题，构成了两课经济学的基础：

> 市场价格无法反映我们作为一个社会所面临的所有机会成本。

在本书的这一部分，我们将对两课经济学进行详细的介绍。

在第 7 章，我们将研究机会成本的逻辑如何适用于收入和财富的分配。我们将强调财产权制度是社会建构，而不是自然权利的一部分，并介绍了从洛克开始，主张财产权"自然权利"的人如何利用这一概念掩盖剥削和征用。我们还将研究帕累托最优的概念，这是一课经济学的核心内容，并介绍它如何使人们错误地理解了"天下没有免费的午餐"。

在第 8 章，我们将思考如何解释衰退、失业和通货膨胀的机会成本等经典的宏观经济问题。其核心主题是：衰退和大规模失业并非罕见的灾难，而是市场体系正常运转的一部分，除非这些趋势被公共政策抵消才会减少失业。经常性的大规模失业本身就足以说明一课经济学的假设是无效的。

转到微观经济学，我们将思考与"市场失灵"这一术语普遍相关的问题。第 9 章讨论的第一类市场失灵是不完全竞争的市场，包括垄断、寡头垄断和买方垄断。接下来，在第 10 章，我们思考外部性和污染。最后，在第 11 章中，我们研究了与信息、不确定性和金融市场相关的问题。

第 7 章

产权和收入分配

像土地或房屋这样的长期财产，仔细考察它们的易手过程，在某些时期总会以欺骗和非正义为基础。

——大卫·休谟，《道德、政治和文学论文集》（*Essays*，*Moral*，*Political*，*and Literary*，1742），第二部分，第十二篇，《论原始契约》（Of the Original Contract）

我们在第一课中讨论的竞争均衡并不是自发的社会进程的独特产物。相反，竞争均衡取决于作为贸易基础的产权分配。在市场交易之前，我们必须确定谁拥有什么。这一决定受制于机会成本的逻辑，但不能转化为市场交易。

在这个抽象的问题上，大多数人倾向于一种平等的初始分配，每个人都会比进入贸易之前更好，并且没有人比其他人更好。然而，在现实中，我们不可能在某个起点做出一劳永逸的选择，也观察不到最终均衡。产权和经济结果不断变化，通过市场交易，以及通过出生、死亡、税收、犯罪、发明以及适用于所有这些过程的法律的变化。

人们出生时的禀赋或多或少是由父母决定的。他们先天或后天的属性可能有助于也可能阻碍他们在社会中取得成功。例如，在一些社会中，力量和暴力能够赢得权力，而在另一些社会中，力量和暴力则可能导致监禁和贫困。这种影响从出生一直持续到死亡。人的一生运气有好有坏，做出的选择有明智的也有不明智的，但结果都要自己承担。

社会关于财产权的决定影响着同一代人和代际的机会分配。同样，也没有一劳永逸地解决公平分配问题的起点，从这一点出发一切都交给市场交易即可。每一天都有孩子出生，无助地依赖父母；每一天也都有人死去，留下各种各样的财产。今天做出的决定取代了逝者的愿望，限制了青年人和尚未出生的人的机会。

或隐蔽或显露，关于财产权的决策无时无刻不在，而机会成本的逻辑也适用于这些决策，分配给一个人或一个群体的权利不能分配给另一个人或另一个群体，本章的中心主题就是这种分配方式。

产权与收入的分配

在市场经济中，个人、家庭、企业和政府之间相互作用的结果，取决于决定贸易和就业起点的产权和资源的分配。这些产权不仅包括房屋、工厂等的所有权，还包括由税收和福利制度创造的一系列权利和义务，以及经济活动发生的法律框架。

可选的分配方式和制度很多，它们产生的市场结果也很多。事实上，根据经济理论，只要给予适当的产权分配，市场结果可能是任何符合社会现有技术可能性并充分利用贸易可能性的最终结果。

这意味着，不论我们选择哪一点作为产权分配的起点都涉及机会成本，即放弃所有其他可能性。一般来说，权利多分配给一个人或一个群体，就会少分配给其他所有人，这将反映在市场结果中。

产权与市场均衡

正如我们在第 2 章中看到的，第一课的核心是在一个完美的竞争均衡中，价格与机会成本完全匹配。天下没有免费的午餐。经济中的任何人获得的额外利益都会面临同等或更大的机会成本，这种机会成本可能由受益的人承担，也可能由其他人承担。

对于像黑兹利特这样的一课经济学家来说，知道这些内容就足够了。第一课的内容告诉我们，一旦我们处于竞争平衡，就不可能改善结果。用经济学的专业术语来说，竞争的结果就是帕累托最优。意大利经济学家维尔弗雷多·帕累托（Vilfredo Pareto）第一个提出了这一概念，此后便被称为"帕累托最优"①。在一个更宏大的术语体系中，这个理论发现被称为福利经济学第一定理。

然而这一论点存在一个问题：它所要求的条件在实践中从未得

---

① 帕累托遵循了一个令人惊异的政治发展的常见过程，从自由市场的自由主义者开始，最终成为墨索里尼法西斯政府的支持者。另一个例子是哈耶克支持智利独裁者皮诺切特。下文将讨论帕累托的政治和经济理论之间的关系。

到满足。如果不是政府采取广泛行动降低失业率、限制垄断权力、让价格更接近机会成本（更多内容见第8章和第9章），它们甚至会离现实更远。

更重要的是，我们在任何给定时间观察到的特定市场均衡并没有什么特别之处。由于产权分配有无限可能，因此每一种分配都对应着"没有免费的午餐"这一竞争均衡。

还有一个更引人注目的地方。我们观察到，只要给定一个合适的起点（即某种合适的产权分配），"没有免费的午餐"的分配都能以市场均衡的形式出现。这一点经过学者的论证，被称为福利经济学第二定理。就像热力学和运动定律一样，第二定理比第一定理更有趣。

不幸的是，关于第二定理的大多数主流讨论都忽略了其中心思想。主流文献没有关注产权分配的含义，而是关注一次性税收的理论概念，即在不影响劳动力和资本供应的情况下重新分配收入的税收[①]。如果一次性征税是可行的，产权的分配就无关紧要，因为任何问题都可以通过再分配税来解决。然而，无论它们在理论上有什么吸引力，一次性征税在实践中是不可行的。以这些术语为框架的讨论，模糊了产权的核心作用。

因此，必须清楚地考虑产权及其对收入分配的影响。要考虑这个主题，首先要了解当前的产权，因为这是对任何可能的变化进行分析的起点。

---

① 预分配（产权分配）和再分配税的区别将分别在第12章和第13章中进一步讨论。

起 点

如果我们要思考收入和财富分配的变化，我们应该以什么为起点？虽然起点有各种各样的可能性，但是其中许多是理论上的，大部分并没有多少实际用途。

黑兹利特没有说明他分析的起点。他的分析基于一种隐含的主假设（巴斯夏对此做了更详细的阐述），即私人产权存在一种自然分配，这种自然分配先于任何政府活动，如税收和福利的支付。显然这是站不住脚的，在现实的经济运行中，财产权和应享的权利无法从创造和执行它们的社会和经济框架中分离出来。

"财产"的一般含义是指对资源的一种特定的控制，充分表现在土地的所有权和资本的私有制上。在构成一课经济学基础的理想化模型中，所有的财产都是这样的。在巴斯夏和黑兹利特没有直接描述的财产自然分配中，与土地和资本财产有关的限制被移除，不符合理想所有权模式的权利被取消。

大多数时候，我们认为现有的产权分配是理所当然的。然而，这恰恰是巴斯夏所指出的一种谬误，即只专注于所看到的，而忽略不可见的替代选项。所有的财产权都始于政府的一个决定，它创造和执行了一种权利，让某人使用某一特定商品、资产或想法，并规定该权利是否能够转让给他人以及转让的方式。

在早些时候讨论过的一些案例中，例如电信频谱和捕捞配额，这种权利是最近才创造的，创造这些权利的过程有充分的记录。还有一些较为古老的案例，例如 19 世纪创立了有限责任公司，除了少数专家，几乎所有人都忘记了这段历史。

再往前追溯，土地的产权最终都是由国王或政府授予的，而国王或政府的权利最终又来自没收或征服。土地是有限的，将土地产权分配给一个人或一家公司的决定意味着那些本来拥有土地的人所承担的机会成本。

例如，著名的《末日审判书》（Domesday Book）形成于1086年，它描述了征服者威廉（William the Conqueror）战胜撒克逊人之后，英格兰所有土地的权利和义务分配。威廉需要奖励他的诺曼人追随者，这些奖励隐含着机会成本，由被剥夺了财产的撒克逊人以及那些本该分到土地却没有获得土地的人承担。从那之后，所有土地连同相关的权利和义务几经易手，交易方式多种多样，但是它们的根基仍然存在于国家的各种选择中。

土地产权赋予土地所有者从占用或耕种土地的人那里收取租金的权利。在英国诺曼王朝的封建制度中，地租是绝大多数财富的基础，并且一直到19世纪都是如此。土地权利的真理适用于每一种新的财产权。财产权创造了租金，使用财产的人要支付租金给所有人。

在任何社会中，人们对什么是合法的财产权都有自己的看法，特别是他们自己有权享有的财产。这些看法可能符合也可能不符合那个社会的主流，例如，在某种意义上，工人通常认为他们的工作属于自己。在一些地方，这种看法得到了法律支持，比如禁止不公平解雇，但在美国，自由就业原则意味着工作是雇主的财产。

像黑兹利特这样的经济学家希望将政府机构精简到最低限度，

以保护他们认可的财产权，包括对土地和房屋、私营部门金融资产和个人财产的权利。

这其中有两个主要困难。首先，一课经济学家对应该保留哪些财产权存在分歧。其中一些经济学家支持这样的观点，即思想的创造者应该拥有这些思想的无限知识产权，而其他人则认为信息应该是免费的。①此外，尽管一课经济学家反对用税收来支付福利，比如社会保障，但在这些福利和合同义务付款之间没有明确的界限，比如公职人员和私人雇员的养老金，以及与私人公司签订的提供公共服务的合同。②任何试图在逻辑第一原则的基础上定义一套独立于政府的自然产权的尝试都会迅速失败。

第二个问题是，任何试图将所有权利和应享权利都简单归结为最狭隘的朴素的私有财产概念的做法，都不会产生任何与现有的私有产权分配类似的结果。一些类型的私有财产将变得更有价值，而另一些则不那么值钱。其中一个例子就是俄罗斯和其他苏联的加盟共和国在苏联解体后进行了大规模私有化。这个过程极大地增加了少数寡头的财富，也极大地使所有其他人陷入贫困，导致大多数人丧失了他们在共产主义制度下拥有的有限财产权。

我们不可能准确地描述基于这种根本性变化而提出的起点。我们不能说，在这种情况下，财产权从一个人转移到另一个人的机会成本是多少。因此，从我们的实际情况出发，而不是从某种理论上

---

① 一课经济学理论的不同派别，如奥地利学派、客观主义者和无政府资本主义者之间的细微差别太复杂、太枯燥，在这里就不赘述了。

② 社会保障和医疗保险在理论上是作为供款设立的。然而，实际上，即使考虑到投资回报，这些项目的受益者得到的远远超过他们的贡献。

的理想状况出发来思考财产权配置的变化，这样更合理。

在大多数现代社会，政府通过税收收入占有很大一部分国民收入。其中一些收入用于提供公共服务，另一些用于社会保障、失业和伤残保险等转移支付，以及向贫困家庭提供援助。

因此，任何包含财产权变化的起点，都应当包括现有工人的财产权、工人的职位、社区成员接受政府服务和福利的权利与义务，以及政府支付这些服务和福利的必要税收。

财产权的任何变化都涉及机会成本，保持财产权不变的决定也是如此。由于市场结果是由财产权决定的，因此一课经济学理论毫无用处。作为一个社会，我们需要做出选择，并理解这些选择的机会成本。这些问题将在第 12 章进一步讨论。

财产权与自然法

许多理论试图将财产权（尤其是土地权利）独立于政府，比如所谓的自然法。最著名的是英国哲学家约翰·洛克（John Locke）的观点，他认为土地的所有权最初是由一个人的劳动和土地的混合获得的，也就是说，通过耕种获得的。

委婉地说，洛克的学说是一心谋私利。洛克的个人财富主要来自对英国在北美的殖民地的投资，包括奴隶贸易。这些投资的可行性最终取决于殖民者是否有能力驱逐土著居民，这些居民大多是猎人和采集者，而不是农民。① 洛克把农业劳动力作为原始取得的关键因素，从而为侵占他人财产辩护，而这种侵占让殖民成为可能，同时也为独立于国家的财产的自然权利提出了理由。②

从根本上说，无视原住民。自然权利的概念取决于这样一种假设，即在现有定居点的边界之外有如此多的土地，任何想要获得足够的土地来养活自己的人都可以获得足够的土地，并且留下足够的土地给后来的人。托马斯·杰斐逊表达了这一信念，他说他买下路易斯安那州能为子孙后代提供足够的空间。

事实上，在几代人的时间里，北美所有可用的农业用地都被占用了，并且成为农民和农场主的战场。类似的冲突在澳大利亚、南美以及欧洲人在新大陆定居的任何地方都出现过。

洛克认为一个人可以在不损害他人利益的情况下获得土地所有权的观点，就是虚假的"免费的午餐"的一个明显例子。两课经济学的核心思想是，我们需要关注任何收益的机会成本，即使它们并不明显。这样我们才会发现使用土地总会有机会成本，即最佳替代用途。

洛克的整个理论是建立在忽视机会成本的基础上的，而机会成本是一课经济学和两课经济学的核心。令人惊讶的是，一课经济学家常把它当作忽视产权分配的主要理由。以洛克关于公正获得财产

---

① 也有一些农民，比如切罗基人，被洛克忽视了，最终被剥夺了财产。
② 当然，洛克和他的贵族朋友们都不会为了获得他们的自然权利而自己做任何劳动。相反，在洛克的模型中，工作是由仆人完成的，他们的主人会得到好处。在美国，仆人要么是黑人奴隶，要么是白人契约劳工。契约实际上是奴隶制的一种形式，尽管只有 7~14 年的有限时期。

的学说来为资本主义辩护的思想具有内在的矛盾性。这种辩护使得隐含的机会成本对价格方面的作用，与假设机会成本不存在的初始假定存在着根本的冲突。

今天，财富不再来自农业用地的所有权，然而这些土地原本可能是被侵占的。这开启了另一种可能性：即使自然权利理论在最初提出时是错误的，现代资本主义经济的发展也在事后证明了这一点。在现代资本主义经济中，财产是通过竞争和创新获得的。

但这种说法之所以失败，原因有很多。首先，虽然大多数财富并不依赖农业，但控制自然资源仍然很重要。世界上最大的公司（最著名的是埃克森美孚）和最富有的家族（如科赫和盖蒂）都是建立在石油利润之上的。而且，为了控制石油资源而引发的长期斗争也表明，每一个依赖自然资源的人都非常清楚机会成本的存在。

更重要的原因是，知识产权在现代经济中发挥的核心作用。知识产权是苹果、谷歌等信息技术公司以及大型制药公司价值的核心。正如我们将在第 15 章中看到的那样，在思想中创造产权的机会成本往往大于收益。

根本性的原因是，只有当我们相信个人的努力可以创造财富时，自然产权理论才有意义。对于小农来说，这至少在表面上是有道理的，他们只依靠动物和一些简单的工具在小块土地上耕作就能满足他们的大部分需求，如食物和衣服。①

但是，在现代经济体系中，经济个体之间的相互依赖会立即显

---

① 实际上，他们的农业技术是几千年人类发展的产物，他们的自给自足最终得到市场经济的支持。

现出来。没有任何人能够在没有其他人的帮助下获得任何形式的收入或财产。当这些被当作反对财产自然权利观念的证据时，一课经济学的拥护者却感到愤怒。一个引人注目的例子是，当有人声称企业主积累了自己的财富，不欠任何人任何东西时，就会引起轩然大波。美国前总统巴拉克·奥巴马曾指着企业赖以发展的道路和其他基础设施说："你没有修建这些设施。"

帕累托和不平等

如果经济中没有任何一个人可以在不使他人境况变坏的同时使自己的情况变得更好，这种情况通常被称为帕累托最优（Pareto-optimal），帕累托最优是以意大利经济学家、政治理论家维尔弗雷多·帕累托的名字命名的。可以说，帕累托最优是经济学中最具误导性的术语（当然还有很多其他具有误导性的术语）。在解释这一点之前，重要的是理解帕累托更广泛的思想体系，这一思想体系最终导致他支持贝尼托·墨索里尼的法西斯政权。

帕累托试图破坏主导 19 世纪经济学的自由主义思想，根据当时的思想，最优（最理想）的经济结果是对人类幸福贡献最大的结果，通常（不那么严谨地）被概括为"为最大多数人谋取最大利益"。这一思想得到伟大的哲学家和经济学家约翰·斯图亚特·密尔（John Stuart Mill）的阐发，它是一种自然的平等主义学说。

古典框架的平等主义反映了穷人的需求比境况更好的人的需求更迫切。使社区中最贫穷的成员受益的政策将增加整个社区的幸福，即使这些利益是以牺牲较富裕的人的利益为代价。因此，大量的收入再分配将是社会所希望的，而个人财富的大量积累本身则是不可取的。尽管在某些情况下，一些可行的政策会使个人财富大量积累。然而，个人财富积累只能最低限度地提高少部分人的幸福感。

帕累托的重大成就表明，经济分析可以在不援引效用概念的情况下进行，这一点被 20 世纪的许多经济学家进一步发展。因此，幸福的人际比较是不科学的，因为这种比较往往会得出这样的结论：更公平地重新分配财富是有益的。

帕累托并没有停止攻击密尔的经济学方法。密尔的哲学框架隐含着对政治民主的支持，其中包括妇女选举权。既然每个人的福利在传统计算中都同等重要，那么政治过程应该尽可能给予每个人同等的权重。

帕累托推翻了这一推论，他认为收入分配的高度不平等是不可避免的，并且是有一定道理的。他提出了所谓的幂律，用统计分布来描述经济现象，这个分布也以他的名字命名，即帕累托定律，也可以用二八定律来概括，即 20% 的人口拥有 80% 的财富。

假定收入分配是稳定的，意味着任何再分配的尝试基本上都是徒劳的。即使目标是以牺牲富人的利益为代价让穷人受益，其结果也只是以牺牲当前富人的利益为代价让一些人成为新富。帕累托把这个过程称为"精英的循环"。[①]

---

① 在反乌托邦经典作品《1984》中，奥威尔描绘了托洛茨基式的人物爱麦虞埃尔·果尔德施坦因（Emmanuel Goldstein），他将帕累托的思想作为《寡头集权理论与实践》（*The Theory and Practice of Oligarchical Collectivism*）的起点。几乎可以肯定，奥威尔是从詹姆斯·伯纳姆（James Burnham）那里得到这个想法的。伯纳姆是帕累托的崇拜者，奥威尔将帕累托的作品视为权力崇拜的化身。

因此帕累托拥护的政治立场是一种在经济问题上的极端自由市场与对政治自由主义和民主的敌意的结合，他也是这种政治立场的第一批倡导者之一。帕累托对墨索里尼法西斯政权的崛起表示欢迎，并接受墨索里尼提名进入了意大利参议院。然而，1923 年，就在墨索里尼上台还不到一年的时候，帕累托就去世了。

帕累托并不是真正的法西斯主义者。相反，他发展了一种自由主义思想，后来的哈耶克和米塞斯也有类似思想，他们都拥护通过镇压民主社会主义政党而上台的凶残政权。和帕累托一样，无论是哈耶克还是米塞斯，都不能被恰当地描述为法西斯主义者，他们对民族主义或展示权力本身不感兴趣。相反，他们标榜的自由主义敌视民主，对政治自由漠不关心，这使他们成为威权政权的天然盟友，只要威权政权坚持一课经济学理论的正统观念。[①]

帕累托最优

回到帕累托最优，我们接下来探讨为什么这是一个误导人的术语。将一种情况描述为最优意味着它是唯一的最佳结果，但是事实并非如此。帕累托和他的追随者，如黑兹利特，都试图通过定义而不是实证来证明市场结果具有独特的社会可取性。

在现实中，满足帕累托最优定义的财产权分配有无限可能，满足帕累托最优定义的商品和服务分配也有无限种方式。高度平均的分配可以实现帕累托最优，任何一个人拥有所有的财富，而所有其

[①] 哈耶克和米塞斯的支持者通常将自己描述为自由主义者，但他们与残暴独裁者的联盟使这个词变得滑稽可笑。他们被嘲笑为 shmibertarian。本书中使用的一个更精确的描述是"资产主义"。

他人都只能勉强维持生计的分配也能实现帕累托最优。

一些经济学家认识到，将根本不公平的分配描述为最优分配是不恰当的，因此转而使用帕累托效率（Pareto-efficient）描述，但是这种描述也好不到哪里去。它既不符合"效率"的一般含义，也不符合"效率"一词在经济学中常用的含义，这一术语也具有误导性，只是方式不同而已。

机会成本的概念为我们提供了一个更好的方式来思考让一些人变得更好而没有人变得更差的可能性。如果存在这样的可能性，那么就存在潜在收益而不需要面临机会成本。相反，如果对于任何收益来讲都有一个明显的机会成本，那么我们不能使任何人更好而没有使其他人的经济状况变得更糟。帕累托最优的情况可能可以简单描述为一种机会成本都是正的情形，或者如第 2 章的措辞，没有免费的午餐。

结　论

一课经济学和两课经济学的区别在福利经济学理论中得到了很好的体现。一课经济学家只研究了第一定理，然后合上书，认为自己发现了需要知道的一切，并心满意足。他们忽视了更重要和更有趣的第二定理，没有认识到财产权分配是决定无限可能的市场均衡结果哪一个能够实现的关键因素。

正如本书开篇引用的萨缪尔森的话，人们鼓吹"一课经济学"，而我建议学习两课经济学。

延伸阅读

布劳格为我们提供了关于福利经济学定理的有价值的历史背景（Blaug，2007）。利特（Little，1950）和格拉夫（Graaff，1968）对福利经济学的理论基础进行了批判性的阐述。

奥威尔的《1984》有很多版本，密尔的《论自由》也有很多版本。我参考了一些容易理解的版本。奥威尔对权力的崇拜进行了敏锐诊断，同时也对伯纳姆的理论思想进行了颠覆性思考（Orwell，1946；Orwell，1968），伯纳姆至今仍对美国右翼政治产生影响（Burnham，1941）。

奈讨论了帕累托等人在 19 世纪末提出的反民主精英理论（Nye，1977）。

我在《雅各宾》（Jacobin）上发表了三篇文章详细批判了洛克主义（Quiggin，2015a，2015b，2016）。阿尔尼尔对洛克作为殖民主义剥削的捍卫者的角色给出了一个更具学术性和争议较少的解释（Arneil，1996）。

关于哈耶克与皮诺切特的联系，参见法郎特、麦克菲尔和贝格的研究（Farrant，McPhail and Berger，2012）。科里·罗宾（Corey Robin）讨论了哈耶克和撒切尔之间书信往来之间的一些问题（Robin，2013）。

第 8 章

失 业

任何国家都无法承担一代人失业的后果。

——国际工会联合会秘书长夏兰·巴洛（Sharan Burrow）

在本章中，我们将讨论经济周期，即市场经济进入衰退时期的趋势，其特征是高失业率、闲置资本、产出下降或停滞。在一课经济学理论中，经济衰退是不可能的，市场会确保所有资源在使用时实现机会成本与边际产量相匹配。但是衰退确实会发生，大多数一课经济学家都没有明确说明这一点。相反，在他们的故事里，经济衰退是由于商业活动暂时中断引发的，只要政府不采取任何损害商业信心的措施，经济就会迅速复苏。

正如我们将看到的，经济陷入衰退的频率几乎与经济全速运转的频率一样。衰退是市场经济正常运行的一部分，它不是暂时的异常，这一事实对我们思考机会成本的方式具有重要意义。

尽管"衰退"一词指的是作为衰退特征的产出减少，但衰退的关键特征是大规模失业及其造成的痛苦和混乱。无论什么时候，只要能够对生产做出有用贡献并愿意继续工作的工人失业了，我们就需要考虑两课经济学了，因为价格（记住，工资是劳动力的价格）没有恰当地反映资源的机会成本。在本章中，我们将详细介绍如何将两课经济学应用于失业问题。

综上所述，我们将看到，一课经济学理论的微观经济分析只有在保持充分就业的情况下才有意义。充分就业在市场经济中不会自动发生，它需要政府采取行动，通过货币和财政政策，以达到平稳的经济周期。

考虑到这一点，我们将重新思考黑兹利特对巴斯夏的"破窗谬论"的讨论。我们将展示巴斯夏的故事只有在高失业率的环境下才有意义。很明显，在这种情况下，我们需要更仔细地思考这一谬论。

宏观经济学和微观经济学

经济学家通常将影响整体经济的失业等宏观经济问题与特定市场产生的微观经济问题区分开来。微观经济学将我们导向一课经济学理论，当然是通过一些十分重要的前提条件。微观经济分析向我们展示了价格如何发出机会成本的信号，并对这个信号做出反应。相比之下，宏观经济学的核心担忧是市场周期性失灵，带来衰退和萧条。因此，宏观经济分析是两课经济学的一部分。

宏观和微观的区别可以追溯到伟大的英国经济学家约翰·梅纳

德·凯恩斯，他首次对市场经济为何会经历长期萧条（包括高失业率和大量企业倒闭）进行了认真的分析。[①] 凯恩斯分析的核心思想是市场协调的失败，在这种情况下，人们可能愿意以市场上通行的价格进行交易，但在现实中却无法这样做。

在标准经济学课程中，机会成本和市场失灵的分析通常局限于微观经济学课程。这是一个错误。两课经济学告诉我们，市场价格并不能反映我们作为一个社会所面临的所有机会成本。一个失业工人愿意按照当前市场工资工作，却找不到工作，没有比这个例子更直观的了。工人用劳动换取工资，购买商品和服务。

在高失业率的情况下，工人愿意以当前的工资和价格进行这种交易，却无法做到。然而，当经济复苏时，同样的工人会重新获得就业机会，并具有足够的效率，雇主可以支付他们的工资并赚取利润。因为当劳动力充分就业时，对商品和服务的需求就会增加，这一切就能实现。

因此，大规模失业是两课经济学的一个清晰例证。市场工资没有反映失业工人面临的机会成本，他们愿意在当前的工资下工作，并且在充分就业的条件下用能够生产足够的产品来证明他们的就业是合理的。

在经济体中生产的每一种商品和服务的成本中，工资占大多数或至少很大一部分。对大多数家庭来说，工资是收入的主要来源。当工资不能恰当地反映劳动力的社会机会成本时，经济中的任何价

---

① 宏观经济学和微观经济学这两个术语来自凯恩斯同时代的挪威人拉格纳·弗里希（Ragnar Frisch），但如果没有凯恩斯，我们所知的宏观经济学将不复存在。

格都无法反映商品和服务的真实社会机会成本。

　　一课经济学理论的简单应用表明，只要工资降低到与机会成本相匹配的水平，失业问题就可以得到解决。但是有几个原因使这种方法行不通。首先，工人非常理智地抵制减薪，即使雇主声称有必要这么做；其次，也是更微妙的，工资和价格下降降低了长期投资的赢利能力，因为最终产品销售的价格水平低于增加生产投入时的普遍价格水平。同样，从第 3 章的讨论可以看出，当价格下降时，实际利率会更高。

　　简而言之，尽管一课经济学理论很重要，但它只适用于一个充分就业的经济体。只有当所有工人都能在由其技能和职业决定的市场工资水平上获得工作时，工资才能恰当地代表机会成本，但是在经济衰退时期，这种情况不会发生。

　　只有当宏观经济运行正常时，微观经济学的标准结果才有效。这就是为什么凯恩斯将他的宏观经济理论视为拯救市场资本主义的一种手段，不是从批评资本主义的社会主义者那里，而是从资本主义自身潜藏的致命缺陷中得出的结论。

经济周期

　　在美国，衰退是由国家经济研究局的经济周期测定委员会（Business Cycle Dating Committee）进行衡量的。国家经济研究局在 1920 年成立之初的主要任务是记录和分析经济周期，而衰退和萧条是经济周期最显著的特征。直到今天，美国国家经济研究局最广为人知的还是对经济衰退的宣布和定义。

要理解衰退及其衡量方式，有必要简要了解一下经济周期的概念。美国国家经济研究局将经济衰退定义为"经济活动的显著下降，持续几个月以上，通常可以在实际 GDP、实际收入、就业、工业生产和批发零售销售中观察到"。

全球资本主义在 19 世纪初出现之时，资本主义经济就明显地受到波动的影响，这种波动不是由战争和歉收等外部原因引起的，而是由市场自身的运行引起的。经济或多或少都会陷入衰退，这往往是金融或大宗商品市场恐慌引起的，而在其他时候，衰退的阴霾往往被繁荣的狂热乐观所取代。卡尔·马克思著作的核心思想认为这些危机不是反常现象，而是资本主义经济的固有特征。[①]

认为繁荣、衰退和正常经济扩张交替出现反映了一种潜在的周期性模式的想法是十分具有吸引力的。19 世纪和 20 世纪的经济学家提出了各种周期理论，其中影响最大的是克莱门特·朱格拉（Clement Juglar）和尼古拉·康德拉季耶夫（Nikolai Kondratiev）的理论。康德拉季耶夫提出了长波扩张和收缩的概念，扩张和收缩各持续长达 30 年。朱格拉提出的理论中一个周期为 7~11 年，包括扩张、衰退、萧条和复苏阶段。这大致相当于美国国家经济研究局今天使用的经济周期概念。

美国国家经济研究局的方法基于识别经济活动的高峰和低谷，

---

① 马克思认为，危机将稳步加剧，导致最终的崩溃和制度的革命性颠覆，但这一预期并未实现。然而，也没有多少人预测美国经济已进入一个没有危机的新时代。正因为如此，每当出现特别严重的全球危机，比如 2008 年的危机，马克思的思想就会重新引起人们的注意。

衰退被定义为高峰和低谷之间的时期，而扩张则是低谷和高峰之间的时期。关于美国经济周期的典型观点认为，衰退相对较短，在此期间经济活动急剧下降，随后则是快速复苏，这就产生了 V 型衰退的概念。复苏阶段之后是一段更为持久的稳定扩张时期，伴随着稳定扩张时期的结束，要么是经济危机，要么是旨在降低通胀风险的货币政策大幅收紧。包括 V 型衰退在内的周期阶段与经典的朱格拉周期相当接近。

然而，最大的宏观经济事件，即 20 世纪 30 年代的"大萧条"（Great Depression）和 2008 年开始的"小萧条"（Lesser Depression）等主要萧条，并不符合这种模式。对此，我们将在下一节中进行分析。

大萧条和小萧条

大多数时候，繁荣和衰退符合朱格拉提出的典型经济周期模式。经济衰退的时间相对较短，发生在不同的国家、不同的时间，之后会非常迅速地恢复经济增长的长期趋势。

然而，在过去 100 年里，发达国家经历了两场不符合典型模式的长期萧条：19 世纪 30 年代的"大萧条"和始于 2008 年全球金融危机的"小萧条"。①

---

① 当人们关注美国的失业率时，"大萧条"和"小萧条"这两个术语是恰当的。但正如奥利维尔·布兰查德（Olivier Blanchard）和劳伦斯·萨默斯（Lawrence Summers）所表明的那样，2008 年以来产出的损失实际上比大萧条时期更严重。许多欧洲国家在失业和产出方面的表现更加糟糕。

大萧条与标准的周期性衰退截然不同。萧条通常发生在一段持续增长和金融过热的时期之后，最终导致危机和金融恐慌。经济收缩非常迅速深刻，更糟糕的是，在大多数情况下，复苏会被错误的政策决定（通常被称为紧缩的政策）所扼杀。

大萧条也遵循这种模式，它始于 1929 年 10 月美国股市崩盘，美国股市在两天内下跌了 25%，并持续下跌了 3 年，在 1932 年 7 月的最低点，市场已经损失了危机前价值的 89%。

由于股市下跌和信心普遍下降，消费者支出急剧下降。企业通过削减投资和裁员来应对需求不足。其结果是，1929 年至 1932 年间，美国的工业产出螺旋式下降，减少了一半。

美国经济下滑对欧洲出口商产生了直接影响，但最大的影响在金融方面。1931 年，美国金融危机之后发生的一系列银行业危机，导致了奥地利安斯塔特信用社倒闭，该行被迫拯救实力较弱的竞争对手。这使得欧洲整体经济放缓演变成一场全面危机。

直到 1933 年富兰克林·德拉诺·罗斯福就任美国总统，美国经济才开始复苏。虽然罗斯福没有一个连贯的政策计划，但他愿意不顾正统市场的约束，采取行动实现经济复苏。

随着时间的推移，罗斯福的新政计划在方向上向广义凯恩斯主义靠拢，并提供了实质性的刺激。瑞典也出现了类似的做法，然而，在其他地方，对大萧条的普遍反应是采取了一系列紧缩政策，并引发了糟糕到灾难性的后果。

最大的灾难发生在德国和日本。马克·布莱思（Mark Blyth）在他的著作《紧缩：一个危险观念的演变史》（*Austerity: The History of a Dangerous Idea*）中，描述了德国保守派布吕宁政府的紧缩政策是如何为阿道夫·希特勒的崛起铺平道路的，日本的类似政策导致扩张主义的军事独裁取代了有限的民主。

始于 2008 年 9 月的全球金融危机，导致了一系列大致相似的经济后果，并可能产生类似的社会和政治后果，包括威权政府的崛起。尽管对这场危机的直接反应是采取凯恩斯主义的刺激措施，但在希腊等欧洲国家爆发债务危机和美国茶党崛起之后，紧缩政策迅速回归。

凯恩斯主义政策避免了危机爆发时似乎迫在眉睫的全面经济崩溃。然而，转向紧缩意味着无法实现真正的复苏。美国和其他发达国家经历了很长一段时间的经济疲软，因此这场危机有时也被称为"小萧条"。

小萧条反映在经济数据中。美国经济在经历了就业和生产双双大幅下滑之后，终于在 2010 年恢复了缓慢增长，但是，失去的产出和就业机会再也没有恢复。尽管官方失业率已降至较低水平，但在很大程度上是因为人们已经放弃了寻找工作。2009 年，就业人口比例（成年人口在就业中所占的比例）大幅下降，是自 20 世纪 70 年代和 80 年代女性大规模进入劳动力市场以来的最低水平。10 年后，这一比例仍远低于危机前的水平，如图 8-1 所示。

这种经历在其他长期衰退和萧条中很常见，尤其是在金融危机之后，具有潜在生产力的工人可能会失业数年。

在这种情况下，一课经济学理论就不适用了。试图通过错误的紧缩政策来补救只会让事情变得更糟。

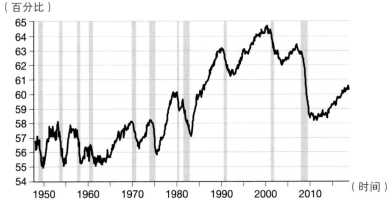

图 8-1　1948—2018 年居民就业人口比例（注：阴影区域表示美
　　　　　国经济衰退。）

资料来源：美国劳工统计局数据。图来自圣路易斯联邦储备银行经济
数据库。

在经历了 10 年的停滞之后，随着右翼极端主义政党和派别的
崛起，失败的紧缩政策所产生的社会和政治影响，令人回想起 20
世纪 30 年代的大萧条。最重要的结果是唐纳德·特朗普当选美国
总统，他得到了各种种族主义团体（所谓的另类右翼）的支持，也
得到了主流共和党人的协作和默许。在这方面，美国并不孤单。许
多国家也出现了类似的极端组织。历史研究表明，资本主义的失败
对政治右派的好处大于左派，至少在短期内是这样。

经济衰退是异常现象吗

如上所述，许多经济讨论都是基于这样一种隐含的假设，即经
济周期的正常状态是充分就业，而大规模失业是罕见的例外。从这

个角度看，衰退只是稳定增长模式的暂时中断。

与典型衰退相关的经济活动模式是 V 型的，在经历了两到三个季度的急剧收缩之后，很快就会出现同样迅速的扩张，从而使经济恢复到接近充分就业的状态。这一观点反映在被广泛接受的关于衰退的非正式定义中，在这个定义中，衰退是指两个季度的负增长。

然而，在很长一段时期内，美国经济的表现截然不同。在 1929 年华尔街崩盘和 2008 年全球金融危机之后的深度衰退中，经济收缩更为剧烈，复苏步伐缓慢而脆弱。即使经过多年的复苏，就业仍远低于正常水平。

在大萧条时期，美国的就业人口比从 1929 年的 55% 下降到 1933 年经济衰退最严重时期的 42%。尽管新政带来了扩张性的影响，就业在整个 20 世纪 30 年代仍然疲软，1940 年这一比例仅为 47%。

同样的情况也发生在始于 2008 年底的全球金融危机的小萧条中，并在接下来 10 年里持续，延续至今。经济危机开始时，美国的就业人口比从 63% 下降到 58.5%。尽管经过多年的复苏，这一比例仍然保持或接近这一水平。

有很长一段时期，经济衰退一直很温和，温和到许多观察人士认为经济周期已经停止运行。其中最长的一段时期始于 1939 年第二次世界大战爆发，结束于 20 世纪 70 年代。当战时经济计划调动了所有可用的经济资源时，也开启了长期的繁荣。

大多数经济学家预计，二战结束后，经济会出现衰退，就像第一次世界大战后一样。然而，在凯恩斯主义经济学的影响下，二战后的几十年里，各国政府致力于保持充分就业，并取得了巨大成功。在国际上，这一承诺体现在固定汇率的布雷顿森林体系以及有关机构、国际货币基金组织和世界银行的规则中。凯恩斯主义的经济政策体系在 20 世纪 60 年代末陷入困境，导致了布雷顿森林体系在 1971 年崩溃。20 世纪 70 年代是一个高通胀和周期性高失业率并存的混乱时期。

20 世纪 80 年代中期，随着美联储开发出新的经济管理工具，美国经济开始复苏。但是在 1990 年和 2000 年，衰退再次发生，但相对短暂而温和。到 21 世纪初，经济学家们看到了一段相对稳定的时期，这段时期很快被命名为"大稳健"（Great Moderation）时期。

然而，事实证明，"大稳健"只是一种幻觉。凯恩斯主义的长期繁荣持续了几十年，而大稳健时期在被发现时已经结束了。2000 年互联网泡沫的破裂，标志着许多发达国家强劲就业增长的终结。全球金融危机使经济增长由缓慢转为急剧下滑，随后陷入停滞。

考虑到这些不同的时期，我们能否将充分就业视为经济的正常状态，它会受到与经济周期衰退相关的暂时中断的影响？有证据表明我们不能这样认为。

在研究经济周期之前，重要的是要注意到，即使在通常被描述为充分就业的情况下，也有 5% 左右的劳动力处于失业状态，并且他们都在积极寻找工作。此外，有相当多的工人愿意工作更长时间，还有一些人在认为容易找到工作的时候开始寻找工作，这部分人也会进入劳动力市场。如果要把这样一个国家视为充分就业的国家，就要假设失业是工人找不到工作而造成的，而不是工作总数不足造成的。

就周期性数据来看，美国国家经济研究局估计，自 1914 年以来的 100 年间，大约有 25 年是在衰退中度过的，也就是说，有 25 年处于经济周期的收缩阶段。然而，在关键方面，这种分类是一种低估。在深度衰退中，经济疲软在收缩阶段结束后仍会持续很长时间。至少从劳动力市场的角度来看，在经济恢复到危机前的增长轨道之前，衰退仍在持续。只要就业人口比率远低于危机前的水平，就意味着存在大量失业或灰心丧气的工人，工资没有恰当地反映机会成本。

要了解这一点的含义，可以思考分析一下 1929 年前后的美国国家经济研究局的数据。1929 年以前，收缩和扩张的时间差不多，所以经济衰退的时间不到一半。

在美国国家经济研究局的数据的基础之上，把 1929 年至 1939 年的整个大萧条以及 2008 年全球金融危机以来的年份都视为衰退，那么自 1929 年以来美国经济约有三分之一的时间都处于衰退中，仅比 1854 年至 1929 年这一阶段略有改善。

但这仍是一种低估。1929 年后的平均水平由于第二次世界大战和 1945 年至 1970 年凯恩斯主义宏观经济管理被拉高。如果把这些时期排除在外，那么经济中的衰退期所占比例约为 40%。

总而言之，除非政府积极努力保持充分就业，否则经济几乎

经常处于衰退之中。认为充分就业是市场经济的自然状态是一种
幻觉。

失业与机会成本

经济危机，如 2008 年全球金融危机，导致的直接后果包括各
类市场都陷入了瘫痪。未售出的货物堆积在仓库和码头上，庄稼因
为不值得收割而腐烂在田地里，以及房屋烂尾被遗弃。随着经济衰
退的持续，企业纷纷减产、裁员，工厂停产。未售出商品的可见盈
余逐渐减少，而闲置的生产能力在不断增加。

经济衰退最明显的特征是持续了很长一段时间的大规模失业。
工人找不到工作，即使他们愿意以当前的工资水平工作。每一个在
招聘的岗位，申请人的数量远远超过空缺的数量。

大规模失业是两课经济学的一个例子，可以说是最重要的例
子。当前的工资没有反映失业工人面临的机会成本。这些工人愿意
以当前的工资工作，并且在充分就业条件下，能够生产足够的产品
来证明他们的就业是合理的。

如果增加生产是通过雇用以前失业的工人实现的，那么真正
的机会成本不是他们获得的工资，而是他们在失业期间所做事情的
价值，往往非常低，例如打零工赚钱或失业在家。它甚至可能是负
的，因为无所事事的工人坐在家里，技能会过时，工作习惯也会被
侵蚀。

受经济衰退影响的不仅仅是工人。衰退的一个不太明显但却很

重要的特征是，资本以及劳动力都处于闲置或未充分利用的状态。[1]

如果经济衰退持续的时间足够长，市场压力就会迫使工资和物价下降到消费者愿意消费而不愿意储蓄的水平，此时国内生产的商品和服务比进口更便宜。这个过程是缓慢而痛苦的，尤其是低工资会直接影响工资的购买力，从而降低工人对通常消费的"工资商品"的需求。[2] 只有当价格也下降到能够反映机会成本的水平时，一课经济学理论才会再次适用。从长远来看，随着工资和物价的下降，经济衰退将会结束，充分就业将会恢复。

但是，正如凯恩斯在一份被大量错误引用的声明中所指出的，这不是说我们就不用担心失业了[3]：

> 长期的打算是对当前事务的误导。从长远来看，我们都死了。经济学家给自己设定的任务太简单、太没用了，如果在暴风雨季节，他们只能告诉我们，暴风雨过后，海洋又恢复了平静。

---

[1] 在这一点上，值得一提的是奥地利学派的经济周期理论，尤其是哈耶克提出的理论。根据这一理论，经济周期性衰退是繁荣时期过度和不健康投资的结果。这种衰退会一直持续到过剩的资本存量通过贬值和报废被清算为止。尽管这一理论代表着对经典观点的一种改进，在经典观点中，衰退是不可能发生的，但它未能解释为什么衰退和萧条会导致工人失业。考虑到过剩的资本存量，对工人的需求应该比平时更大，而不是更小。

[2] 如果一国货币的价值与金本位挂钩，或者与其他国家的货币挂钩（如欧元区），这种痛苦就会最大。亨利·法雷尔（Henry Farrell）和我曾将欧元区的紧缩比作大萧条时期金本位制的失败。

[3] 凯恩斯并不是说我们应该忽视长期。相反，他的观点是，基于经济最终将回归长期均衡，我们不能忽视短期，这可能涉及多年的衰退和萧条。

大规模失业是市场经济中经常发生的现象，而不是偶然的反常现象，这一事实意味着，一课经济学理论中被视为理所当然的充分就业，最好被视为一种特例。正是由于这个原因，凯恩斯将他的经典著作命名为《就业、利息和货币通论》。

用两课经济学来总结：

在经济衰退的情况下，市场价格无法准确反映整体经济的机会成本。

微观的宏观基础

在凯恩斯主义经济学的全盛时期，人们主要关注失业、通货膨胀、经济增长和国际收支平衡等宏观经济问题。这些都是决定经济表现好坏的重大问题，单个市场的价格如何决定等微观经济问题也受到广泛关注，但被认为不那么紧迫。

正如凯恩斯本人所言，只有政府保持充分就业和经济增长，市场才能正常运转。在凯恩斯主义时期，典型的经济学课程开始于对整个经济的描述，以及关于经济周期的基础宏观经济学。只有在介绍了这一背景之后，课程才转向供给和需求，这是在充分就业的含蓄假设条件下进行的。按照本书的说法，两课经济学应当是在一课经济学之前学习的。

当凯恩斯主义经济学在20世纪70年代失宠时，最关键的反对意见是说它缺乏微观经济学的基础。因此凯恩斯主义希望能够建立一个统一的经济分析机构，以克服宏观经济学和微观经济学之间的不一致。但是它被证明是一个灾难性的失败。事实证明，以微观经济学为基础的宏观经济学无法预测全球金融危机，也无法就如何应对危机提供任何有用的指导。从逻辑上讲，这一失败应该使人们对该模型的微观经济基础以及由此产生的宏观经济影响产生了怀疑。

然而，一课经济学家的主要反应是把这个问题当作别人的问题来对待。[①] 即使宏观经济问题似乎无法解决，微观经济学家也假定他们自己分析的有效性不受影响。这意味着，即使宏观经济学是完全错误的（也只有少数经济学家会这么认为），微观经济学家也仍是正确的。但是这种逻辑行不通，至少在一般情况下是行不通的。

但是，从某种意义上说，微观经济学本身就是一种宏观经济理论，它来自将经济作为一个整体的一般均衡模型。微观经济学一般均衡模型以充分就业为前提，并由此得出一系列基本结论。相反，如果经济能够表现出持续的高失业率，那么一课微观经济学肯定存在严重错误。

正如我们在第 2 章中看到的，一课经济学理论适用于完全信息、没有外部性等条件下的竞争一般均衡。在这种情况下，商品价格反映了生产商品的社会机会成本。这意味着，除了重新分配初始的产权禀赋外，政府在提高资源市场配置的竞争性方面无能为力。

一旦遭遇了非自愿失业，所有这些假定都不成立。凯恩斯著名

[①] 广播剧《银河系漫游指南》首次在 20 世纪 70 年代末播出时，角色之一福特·普里菲克特描述了一个隐形装置，该装置的基础是"都是别人的错"（Somebody Else's Problem Field）："它是我们看不见的东西，或我们视而不见的东西，我们的大脑认为这是别人的错，所以不让我们看见。"

的思想实验——将英镑埋在煤矿里——表明，从标准微观经济学的角度来看完全荒谬的干预，可能有助于缓解衰退，并让社会变得更好。

这一点可以从劳动经济学、金融理论、公共经济学和产业组织等方面得到更详细的阐述。在持续高失业率的情况下，微观经济学领域的标准结论是无效的。

黑兹利特和破窗谬论

了解了两课经济学之后，让我们来看看由巴斯夏提出并由黑兹利特在批判凯恩斯主义经济学时提到的破窗谬论。在第 6 章引用的段落中，黑兹利特批评了这样一种观点——打破窗户可能是有益的，因为它为玻璃匠创造了工作。他指出，花在窗户维修上的钱的机会成本可能是店主原本打算买的一套新衣服。

这个论点一开始很有说服力，但可以引出一个微妙的问题，人群的反应中隐含着一种假设，即玻璃匠缺少工作。如果（有时会发生这种情况）玻璃匠的工作量超过了承受能力，那么顶多也就没有多余的窗户了，店主的订单只是取代了一些不那么紧急的修理工作。同样，对于黑兹利特关于裁缝工作的反驳，裁缝行业一定存在着失业，所以店主的西装代表着产出的增加。如果没有产出的增加，来自店主的额外需求将会轻微地提高套装的价格，刚好足以让其他顾客少买一套。也就是说，这个故事暗示着经济正在衰退，各行各业都存在失业。

考虑到这些事实，我们可以讲述一个不同的故事。假设玻璃匠失业了一段时间，把衣服穿破了。修好窗户并拿到工资后，他可能会拿这 50 美元，从裁缝那里买一套新西装，裁缝之前也失业了。裁缝可能会花 25 美元从鞋匠那里买一双新鞋。[1]

在这个版本的故事中，玻璃匠、裁缝和鞋匠都得到了报酬。一套新西装和一双新鞋（加上用新窗户替换旧窗户带来的额外价值）增加了社会产品的价值。

如果窗户没有被打破怎么办？根据目前的假设，店主会花 50 美元买一套新衣服，裁缝会把钱存起来，而玻璃匠仍将失业。店主的境况较好，因为（在窗户被打破之前）他宁愿买一套新衣服也不愿换一扇新窗户。另一方面，玻璃匠的情况更糟，因为他既没有工作也没有衣服穿。对整个社会来说，就业增加了。

该数据可以使用表 8-1 和表 8-2 进行了说明。表 8-1 给出了巴斯夏和黑兹利特所讲述的故事，并简化了假设，即窗户和西服都需要一天的工作。

正如我们所看到的，唯一的变化是玻璃匠给砸破的窗户换了新玻璃。裁缝照旧做了一套衣服，但买的人不是店主。根据充分就业的（隐含）假设，所做的总工作量没有变化。根据假设，最终的结果是工作量或产出没有增加。

现在让我们来看一个例子，一开始玻璃匠、裁缝和鞋匠都失业时，他们认为做一双鞋需要半天的工作。

---

[1] 一般来说，鞋匠的开支也会增加，但我们不会在这里进一步追溯。第 14 章使用凯恩斯乘数概念，给出了有关这一分析的更复杂和现实的版本。

在表 8-2 中，被打破的窗户提供了初始刺激，并引发了一个良性循环，产出了一套新西装、一双新鞋，并且每个人的工作都增加了。

表 8-1　充分就业下的产出和就业

	窗户没有被打破	窗户被打破
新窗户	1	0
新西装	1	1
增加的工作量	2	2

表 8-2　经济衰退中的产出和就业

	窗户没有被打破	窗户被打破
新窗户	0	0
新西装	0	1
新鞋	0	1
增加的工作量	0	2.5

黑兹利特看似反驳了破窗谬论，但经过更仔细的考察，他的论点不攻自破。一方面，黑兹利特使用的语言暗示着失业的存在；另一方面，他含蓄地假设私人和社会机会成本是相同的。两课经济学告诉我们，如果经济陷入衰退，这种情况一般不会发生。

这并不是说打破窗户是件好事，即使是在经济衰退时期。正如我们在第 6 章中看到的，破坏很少是有益的，总有更有效的活动。正如我们将在第 14 章中讨论的那样，宏观经济政策的关键作用是确保现有资源得到有效利用，而最重要的是工人的技能和努力，而不是经济周期的起伏。

延伸阅读

想要了解对康德拉季耶夫的长波理论可以阅读相关的翻译作品（Kondratiev，2014）。范杜因（Van Duijn，2006）考察了各种长波理论。有很多股票投资顾问会收费为你解答如何利用周期赚钱，但我不建议你咨询他们。

凯恩斯的《就业、利息和货币通论》可能是经济学中除斯密的《国富论》之外最重要的著作（Keynes，1936）。他的一些见解（但不是全部）已被纳入主流凯恩斯宏观经济学。哈耶克的理论（Hayek，1966）并没有太多的价值，但为了完整性，我也将他引入其中。

伯南克关于大萧条的文章让我们深入了解当代新凯恩斯主义经济学家如何看待大萧条，并有助于解释政策对全球金融危机的反应（Bernanke，2004）。我和亨利·法雷尔一起写了几篇文章（Farrell and Quiggin，2011，2017），还有我的上一本书《僵尸经济学：死亡的思想如何在我们中间传播》（*Zombie Economics: How Dead Ideas Still Walk Among Us*），探讨了凯恩斯主义和反凯恩斯主义对全球金融危机和小萧条的反应（Quiggin 2011）。其中有一章是关于紧缩的。关于这个话题的另一本有用的书是马克·布莱思的《紧缩：一个危险观念的演变史》（Blyth，2012）。

图 8-1 来自圣路易斯联邦储备银行维护的联邦储备经济数据库（FRED）。这些数据最初来源于美国劳工统计局，可以在相关网页上查看。美国国家经济研究局的经济周期测定委员会保存了一份美国经济周期的年表，可以追溯到 1854 年。

第 9 章

垄断与市场失灵

> 同一行业的人聚会，即便是为了嬉戏娱乐，最终必定以针对公众的密谋而结束。
>
> ——亚当·斯密，《国富论》

卡尔·马克思诞生 200 年后，1968 年最后一次革命浪潮爆发 50 年后，垄断资本主义这个词，在今天听起来已经过时，它像是过去狂热和老旧观念的遗存。然而，在现实中，垄断和相关的市场失灵问题从未像现在这样严重。

在 20 世纪，大公司的市场力量在很大程度上被工会和政府的力量所抵消。随着工会的衰落，政府越来越多地听从金融市场的指令，这种制衡力量仿佛消失了。因此，市场失灵的影响越来越严重。

市场失灵的概念

市场失灵的概念直接来自一课经济学理论描述的一般均衡理论。在竞争性一般均衡的理想条件下，所有商品和服务的市场价格都反映整个社会的机会成本。但事实上，并非所有市场都是充分竞争的，在经济的许多领域，单个公司对其收取的价格和支付的工资有很大的影响力。

我们已经看到，由于宏观经济原因，市场进程可能无法达到一般均衡的结果。在危机和衰退时期，会出现商品滞销、工人失业以及金融资产滞销的情况。此外，任何特定市场均衡的可取性取决于产生均衡的产权分配。选择怎样的产权制度和产权分配决定了市场中的机会成本，但这种选择本身又受制于社会机会成本。

即使在充分就业的一般均衡中，将产权分配作为既定条件，市场也可能无法产生反映社会机会成本的价格。这种状态可以以许多不同的方式发生，因此市场失灵发展出各种类型，人们也试图对市场结果的主要可能问题进行分类。[1] 也有人试图把各种各样的市场失灵归结为单一的根本原因，例如市场化不充分，或者产权不明晰。虽然第一眼看上去很简洁，但试图将一系列不同的现象放入一个分析框中，往往会让人联想到普洛克路斯忒斯之床[2]。

---

[1] 这是最早的类型学之一，也是最有用的类型学之一，是由弗朗西斯·贝托（Francis Bator）在 20 世纪 50 年代提出的，贝托区分了所有权外部性、技术外部性和公共产品外部性。

[2] 普洛克路斯忒斯是希腊神话中的一个人物，他强迫客人在一长一短两张铁床中的一张上过夜。身材矮的人睡长床，强拉客人的躯体与床齐；身材高的人睡短床，用利斧把客人伸出来的腿脚截短。纳西姆·塔勒布（Nassim Taleb）用这一神话故事作为书名，批评各类错误的思维方式。

从市场价格和社会机会成本的角度来看，这一问题的框架表明存在两大类市场失灵。首先，市场价格可能没有反映出买卖双方面临的机会成本。其次，一笔交易的机会成本可能全部或部分由直接参与交易的买卖双方以外的人承担。

当市场不是完全竞争时，就会出现市场失灵。典型的例子是垄断，一个公司是一种商品的唯一供应商。这样的公司可以设定高于机会成本的价格，从而获得额外的利润，垄断是市场不完全竞争这一大类的极端例子。

与经济学中的许多其他术语一样，市场不完全竞争概念具有微妙的误导性，它似乎意味着市场即使不是完全竞争的，至少也足够接近，以至于完全竞争的市场才是合适的基准。实际上，一课经济学理论中假定的完全竞争市场只能解释一小部分经济活动。[①] 在本章中，我们将研究各种垄断的含义以及双方讨价还价的情况。

幅员经济

生产的机会成本随产量增加而下降的观点，可以追溯到现代经济学的起点——亚当·斯密的《国富论》。斯密的主要观点是，通过把生产过程分成小的步骤，每个工人都专门从事一项操作，这样可以大大增加特定的工人群体的产量。他的经典例子是大头针制造业，生产一枚大头针的过程被分成 18 种操作，利用这种分工，10

---

① 见第 15 章相关内容。

名工人每天可以生产 48000 枚大头针。斯密估计，独立工作的 10 名工人最多只能生产 200 枚大头针。

其他规模经济源于技术的物理特性。例如，蒸汽技术的核心部件锅炉的成本取决于其表面积，而容量取决于其体积。粗略地说，一个球体的体积翻倍，表面积要增加 60%。这一物理事实（平方立方定律）构成了一个经验法则的基础，工程师们发现它适用于在许多不同情况下估计规模经济。0.6 次幂律指出，改变一件设备的尺寸将改变资本成本，即容量比的 0.6 次方。

规模经济的 0.6 次幂律如表 9-1 所示，表 9-1 是一家蔗糖加工厂的数据。由于工厂的生产能力增加了 7 倍，从每天生产 1250 吨增加到每天生产 1 万吨，总成本只增加了 2.5 倍。结果是，每吨的平均成本下降了一半以上。

表 9-1 规模经济的说明例子

生产能力（吨 / 日）	总成本（百万美元）	平均成本（美元 / 吨）
1250	1.0	800
2500	1.4	540
5000	2.0	400
7500	2.7	360
10000	3.5	350

产量增加带来的成本节约被称为规模经济。大公司降低单位生产成本的另一种方法是将固定成本分摊到多种产品上，以这种方式实现的节约在经济上被称为范围经济。规模经济和范围经济的综合效益被称为幅员经济。

范围经济的一个经典例子是航空公司。假设一家航空公司只提供单一产品，也就是说只经营一条连接两个城市的航班，而运营这项服务需要飞机和机组人员，在这条航线上飞行的机会成本是飞机和机组人员不能在其他地方使用，如果这是唯一的成本，而且飞机和机组人员都在这条航线上得到了充分的利用，那么就不存在范围经济。

然而，航空公司还需要一个票务和预订系统，建立起这样一个系统就可以用来支持多条航线，服务于许多城市。对于这样的固定成本，大部分的机会成本是在系统建立时承担的。因此，将系统用于多个航线的额外成本很小。

同样，航空公司必须在其经营的每个机场建立行李处理设施。当飞往许多目的地的航班从同一机场起飞时，行李处理的规模经济就会产生范围经济。这种逻辑导致了毂辐状网络的发展，比如总部位于亚特兰大的达美航空和总部位于孟菲斯的联邦快递。同样，增加航线的机会成本低于建立第一条航线的机会成本。

由于这些相互作用，航空业提供了各种市场结构的例子。低流量航线通常只有一家航空公司提供服务，其价格主要受到其他航空公司可能进入市场的威胁的制约。更多的市场由两到三家航空公司提供服务，它们的收费往往超过机会成本。大城市之间的旅客可以选择更多的航空公司，获得更优惠的价格，并且价格接近机会成本。

当某一特定行业中的许多公司位于邻近区域时，还会产生其他好处。这些公司可以通过协议分享技术知识，也可以通过熟练工人在公司之间的流动分享技术知识，而且集中在一个特定地点的公司越多，这个地方的供应商和熟练工人也就越多，整个行业都将因此受益。运输网络和供应链同样使行业中的所有公司受益。这些利益有时被称为外部规模经济，与单个公司增加产量时所实现的内部规模经济相对。[1]

在许多情况下，行业聚集非常重要，往往能让一个实际的地点成为该行业的一种比喻。[2] 好莱坞指的是电影业，华尔街指的是金融市场，硅谷指的是信息技术产业。

看起来，由于一个行业中的所有公司都对行业聚集的经济做出了贡献，也从这种经济中获益，因此这种影响就抵消了，价格等于机会成本。但事实并非如此，因为每个公司都把别人产生的利益看作其生产技术的一部分，把自己对行业的贡献看作没有得到任何好处的机会成本。由于企业没有考虑到它们所创造的外部规模经济，因此对于规模经济发挥重要作用的行业来说，在竞争均衡中，行业规模很可能小于价格与社会机会成本相等时所需的规模。

此外，正如本章开头引用的亚当·斯密的话所指出的，即使公司聚集是出于利用规模经济的愿望，它也提供了更多的共谋机会。

---

① 正如第 10 章所讨论的，这种区别产生了"外部性"一词。

② 更确切地说，是"提喻"，或"所包含事物的容器"。

无论来源是什么，规模经济给一课经济学理论带来了问题。当存在规模经济时，增加产出的机会成本小于平均成本。如果价格高到足以弥补生产的平均成本，那么生产更多产品的机会成本也就小于价格。

在大多数情况下，规模经济较大的市场中的公司有足够的市场力量将价格设定在平均成本之上，从而获得额外利润，并扩大价格与机会成本之间的差距。最极端的例子是垄断，下面我们就来讨论垄断。

垄　断

垄断一词来自希腊语，指的是一个卖方。当某一商品或服务只有一个卖方时，垄断就产生了。[①] 垄断价格是两课经济学的一个例子。垄断者有权决定他们所选择的价格，而且总是会选择高于他们所销售的商品和服务的机会成本的价格，从而获得额外的利润。

尽管垄断者具有一定的市场力量，但是和所有生产者一样，垄断者也受制于机会成本的逻辑。由于他们能够收取大于生产的机会成本的价格，因此他们愿意生产和销售得更多。

然而，要出售额外的产量，垄断者必须设定一个较低的价格。这个价格除了生产成本，还包括更高的机会成本，即向那些愿意购买的消费者收取更高价格的机会。垄断者只有在价格超过机会成本

① 这个术语通常更广泛地用于描述只有少数厂商（寡头垄断）或只有一个买家（买方垄断）的情况。

的两部分之和时才会生产和销售额外的产出，机会成本的两个部分即生产的边际成本和通过降低价格而放弃的利润。因此，垄断者收取的价格高于竞争市场决定的价格。

垄断者总是可以选择收取竞争性的市场价格，很明显，垄断下的利润更高。但消费者的情况更糟，无论是那些支付更高价格的人，还是那些愿意以等于机会成本的价格购买商品或服务的人，还包括那些不愿意支付垄断者要求的更高价格的人，他们的情况都更糟了。

第一种损失是财富从消费者转移到垄断厂商，第二种损失则对任何人都没有好处。总的来说，消费者遭受的损失大于垄断者获得的利益。

价格降低会减少现有销售利润，这是垄断者增加生产时面临的机会成本。然而，由于利润的减少与消费者收益的增加相匹配，因此对整个社会来说，这并不是一个机会成本。因此，垄断就是两课经济学的一个例子：即使市场价格代表生产者和消费者的机会成本，它们也可能不能反映整个社会的机会成本。

自然垄断

如果生产以规模经济为特征，那么大企业的成本将低于较小的竞争对手，并有可能将它们挤出行业，进一步发展，一家企业将会主导整个行业，导致所谓自然垄断。更正式地说，如果单个企业为市场提供服务、满足市场需求的机会成本低于多家企业竞争时的机会成本，那么这个市场就是自然垄断市场。

市场竞争自然产生垄断并不意味着它对社会有益。最重要的是，垄断企业设定的价格与生产的（边际）机会成本并不相符。要收回为市场提供服务的机会成本，垄断者必须设定一个至少等于平均生产成本的价格。在自然垄断中，平均成本必须高于额外生产的边际成本，即服务于额外客户的机会成本。

在缺乏外部监管的情况下，垄断者不会满足于只收回为市场提供服务的机会成本，而是会寻求利润最大化。但是降低价格以吸引更多的客户，意味着减少从现有客户那获得的收入，除非垄断者能够区别对待客户，否则将价格保持在高位更有利可图。

大多数对垄断的经济分析都集中在已经建立垄断的情况下，并着眼于垄断企业如何定价以实现利润最大化。然而，垄断的利益太大，只要能确保对市场的垄断控制，花费多少精力和金钱都是值得的。就自然垄断而言，实现这一目标的最佳方式是比竞争对手增长得更快，从而确保规模经济。对于获胜的公司来说，即使短期内会出现亏损，这可能也是一个有利可图的策略。

事实证明，对于第一家大型在线零售商亚马逊而言，通过亏损来确保市场主导地位的策略非常成功。谷歌、推特和脸谱网等公司也采取了这一策略，并且走得更远，它们免费提供服务，而且基本上不做广告，确保吸引足够的用户，以便日后销售广告。[①] 与这些成功的案例相反，有许多创业公司，尤其是在 20 世纪 90 年代的互联网繁荣时期，对它们来说，最初的损失变成了更大的损失，最后

---

① 第 4 章讨论了免费服务与广告的捆绑。

甚至破产清算。

要实现快速增长，最简单的方法是将价格设定在生产机会成本之下。这个争夺市场份额的阶段在短期内对消费者是有好处的，尽管成功获得自然垄断地位的公司将来会收回损失，甚至获取更多利润。然而，从社会的角度来看，低于生产机会成本的价格与过高的价格一样，都是两课经济学的实例。无论如何，社会可用的资源并没有被用来产生最大可能的利益，其他增加市场份额的方法，如不必要的基础设施重复，则更加浪费。

自然垄断提供了一个有力的例子。在自然垄断条件下，由市场自行决定的价格不能反映社会所面临的机会成本。第 15 章将讨论对这个问题的一些政策反应。

非自然垄断

非自然垄断的产生可能是因为一家企业收购或排挤所有竞争对手，也可能是因为一家企业控制了生产过程中必不可少的独特投入。由约翰·D. 洛克菲勒（John D. Rockefeller）管理的标准石油信托公司就是一个典型的收购垄断案例。从克利夫兰开始，标准石油要么收购竞争对手，要么将其赶出市场。1911 年，根据 1890 年的《谢尔曼法案》，美国最高法院下令拆分标准石油公司。

因为第一家进入市场的企业会制造壁垒，将竞争对手拒之门外，这样也会造成垄断。例如，垄断企业可以与客户和供应商签订排他性的长期合同。标准石油公司在管道和铁路方面就采用了这一方法，对条款的要求和保障比潜在竞争对手要优惠得多。

或者，它们可以用价格战来威胁进入者，价格战会给进入者造成损失，这种做法被称为掠夺性定价。博弈论的发展为掠夺性定价的分析提供了工具。

掠夺性定价的指控在标准石油案中发挥了重要作用。20 世纪下半叶，芝加哥学派的一课经济学家们发起了一场声势浩大的反击，并且基本上取得了成功。他们认为标准石油案中没有明确证据表明存在掠夺性定价。[①] 最近的学者更仔细地研究了历史记录，发现了掠夺性定价的强有力证据。然而，由于芝加哥学派的影响力，再加上越来越强势的大企业政治权力，反垄断政策出现倒退。

最后，我们还必须明白，政府出于各种好的或坏的原因创造了合法的垄断权利。例如，授予发明者专利权，使他们在一段时间内拥有销售任何使用他们发明的产品的垄断权。同样，作者可以获得其作品的版权，如果版权是有价值的，它通常最终成为公司的财产。

在 20 世纪后期，知识产权的范围和持有时间大大扩展了。例如，版权的期限曾经只有 7 年，但美国最新的版权法将其延长到作者生命结束后 70 年。

即使没有明确的时间限制，非自然垄断也不会永远存在。如果政府不采取行动，从长远来看，市场状况的变化通常会让非自然垄断失效。但凯恩斯的格言"从长远来看，我们都死了"在这里和在

---

① 芝加哥学派之所以得名，是因为它的领军人物是芝加哥大学的经济学家，主要包括加里·贝克尔（Gary Becker）、米尔顿·弗里德曼（Milton Friedman）和乔治·斯蒂格勒（George Stigler）。

宏观经济学中同样适用。

计算机市场就是一个例子，一系列的公司已经成为市场主导，形成垄断，但最终还是失败了。IBM 主宰市场数十年，成功地实现了从大型主机到个人电脑的转变。但 IBM 最终还是失去了它的市场主导地位，不是因为它的竞争对手制造商，而是因为垄断力量的来源转移到了微软控制的操作系统 MS-DOS 上。巧妙的逆向工程技术使得竞争对手能够制造兼容 IBM 的克隆产品，这些产品可以像 IBM 的个人电脑一样运行 MS-DOS 程序，但版权法禁止任何人复制 MS-DOS。

移动计算技术的兴起再次改变了主导模式。苹果以更优雅的外观提供物理设备和操作系统，成为主导供应商。与此同时，最初是由非营利性大学部门利用美国国防部高级研究计划局（DARPA）提供的公共资金创建的互联网，成为一个新的主导公司谷歌的基础。事实证明，控制这个市场的关键是搜索功能，这个市场很快就被谷歌所主导。[1]

这些公司没有一家能永远占据主导地位。从长远来看，任何垄断力量都有可能消失。但是，除了几次短暂的中断，信息技术的历史就是由一家公司主导市场的历史，这家公司对定价有很大的权力，价格和机会成本之间只有一种微妙的关系。

特别是，这些企业的利润不仅取决于其产品的社会价值，而且至少取决于它们获得和保持垄断利润的能力。在这种情况下，通过

---

[1] 谷歌将其在搜索功能中的主导作用扩展到其他领域，比如地图。在许多这样的市场中，已经有了完善的服务，但是谷歌将它们赶出了市场。

提高利润估值的精确度，资本市场不太可能给社会带来任何价值。据《商业内幕》（*Business Insider*）报道，截至 2016 年，全球市值最高的 6 家公司分别是苹果、埃克森美孚、谷歌（Alphabet）、微软、亚马逊和脸谱网，这些公司或多或少都依赖垄断力量。这些公司的市场价值更多地取决于它们能否保持这种垄断地位，而不是取决于它们的投资总回报是否大于社会机会成本。

垄断的一个教训

由于价格和机会成本之间存在差异，经济学家们对垄断的存在感到不安，并想方设法规避这一问题。一些人完全回避这个话题，而另一些人则淡化它的重要性。

黑兹利特在《一课经济学》中甚至没有提到垄断。在 1967 年发表的一篇关于价格的文章中，黑兹利特断言，大多数经济学家对垄断弊端的担忧是没有根据的，而且肯定是过度的。

然后，黑兹利特对垄断做出了一些标准的辩护。首先，他认为垄断很难定义，因为它取决于对特定商品或服务的市场范围所做的定义，而所有的商品都有替代品，所以我们很难定义市场。其次，他认为垄断者无法确定自己拥有多少定价权，因为如果价格过高，竞争对手可能会进入。

这些说法都经不起推敲。第一点只是诡辩。第二点更具实质意义，但它只是表明，垄断者不可能获得任意大的利润，也不可能无限制地提高价格。

一课经济学家为垄断辩护的另一个观点是，任何基于政府行动的潜在疗法都比疾病本身更糟糕。正如上面所讨论的，没有垄断是永远存在的，一些垄断的存在仅仅是因为政府的干预。更基本的观点是，即使垄断是坏事，政府干预也只会让事情变得更糟。①

由于这种对垄断的辩护主要是在芝加哥大学这所20世纪中叶一课经济学的堡垒发展起来的，因此这些辩护经常被称为反垄断政策的芝加哥批判。

芝加哥批判确实包含了一些事实。市场与一课经济学理论的理想状态不同，这一事实并不一定意味着政府可以采取简单的政策解决方案，也不意味着政府会选择可能的最佳解决方案。两课经济学的核心就是研究这类问题的两个方面，而不是假设市场解决方案是最好的。

寡　头

当市场由少数几家公司主导时，就会出现一系列相关的问题，这些公司通常提供不同品牌的产品，但这些产品在本质上是相似的，只是在重要细节上不同。这些公司会在价格和产品质量上展开竞争。然而，它们的选择将取决于增强自身市场地位、削弱竞争对手市场地位的愿望。经济学家把一个卖家很少的市场称为寡头垄断市场。

寡头垄断下的公司会试图保障它们能够获得有效垄断的部分市

---

① 这种说法可以针对任何市场失灵，如今已经发展成一种"政府失灵"理论。

场。这可能包括与竞争对手达成默契，并以激烈的价格竞争威胁为后盾，将价格定在低于机会成本的水平。消费者可能从偶尔的价格战中获益，但其他时候更高的价格会抵消这部分收益。

一般而言，少数企业争夺市场主导地位通常被视为高度竞争。但是，这种竞争与经济学家所说的完全竞争有很大的不同。在完全竞争中，企业对价格的反应是由整个市场决定的，而不是由单个竞争对手或小集团决定的。

总体而言，寡头垄断价格不会反映机会成本。企业会根据战略需要在不同的时间不同的地点调整产量，它们生产的某些产品可能产量过低，而另一些产品则产量过高。

垄断和劳动力市场

经济学家一直担心垄断，相比之下，人们对硬币的另一面——买方垄断（monopsony）——的关注还少得多。显然，消费品市场几乎从来不是买方垄断的，即使是专门的商品和服务，也需要为数不多的买家来确保消费方的有效竞争。

买方垄断的问题大多出现在劳动力和其他生产投入的市场上，而且往往与消费市场的垄断有关。如果一家或几家公司垄断了某些商品的市场，它们也将垄断零部件供应商和具有生产这些商品的专门技能的工人的市场。

在 20 世纪的大部分时间里，经济学家倾向于忽视劳动力市场的买方垄断。除了专业技能的情况外，人们认为劳动力市场或多或少存在竞争。雇主拥有的任何市场权力都被工会工人的议价能力所抵消（有关这方面的更多信息见第 12 章）。但是最低工资规定的工资高于竞争性市场中的工资，必然导致就业减少。到了 20 世纪末，随着工会的衰落和最低工资的实际价值下降，这种观点的基础已经过时。

第一个重大转变来自卡德（Card）和克鲁格（Krueger）对快餐行业的一系列研究，这些研究表明，提高最低工资水平似乎并没有减少就业，实际上可能会导致就业增加。卡德和克鲁格认为，如果雇主拥有垄断权力，这种结果或许可以解释。

卡德和克鲁格的研究与其他经济学研究一样，引发了一场旷日持久的争论，充满了反驳和反反驳。然而，随着时间的推移，至少在那些愿意接受实证证据的经济学家中，认为许多（或许是大多数）劳动力市场是买方垄断的这一观点已经得到了支持。[1]

买方垄断的劳动力市场是两课经济学的一个重要例子。在这些市场中，工资并不代表雇主雇用更少工人时所放弃的生产机会成本。工资和增加的工人生产的边际产品之间的差距使拥有市场力量的雇主受益，并抵消了产量减少的机会成本。

议 价

经济中许多最重要的价格不是来自竞争性市场，甚至不是来自垄断者的决定，而是来自双方的议价（讨价还价）。最重要的一

---

[1] 就像在其他问题上一样，经济学家的一个教训是，他们更喜欢简洁的模型，而不是复杂的世界现实。

个例子是雇主和工人之间的讨价还价，或者雇主和代表工人群体的工会之间达成的工资协议。讨价还价也是大公司之间议价的适当模式，例如制造商和供应商之间。

议价的过程不需要有任何公平。谈判涉及双方的利益，例如，当雇主雇用了一名合格的员工时，结果应该比工人仍然失业、雇主的职位仍然空缺的情况更有利于双方。理想情况下，议价的结果将使双方收益最大化，但这就留下了如何分配收益的问题。

回想一下第 1 章中讨论过的鲁滨逊·克鲁索，以及他与星期五的物物交换的例子。这个例子对我们理解机会成本很有帮助，但它不涉及市场或价格。更确切地说，双方通过议价达成协议，达成一种对双方都更有利的替代方案，比不进行交易的情况更有利。

在典型的一课经济学理论教科书中，克鲁索和星期五在平等的条件下议价，或多或少平等地分享贸易的收益。然而，在笛福的小说中，克鲁索从一个敌对的部落中救出了星期五（这个部落想要杀死星期五），然后让星期五做了他的仆人。克鲁索在这段关系中比星期五拥有更大的权力，他利用这一点从交易中获得了大部分好处。

了解机会成本以及它们与议价能力的关系，有助于我们解释这样的结果。以博弈论闻名的伟大数学家约翰·纳什（John Nash）也提出了一个理论来解释交易的结果。纳什理论的核心思想是将交易的结果与"分歧点"进行比较，也就是说，如果不进行交易，将会得到的结果。

在最简单的议价问题中，相对于分歧的结果，双方都能从讨价还价的结果中获得同等的利益。该模型可以考虑各方讨价还价的技巧以及对风险的态度等问题。然而，分歧点是至关重要的。

在克鲁索和星期五的例子中，我们可以看到克鲁索的分歧点是回到他以前的孤独生活，放弃了很多好处。对于星期五来说，生死全靠敌人的一念之仁，这个分歧点实际上是死亡。任何协议都比这好得多，因此纳什理论的议价方案为克鲁索带来了更多的商品和服务，让星期五能够活下来。

分歧点的概念可以用机会成本来表示。对于各方来说，分歧点和潜在的讨价还价协议之间的区别在于未能达成协议的机会成本。

工资谈判的例子说明了分歧点极其重要。首先，让我们来看一个雇主与当前失业工人讨价还价的例子。分歧点是指当工人仍然失业、雇主的职位仍然空缺时的结果。工人必须继续找工作，雇主必须继续招人填补空缺。

在充分就业的条件下，有多少工作岗位，就有多少工人来填补，议价能力大致平衡。但这种情况并非常态，我们已经看到，在没有凯恩斯主义宏观经济政策的情况下，以充分就业为政策目标，经济在大约一半的时间里处于衰退。即使在美国经济研究局所定义的正常情况下，失业工人的数量通常也高于未填补的岗位空缺。经济繁荣时期岗位空缺多于工人的情况是一种例外，而且总是很短暂。

如图 9-1 所示，在全球金融危机期间，每个岗位的失业求职者比例迅速上升，但之后下降速度非常缓慢。2018 年 6 月，这一比例达到 1.0。这是自 2000 年以来，岗位空缺数量首次与求职者数量持平。然而，这种平衡的实现，很大程度上因为大量的人完全退出了劳动力市场。

因此，总的来说，一个工人如果拒绝了一份工作，他找到另一份工作比雇主再招一个求职者更难。因此，分歧点对员工来说会更糟，雇主因此可以采取"要么接受，要么走人"的方式，也会获得

图 9-1　每个岗位空缺的失业求职者人数（经季节性调整）

每个岗位空缺（V）的失业求职者人数（U）的比例随经济周期而变化。最近一次经济衰退开始时（2007 年 12 月），每一个岗位空缺对应的失业求职者人数为 1.9。这一比例在 2009 年 7 月达到峰值，为每一个岗位空缺 6.6 人。2018 年 6 月，每个岗位空缺对应的失业人数为 1.0。

注：阴影区域代表由美国国家经济研究局（在充分就业的条件下）确定的衰退。

资料来源：劳工统计局（Bureau of Labor Statistics，2018b）

更大比例的利益。

在典型的议价下，雇主还有其他优势。雇主在雇用和议价方面具有员工所缺乏的规模效益和专业化。他们还可能强加竞业禁止协议，阻止员工在辞职后跳槽到同一领域的其他雇主那里。由此造成的结果是，在随后的谈判中，分歧点对工人不利。

如果雇主难以监控员工的工作表现，他们的议价能力就会有所下降。在这种情况下，雇主可能会通过支付高于员工的外部选择的工资来鼓励员工付出更多的努力，从而增加员工因工作表现不佳而被解雇的成本。这种工资溢价被称为效率工资。

当工人由工会代表时，议价情况就大不相同了。在这种情况下，分歧点是劳资纠纷，典型的例子是罢工和停工。在这样的纠纷中，工人拿不到工资（尽管他们可能从工会基金中获得罢工工资），而雇主必须关闭工厂，除非他们可以依靠罢工破坏者来完成必要的工作。对于工人来说，纠纷的成本与个人谈判的成本相同，甚至可能更低，但对于雇主来说，纠纷的成本要高得多。此外工会还可以抵制降低工人自主权和议价能力的做法。

像黑兹利特这样的经济学家通常会假设一种非常不同的议价能力模式，在这种模式下，工会充当劳动力的垄断厂商，向市场供应劳动力，而市场被含蓄地假设为由大量小企业组成，并且没有一家企业拥有单独的议价能力。如果这是真的（或近似真的），工会在小企业占主导地位的行业中会做得最好，从而能够获得最高水平的会员。实际上，事实正好相反，无论是私营企业还是公共企业，工会在由大型雇主主导的行业最为强大。

垄断和不平等

更加平等似乎是一种必然的趋势，然而自 20 世纪 80 年代以来，美国收入和财富的不平等加剧成了一股逆流，也是近年来经济史上最引人注目的发展之一。研究指出了许多因素，包括税收和福利政策的倒退、市场全球化和金融业的崛起。然而，人们越来越多地把注意力集中在越来越强势的垄断和买方垄断上，认为这是加剧不平等的一个原因。

主要模式很清楚。长期来看，资本回报率超过了经济增长率。正如托马斯·皮凯蒂（Thomas Piketty）在《21 世纪资本论》（*Capital in the Twenty-First Century*）中所指出的，这意味着，在缺乏均衡力量的情况下，不平等将会加剧。然而，在当前情况下，一些因素正在加速不平等。

市场越来越集中，领先企业在总利润中所占的份额越来越大。奥巴马政府经济顾问委员会在 2016 年的一项研究显示，从 1997 年到 2012 年，美国经济的几乎所有领域，前 50 大企业的收入份额都有所增加。结果如表 9-2 所示。

考虑到公共政策越来越倾向于垄断而非竞争，这一结果并不令人意外。布雷特·克里斯托夫斯（Brett Christophers）的《伟大的平等主义者》（*The Great Leveler: Capitalism and Competition in the Court of Law*）着眼于资本主义经济中竞争与垄断之间的平衡，并指出资本主义经济已严重转向垄断。此外，利润越来越依赖于专利和版权等知识产权，正如我们在前文所讨论的，知识产权是由法律

表 9-2 不同行业市场集中度情况（1997 —2012）

行业	2012 年前 50 大企业收入所占比重（%）	1997—2012 年前 50 大企业收入所占比重的百分点变化（%）
运输仓储	42.1	11.4
零售	36.9	11.2
金融保险	48.5	9.9
批发	27.6	7.3
房地产	69.1	4.6
公用事业	22.7	3.1
教育服务	22.7	3.1
专业技术	18.8	2.6
行政支持	23.7	1.6
住宿餐饮	21.2	0.1

资料来源：美国人口普查局，1997 年和 2012 年的经济普查

创造和实施的垄断。产品市场的垄断与劳动力市场的垄断及较低的工资有关。

我们还没有完全明白日益增加的垄断权力与日益扩大的不平等之间的因果关系。但是，这些问题的复杂性表明，一课经济学理论未能抓住经济现实的所有方面，我们需要两课经济学。正如我们所看到的，垄断定价本身就是两课经济学的一个重要例子。随着时间的推移，垄断还会改变产权的分配，创造出与就业和合同关系中的垄断权力相关的新的有效产权，这也是我们在第 7 章已经讨论过的两课经济学的一个例子。

延伸阅读

鲍莫尔（Baumol，1977）和夏基（Sharkey，1982）详细地讨论了自然垄断产生的成本条件。戈尔德总结了很多关于这个主题的经济文献（Gold，1981）。莫里森和施瓦茨对内部规模经济和外部规模经济之间的区别进行了有益的讨论，并将其应用于公共基础设施（Morrison and Schwartz，1994）。比洛特卡赫的研究有助于我们了解航空业经济（Bilotkach，2017）。钱德勒对大公司的崛起进行了通俗易懂、内容丰富的讨论（Chandler，1990）。

凯恩斯的格言"长期来看，我们都死了"（Keynes，1923），主要是对金本位的批评，这是一个仍然有争议的话题。

豪尔简要介绍了互联网的发展历史，表明直到 20 世纪 90 年代中期，所有主要的发展都发生在教育和研究领域（Howe，2016）。对于个人电脑的更广泛的历史，可以参考维基百科。《商业内幕》的文章来自莱斯温（Leswing，2016）。

黑兹利特在一篇文章中对垄断进行了辩护（Hazlitt，1967）。

与市场失灵相比，"政府失灵"一词似乎是由科斯提出的（Coase，1964）。麦基恩更详细地阐述了这一论点（McKean，1965）。德姆塞茨将之称为"草总是更绿的谬论"（Demsetz，1969）。德姆塞茨没有注意到，这种谬论对于减少政府干预的提议和增加政府干预的提议都同样适用。

纳什描述了议价问题及解决方案（Nash，1950）。议价问题已经有一系列其他的解决办法，所有这些办法都以不同的方式取决于分歧点。

卡德和克鲁格总结了大量挑战当时传统观点的工作，即最低工资会导致更高的失业率（Card and Krueger，1995a，1995b）。莱纳德对最低工资辩论的历史进行了精彩的阐述（Leonard，2000）。莱纳德得出的结论是，有些经济学家之所以反对卡德和克鲁格的观点，主要是因为他们在理论上倾向于一课经济学理论，而不是基于对实证的公正解读。

阿扎、马里内斯库和斯坦鲍姆（Azar，Marinescu and Steinbaum，2017）以及巴凯（Barkai，2016）都讨论过垄断对劳动力份额的影响。耶伦总结过关于效率工资的文献（Yellen，1984）。

奥巴马政府的经济顾问委员会记录了垄断权力的加强，即表9-2和图9-1（Council of Economic Advisers，2016），克里斯托夫斯对此也有记录（Christophers，2016）。垄断权力的加强成为利润之源，以及垄断权力加重了收入不平等可参见最近的一些论文，如巴凯的论文（Barkai，2016），泰勒的论文（Taylor，2016），奥托等人的研究（Autor et al.，2017），德洛克和埃克豪特的研究（De Loecker and Eeckhout，2017），英格拉哈姆的论文（Ingraham，2017），以及艾格森、罗宾斯和沃尔德的研究（Eggertsson，Robbins and Wold，2018）。

皮凯蒂的著作非常重要，可读性很强，不仅利用了经济数据，还利用了19世纪伟大的文学作品来展示世袭社会（即基于财富继承的社会）的运作。皮凯蒂认为，只要资本回报率始终高于产出增长率，财富就会变得越来越集中（Piketty，2014）。若尔达等人的研究表明，这是对的，特别是对于资本的大规模集中（Jorda et al.，2017）。

本章还提到塔勒布的作品（Taleb，2010）。

第 10 章
市场失灵：外部性与污染

我们在健康上增加的成本就是为发电厂的污染买的单。

——参议员谢尔顿·海特豪斯（Sheldon Whitehouse）

市场失灵的概念通常与外部性这一术语联系在一起。从历史上看，这个术语最初指的是随着产业扩张而产生的外部规模经济，我们已经在第 9 章讨论了由此产生的自然垄断问题。

到 20 世纪初，外部性一词已扩大到包括影响生产者和消费者以外的人的生产和消费活动。这种影响最突出的例子是污染问题，其中包括工厂造成的空气污染，这些污染会危害附近的居民，甚至会对远离污染产生地的人也带来不利影响，比如酸雨和二氧化碳排放等。

因此，外部性一词通常与污染产生的负外部性联系在一起。然而，正的外部性也很重要，比如邻居从精心打理的花园中获得的舒适感。

对外部性概念的拓展引出了公共产品的概念，例如广播电视，其生产和销售技术意味着必须平等地向社会全体提供这些商品 [1]。

由外部性引起的市场失灵与公共产品密切相关，并与第 9 章讨论的竞争失灵密切相关。例如，当技术具有规模经济时，往往会出现垄断。同样，空气质量这样的公共产品会受到污染的外部性的影响。运用两课经济学，我们可以看到所有的市场失灵都是由价格和机会成本的不匹配造成的。

市场失灵（如外部性）有时被描述为"不完全"，这个术语可能适用于原本完美的水果表面的瑕疵。但外部性是普遍存在的。作为消费者、工人和企业主，我们在市场上所做的每一件事，都影响着与我们直接打交道的人以外的人。比如，每一种能源的使用都对化石燃料的消耗产生影响，从而也对大气中二氧化碳的含量产生影响。如果没有积极的公共政策，我们会遭受严重的空气污染和水污染等许多其他外部性。

外部性

外部性的主要特征是受影响的人在这件事上没有发言权，因此没有办法要求用价格来抵消他人行为的负面影响。因此，这些负面影响的成本没有反映在产生外部效应的企业或消费者的机会成本中。

---

[1]　污染的外部性影响到某一特定地区的每个人，有时被称为公害。

第一个认真研究这个问题的经济学家是庇古。庇古将外部规模经济的概念扩展成为"外部性"这一更普遍的概念。外部规模经济涉及特定行业内企业之间的外部性，更广泛地说，外部性可能出现在生产和消费活动之间，或者出现在生产者、消费者和可能受到污染等问题影响的家庭之间。

外部性可以有不同的分类。最简单的情况是单边外部性，即一方的行为影响另一方，例如工厂的空气污染。此外还有双边外部效应，即参与各方都影响对方，例如吵闹的邻居，他们都会惹恼对方。

拥堵和网络外部性的情况更复杂，涉及许多人，每个人既造成外部性，也受外部性的影响，例如交通堵塞和海滩等开放设施的拥挤。

有些外部因素是有益的。一个常见的例子是花园，它改善了邻近房产的舒适性，提高了土地价值。同样，如果同类型的商店距离很近，它们可能会比单独的商店吸引更多的顾客，因为购买者将从更广泛的选择中受益，而不需要在商店之间奔波。当许多人使用相同的软件或社交媒体网络（比如脸谱网），就会产生积极的网络外部性。

然而，我们有充分的理由认为，污染等负外部性将占主导地位。正如庇古所观察到的，企业组织生产的方式并不是为了产生正外部性。相反，负外部性包括将一些生产成本转移到其他人身上，在缺乏政策约束的情况下，这有利于增加企业的利润。由于负外部性是有利可图的，而正外部性则不是，因此我们预计，与市场价格完全反映社会机会成本的情况相比，会有更多产生负外部性的商品生产出来，而产生正外部性的商品则会更少。

外部性和产权

罗纳德·科斯在其经典著作《社会成本问题》中质疑了庇古对外部性问题的分析。科斯认为，在明确界定产权的情况下，即使存在本应被视为外部性的因素，市场交易也可以使机会成本与价格保持一致。假设一家公司拥有一家工厂，并且明确具有向河流排污的权利，河流下游的用户将受到这种污染的伤害。

科斯认为，下游用户可以向公司付费以免受污染的侵害，从而有效地购买产权。相反，如果下游用户有权阻止公司排污，但可以从其他地方获得干净的水，那么公司可以给下游用户支付相应的费用，让他们不行使自己的权利。

显然，实践中不会发生这些情况，一定程度上是因为污染权和不受污染权通常不会分配给特定的个人或团体，而是无主资源使用权的一般权利。科斯对这个问题的分析并不令人满意，他指出，未指明的交易成本可能会阻碍各方达成协议。

在这些情况下，科斯建议，如果将产权分配给对其最有价值的一方，就会实现最佳结果。科斯认为，普通司法制度发挥了这一功能。然而，法院系统只是建立和执行产权的国家机器的一个部分。国家可以通过立法或行政措施（如监管决定）建立（限制或废除）产权。

正如第 7 章所强调的，产权的产生总是涉及机会成本。尽管科斯之后的许多经济学家都强调了产权的重要性，但他们基本上都避开了这一点。

科斯对交易成本的讨论产生了大量的文献。交易成本可以看作买方支付的（较高）价格与卖方收到的（较低）价格之间的差额。这种差异的存在违反了竞争均衡理论中的一个重要假设，即买方和卖方面对相同的由市场决定的价格，这是第 2 章中的假设（A）的一部分。如果针对买家和卖家有两种不同的价格，它们就不可能同时等于社会机会成本，科斯论文题目中的"社会成本"就直接指向了这一点。

在交易成本较大的情况下，市场均衡结果不会令人满意。然而，是否有更好的选择取决于所涉成本的性质。不幸的是，尽管这个主题已经有了广泛的研究，但交易成本最终还是被视为某种黑箱，其中的内容仍然不可触及。因此，从庇古开始的有关"市场失灵"传统的分析仍然是一个十分有用的工具。

污　染

工业社会的特色产品不是棉花、汽车或电脑，而是烟雾。城市一直是烟雾弥漫的地方：早在 1272 年，英国国王爱德华一世就禁止在伦敦烧煤。但是，直到工业革命之后，人类活动才开始对大气和气候产生重大影响，这种影响首先是对当地，然后是对全球。

随着工厂和磨坊在 19 世纪的兴起，伦敦变成了"雾都"。伦敦这座工业革命时期的大都市，是烟雾的诞生地，烟和雾叠加成伦敦臭名昭著的黄色浓雾，成为 19 世纪以大都市为背景的小说的一个特色。随着时间的推移，伦敦的雾霾越来越严重，1952 年的伦敦大雾霾造成 1 万多人死亡，问题已经严重到不容忽视的地步。

工厂烟囱里冒出的浓烟是两课经济学最重要的部分之一。工厂生产需要处理和管理相关的废弃物，在缺乏特别措施的情况下，由此产生的污染会损害居住在附近的居民和一些商业活动，如依赖清洁空气的旅游业。

水也受到了严重污染，人类排泄物、重金属和工业化学品都排放到水中。1858 年，泰晤士河因人类排泄物和工业废弃物引发了严重恶臭，迫使英国下议院放弃了会议，并促成了一项改善环境卫生的大规模项目。但即使在 100 年后，泰晤士河也不过是一条露天下水道，莱茵河和哈德逊河等其他大河无不如此。流入伊利湖的凯霍加河污染严重，甚至起了火灾，最著名的一次是 1969 年，并因此登上了《时代》(Time) 杂志（尽管照片上是 1952 年的一场更早、规模更大的火灾）。

污染是生产的社会机会成本的一部分。但是，根据直到 20 世纪中叶还在流行的规则，这部分机会成本并不由工厂所有者承担。相反，它通过对健康的负面影响和清理污染的成本，整体转移给了公众。因此，生产投入的市场价格并不代表全部的机会成本。

汽车的兴起导致了一种新的更普遍且不那么容易控制的污染外部性来源。由汽车导致的污染最显著的例子是在洛杉矶，洛杉矶严重依赖汽车交通系统，这与逆温现象叠加后，大量的汽车废气——尤其是一氧化碳和碳氢化合物——笼罩洛杉矶。到 20 世纪 50 年代，洛杉矶的空气已经对公众健康产生严重危害。

大街上甚至售卖新鲜空气，这个新奇的点子如今又被出口到亚洲和其他污染严重的城市。

在汽油中添加四乙基铅能够提高汽油的性能，防止发动机爆震，它产生的影响不是很明显，但带来的污染危害却很大，排放到大气中的铅会影响儿童发育，并可能导致严重的脑损伤。[①] 甚至有人声称，20 世纪末青少年犯罪的增加及随后的下降反映了大气中铅暴露的上升和下降。图 10-1 说明了这种说法背后的相关性。

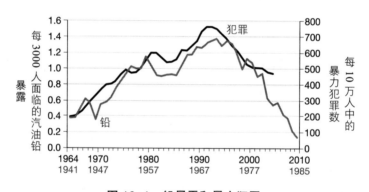

图 10-1　铅暴露和暴力犯罪

资料来源：Nevin（2000）

汽车不仅造成令人窒息的空气，还增加了交通堵塞时的窒息感。在传统的污染外部性中，外部性的产生者与成本的承担者是分离的，但是机动车拥堵的外部性，产生外部性的人也要承担成本。

这似乎是对机会成本的一个合理解释。但是，对机会成本的仔

---

① 油漆也是如此，直到 20 世纪 70 年代，铅一直被添加到油漆中。

细分析表明，对任何个体驾车者来说，使用道路的机会成本并不包括他们自己造成的拥堵。[①] 因此，社会机会成本不等于个人成本。

气候变化

随着我们的技术能力增长，我们对环境的破坏力也在增强。像空气污染这样的问题，曾经只影响个别城市，现在已经扩大为能够改变整个地球气候的国家问题和跨国问题。

跨国污染问题最早的例子是酸雨。煤炭燃烧排放的二氧化硫与水蒸气结合，在大气中产生稀释的硫酸，这时候就产生了酸雨。由此产生的酸性云层可以被风带到很远的地方，跨越国界，然后产生酸雨，从而对森林和湖泊造成大规模破坏，特别是那些自然适应中性或微碱性条件的森林和湖泊。[②] 正如我们将在第 16 章讨论的那样，针对酸雨的政策预示了一些后来为应对全球变暖而使用或提倡的政策。

全球污染问题的第二个主要例子是用于制冷和冷却的氯氟烃（CFCs）对臭氧层造成的破坏。在 20 世纪 70 年代，一群化学家确定氯氟烃可以与臭氧（一种含有三个氧原子的分子）快速结合，继而破坏保护地球免受太阳紫外线伤害的薄薄的臭氧层。10 年后，

---

① 更复杂的是，大多数情况下，驾车者使用道路不收费（收费公路除外）。相反，他们通过汽油税、车辆登记费和一般税收间接支付。
② 酸度是用 pH 值量表来测量的。中性值为 7，低于 7 为酸性。

他们的理论被南极洲上空发现的臭氧空洞所证实。[①] 一项名为《蒙特利尔议定书》的国际协议规定，逐步淘汰最具破坏性的氯氟烃制冷剂的使用，但这些气体需要几十年才能消散，臭氧空洞直到最近才开始缩小。

到目前为止，最严重的气候变化形式是二氧化碳、甲烷和其他气体排放造成的强化"温室效应"。温室效应一词指的是这样一个事实，即地球大气层中的气体会捕获一部分来自阳光的热量，从而将地球的温度保持在一个较高的水平，例如比火星高，而我们的另一个行星邻居金星，经历了一场失控的温室效应，其结果是表面温度超过450℃。地球上较为有限的温室效应使地球保持平均温度，足以维持人类的生活和维持人类生存的生态系统。[②]

温室效应的机理在19世纪首次被确定。第一个二氧化碳温室效应的研究是由尤尼斯·富特（Eunice Foote）在1856年发表的，她是美国科技促进会的第二位女性成员[③]。富特的研究被忽视了，几年后爱尔兰物理学家约翰·廷德尔（John Tyndall）再次独立地发现了二氧化碳的温室效应。

19世纪末，瑞典化学家斯万特·阿累尼乌斯（Svante Arrhenius）量化了二氧化碳和全球变暖之间的联系。据他估计，大气中二氧化

① 莫利纳（Molina）和罗兰（Rowland）领导的研究小组后来因他们的工作获得了诺贝尔奖。

② 有时被称为金发姑娘区。人们经常认为，地球如此适合人类生活的事实表明，地球具有某种智能设计或内在能力，能够保持自身处于适合生命的状态（盖亚假说）。这是一种"人择谬论"。如果地球像火星或金星，就没有人去观察事实并推测其原因。

③ 第一个是天文学家玛丽亚·米切尔（Maria Mitchell）。

碳浓度增加一倍，全球平均气温就会升高 5℃至 6℃。随后一个世纪的研究将这一估计（称为气候敏感性）精确到 3.5℃ ± 1.5℃。

过去一个世纪以来，人类活动导致了主要温室气体排放量的大幅增加。化石燃料（如煤、石油和天然气）的燃烧以及砍伐森林增加了二氧化碳排放，森林本来是大气中二氧化碳的"吸收器"。甲烷的排放来自灌溉农业（特别是稻田）、反刍动物（牛和羊）的打嗝以及天然气开采过程中的泄漏（主要由甲烷组成）。除了破坏臭氧层之外，氯氟烃还是一种强大的温室气体。逐步淘汰氯氟烃的使用将有助于缓解温室效应，不幸的是，许多最初用来取代氯氟烃的气体（氢氟烃）虽然对臭氧层的破坏较小，但也会造成温室效应，目前这些氢氟烃也正在逐步被淘汰。

气候变化的科学是复杂的，还有很多需要学习。最好的估计是，如果二氧化碳和其他温室气体的浓度能控制在 450ppm[①] 以下，全球平均气温最终将上升 2℃或更少。[②] 更宏伟的目标是 350ppm，这将需要去除一些已经存在于大气中的温室气体，气温上升可以控制在 1.5℃以下。

尼古拉斯·斯特恩（Nicholas Stern）将气候变化描述为历史上

---

① 浓度单位，1ppm 即一百万分之一。

② 少数科学家认为温室气体排放的可能影响被高估了，他们受到了相当大的关注。我们应该更加关注相反的观点，即潜在的变暖被大大低估了。如果高估被证明是正确的，而且几乎没有变暖，或者根本没有变暖，那么国际社会将做出相当于总收入 2% 的不必要投资。另一方面，4℃的升温将是灾难性的，6℃的升温将意味着我们所知道的生命的终结。正如我在最近的一些工作中所表明的，任何对气候政策的成本和收益的计算都必须认真对待这些高估，即使它们极不可能（低于 5% 的概率）被实现。

最大的市场失败。这个问题的严重性很难精确估计，但它肯定证明斯特恩的描述是正确的。即使二氧化碳排放明天就停止，全球气温也将继续上升，极端天气事件会越来越频繁，大量物种灭绝，人类也会面临巨大的调整成本。另一方面，用无污染能源替代化石燃料所需的投资将达数万亿美元。[①]

目前的市场并没有反映出二氧化碳排放的机会成本。这些机会成本大部分将由那些尚未出生的人或年轻一代来承担[②]。

经济学家对如何减缓和适应气候变化有很多想法（见第 16 章）。在某种程度上，它们都反映了两课经济学的思想：市场价格不能反映整个社会所面临的机会成本。

一课经济学家和气候变化

污染问题，尤其是酸雨、臭氧破坏和全球变暖等全球污染问题，给一课经济学家们带来了重大的理论难题。在接受《理性》（*Reason*）杂志的采访时，黑兹利特承认污染问题非常棘手，但他表示他选择不写这个问题，因为他还没有就这个话题做出决定。

从罗纳德·科斯的研究开始，一课经济学理论最常见的回应是：原则上，污染问题可以通过各方之间的谈判加以解决。例如，如果上游工厂污染了下游社区的水，社区可以付钱给工厂安装过滤

---

① 这相当于伊拉克和阿富汗战争的花费，相当于未来 10 到 20 年世界收入的 1%。按绝对值计算，这个数字是巨大的，但与无法控制的气候变化的潜在成本相比，这个数字很小。

② "后代"一词经常在这种情况下使用，但它是不准确和误导人的。在 21 世纪的中后期将承受气候变化冲击的大部分人已经出生了。他们是最有可能读这本书的人的子孙。

设备，甚至可以购买工厂并关闭工厂。

放弃对污染问题应采取何种经济对策的辩论，转而对有关这些问题的科学证据提出质疑是一课经济学家最后的对策，也越来越成为他们的标准回应。

这种反应最早出现在 20 世纪 90 年代，当时烟草业对二手烟危害健康的证据提出质疑。除了资助那些愿意歪曲研究结果以支持烟草业议程的科学家之外，烟草游说团体还资助了一个由愿意推动其观点的智库和评论人士组成的网络。[1] 他们中的许多人后来转而否认气候科学。

这一努力的结果是推迟了对气候变化采取行动，但也损害了经济学和经济学家的信誉。在这种背景下，令人鼓舞的是，绝大多数实际研究过这个问题的经济学家都认为有必要采取行动。一项调查显示，经济学家和气候学家的观点非常一致，95% 具有气候专业知识的经济学家都支持削减二氧化碳排放，而 97% 的气候科学家支持主流观点，即人为造成的气候变化是一个严重的问题。

公共产品

"公共产品"一词有多种用途，最常见的是指由于某种原因由政府和公共机构免费提供的商品和服务，而不是由私营公司按市场

---

[1] 推动烟草业议程和否认气候科学的著名智库包括美国企业研究所（American Enterprise Institute）、卡托研究所（Cato Institute）、竞争企业研究所（Competitive Enterprise Institute）和哈兰研究所（Heartland Institute）。

价格提供。经济学家以不同的方式来使用这一术语，描述一种商品的某些特征，这些特征可能使它适合由公共机构提供。

经济学家理想的公共产品概念将规模经济和外部性的概念推向了逻辑的极致。一个纯粹的公共产品是：

（a）一旦提供给一个消费者，就可以免费提供给所有人（非竞争性）；

（b）如果提供给某一个消费者，则无法拒绝其他消费者（非排他性）。

非竞争性意味着，一旦为某些用户提供了服务，向所有人提供这种服务就不会产生额外的成本。标准的例子是广播电视。制作电视节目和建立广播系统的成本很高，但是一旦信号发出，任何拥有电视机的人都可以接收到。无论是一个观众还是一千名观众收看，成本都是一样的。在这种情况下，增加一个收看的消费者的机会成本为零，但电视台制作和播出节目的机会成本是巨大的。对生产者和消费者来说，不存在一种等于机会成本的价格。

非排他性意味着，如果产品是提供给所有人的，就不可能限制那些愿意为其付费的人使用。在这种情况下，使用者不会支付他们所消费商品的机会成本，如果产品对消费者的价值小于社会的机会成本，那么社会福利就会出现净损失。

例如，一个市议会修建了一个新的公共公园，在公园周围建造大门和栅栏，向使用公园的人收费，这可能不切实际。结果可能是公园过于拥挤。对于公园设施来说具有较高价值的使用者，会因为其他价值较低的使用者的进入，获得不那么愉快的体验。在最坏的情况下，公园的总值将低于提供服务的成本，因此如果市议会能够准确地预测结果，就不会修建公园。

在某些方面，公共产品与污染等负外部性是对立的。[①] 这一点在消除环境中的危害（无论是自然的还是人为的）的公共卫生措施中表现得最为明显。例如，卫生措施保障安全的饮用水供应，消除可能产生的自然危害或由工业污染、农业径流或人类排泄物引起的危害。

两课经济学从两个方面说明了公共产品。首先，非竞争性意味着当一个人为自己的利益生产公共产品时，其他所有人都会受益。如果价格等于生产者获得的利益，那么价格低于整个社会的利益。此外，假设公共产品提供给所有人，非排他性意味着无法让任何获得该商品的人付费。尽管提供公共产品的总收益可能超过成本，但没有人有动机去支付成本。总之，一课经济学不适用于非排他性公共产品。

外部性的起源

大多数经济学家都无法解释"外部性"这个术语。当然，在我为写这本书而进行研究之前，我对它也只有最模糊的概念，该术语

---

① 一个关键的区别是，外部性（正的或负的）是某些生产或消费活动的副产品。公共产品是为它们自己而生产的。

来自第 9 章中讨论的规模经济分析。

伟大的英国经济学家阿尔弗雷德·马歇尔在 19 世纪末系统地研究了这个问题，他详细地研究了规模经济的问题。他注意到，单个企业在扩大业务规模时可获得的经济效益并不是降低生产成本的唯一来源，甚至不是最重要的来源。相反，正如第 9 章中所讨论的，当某一特定行业中的许多公司距离很近时，会产生一些好处。

根据这一观察，马歇尔区分了内部规模经济（某个企业扩大产出时产生的规模经济）和外部规模经济（某一行业增长所产生的规模经济）。后来，外部规模经济被称为外部性。

马歇尔最伟大的继任者庇古认识到，除了行业规模经济会产生外部性问题，许多其他情况也会产生外部性问题。正如庇古观察到的，一个企业的行为影响另一个企业的成本（例如上游水污染影响下游农民）的任何情况都是一种外部性，更具体地说，是技术外部性。庇古随后将其推广到空气污染等案例中，在这些案例中，外部性影响是由家庭而非企业承受。

重要的是，马歇尔所观察到的外部规模经济是有益的，而庇古观察到的这些外部经济是消极的。正如我们在本章前面看到的，市场激励推动了负外部性的产生，却无法激发正的外部性。

由于这些发展，"外部性"一词现在通常指污染和拥堵等负面影响。马歇尔所讨论的外部规模经济现在通常被称为内生增长的来源。

延伸阅读

庇古的《福利经济学》是引入现代外部性概念的经典著作，但这部著作现在主要具有历史意义（Pigou，1920）。现代研究方法始于弗朗西斯·贝托（Francis Bator）的经典文章《市场失灵的剖析》（The Anatomy of Market Failure，Bator，1958）。关于公共产品理论的经典论文可参考萨缪尔森的文章（Samuelson，1954）。蒂腾伯格和刘易斯合著的是一部优秀的现代教材（Tietenberg and Lewis，2013）。

哈克和皮尔森合著的《美国健忘症》（*American Amnesia*）将这些问题置于政治背景下（Hacker and Pierson，2017）。

拉森讲述了 1969 年《时代》杂志刊登的一条燃烧的河流是如何促成《清洁水法》通过的（Latson，2013）。关于 CFCs 和《蒙特利尔议定书》相关信息可见雷的文章（Rae，2012）以及克莱科丘克和克鲁梅尔的文章（Klekociuk and Krummel，2017）。

对黑兹利特的采访来自祖彭（Zupan，1984）。厄雷斯克斯和康韦合著的《怀疑的商人》（*Merchants of Doubt*）展示了否认如何成为一个行业，从否认烟草的负面影响开始，然后转向氯氟烃，最后转向否认气候变化（Oreskes and Conway，2011）。厄雷斯克斯早期的研究（Oreskes，2004）确立了主流科学界关于温室气体排放在气候变化中作用的强烈认同。霍华德和西尔文（Howard and Sylvan，2015）的报告显示，研究气候变化的经济学家在紧急减排的必要性上也有类似的强烈共识。

关于气候变化经济学的文献非常丰富。《斯特恩对气候变化的评论》（Stern Review of Climate Change，Stern，2007）是一个很好的起点，尽管现在有点过时。努奇泰利报道了对经济学家的调查（Nuccitelli，2016）。本书作者最重要的贡献可参见两篇论文（Quiggin，2008；2018）。

罗森伯格讨论了洛杉矶是如何开始摆脱雾霾的，并提供了照片（Rosenberg，2012）。莫沙基斯描述了当代罐装新鲜空气市场（Moshakis，2018）。雷耶斯分析了犯罪与大气中的铅暴露的关系（Reyes，2007）。卡夏尼提供了一个容易阅读的摘要（Casciani，2014）。

科恩斯和桑德勒借鉴了理查德和佩吉·马斯格雷夫的经典教材（Richard and Peggy Musgrave，1973），对公共产品理论进行了很好的总结，建立了非竞争性和非排他性的定义（Cornes and Sandler，1996）。公共产品的正式定义要归功于萨缪尔森（Samuelson，1954），他借鉴了理查德·马斯格雷夫（Richard Musgrave）的著作。

关于内生增长的大量文献超出了本书的范围。罗默讨论了其中心思想，包括与马歇尔的联系（Romer，1994）。

第 11 章

市场失灵：信息、不确定性和金融市场

> 信息是免费的。

> ——斯图尔特·布兰德（Stewart Brand），《全球评论》
> （*Whole Earth Review*，1985 年 5 月，第 49 页）

正如我们在第 3 章中看到的，我们一直声称我们生活在信息经济中，在现实中也确实如此。人类之所以不同于其他动物，正是因为我们可以通过推理更好、更灵活地利用信息，通过语言共享复杂的信息。这些信息要么体现在我们使用的技术中，要么体现在人类大脑中掌握的如何使用这些技术的知识中。

正如在第一部分所讨论的，市场价格为我们提供了关于我们所面临的机会成本的信息，这是我们决定买卖各种商品和服务的核心因素。但是信息本身呢？它是一种可以买卖的私人物品吗？如果是的话，它的价格是多少？如果它是纯粹的公共产品，谁来提供它？信息的机会成本是多少？我们将在本章中研究这些问题。

信息是指我们所知道的。它的另一面，也就是我们所不知道的，可以被描述为无知、模棱两可或不知情，以及其他术语。"我们所不知道的"有很多名称，这反映了处理这个问题的困难。经济学中最常用的术语是"不确定性"。

所有的经济选择或多或少都具有不确定性。我们不知道当我们做出选择时会得到什么，也不知道我们最终会放弃什么。这显然是计算机会成本的一个问题。在这一章中，我们将讨论信息和不确定性，以及市场如何有时帮助我们管理不确定性，但有时又会使事情变得更糟。

特别是，两课经济学提供了一个有用的方法来审视有关金融市场表现的大量证据。在一课经济学适用的范围内，金融市场能够提供有关经济整体以及特定企业和行业可能出现的不同结果的可能性的信息。在金融市场失灵、产生不恰当的投资信号并导致投机性泡沫和泡沫破裂的情况下，两课经济学更为适用。

市场价格、信息和公共产品

价格机制可以收集和组合有关商品和服务的价值和成本的信息，是一种了不起的社会手段。在一个开放的市场中，每个人都能看到厂商愿意以什么样的价格出售商品和服务，这就确保了所有厂商在任何时候都能以同样的价格出售商品和服务。只有当市场价格至少与相关商品或服务的机会成本一样高时，厂商才愿意接受市场价格。如果买方愿意支付这个价格，表明商品对他们的价值大于机会成本。

正如我们在第 3 章看到的，哈耶克在他的经典文章《知识在社会中的运用》中非常有效地阐述了这一点：

> 假设在世界某地有了一种利用某种原料——例如锡——的新途径，或者有一处锡的供应来源已枯竭，至于哪一种原因造成锡的紧缺，与我们关系不大（这一点非常重要）。
>
> 锡的用户需要知道的只是，他们以前一直使用的锡，现在在另外一个地方利用起来更能赢利，因此他们必须节约用锡。对绝大多数用户来说，没有必要知道更迫切的需要是在哪儿出现的，或者他们善用供给是为了其他什么需求。（Hayek，1945）

但这里有一个悖论。在开放的市场环境中，价格系统所传递的信息是一种纯粹的公共产品，一个买方或卖方使用价格信息并不会降低其对其他所有人的可用性。信息一旦被人知道，就不存在机会成本，与他人共享信息并不意味着它不再可用，也就是说，市场信息就像所有的信息一样是非竞争性的。

此外，与许多其他可以保密的信息不同，市场信息是非排他性的。在开放的市场中，每个人都能观察到当前的价格，每个在市场上买卖的人都会自动提供关于他们买卖意愿的信息，不管他们是否愿意透露这些信息。所有参与者的信息都反映在价格中。

市场信息是一种纯粹的公共产品。但正如我们已经看到的，相对于社会理想水平，纯公共产品通常供应不足。这个结论适用于市场价格中包含的信息吗？这个问题没有简单的答案。

在这种背景下，经济学家通常会区分繁荣的市场和萧条的市场。繁荣的市场特征是产品同质化，大量的买家和卖家经常重复交易，价格透明，理想情况下，还有远期市场，可以在未来的日期购买或交付。萧条的市场缺少这些特征中的一个或多个，从广义上讲，繁荣市场中出现的价格被认为掌握了与机会成本相关的所有市场参与者的信息，相比之下，萧条市场的价格信息相对贫乏。

判断市场价格信息这一公共产品的供给是否不足的一种方法，是观察相关市场的特征，看它是繁荣还是萧条，另一种方法是观察市场价格的波动性。在一个现有信息被广泛共享的市场中，只有当生产技术发生了意外的变化（如一项意外发明），或者消费者偏好发生变化（例如竞争产品的出现），价格才会变动。在没有这些重大变化的情况下，价格波动表明信息供应不足。

第三种方法是考察市场参与者是否愿意在特定商品和服务的需求和供应信息上投入资金和资源。我们将在下文看到，提前获得这些信息可以为制订投资计划的生产商、大规模消费者以及投机者带来重大好处。与任何人都能观察到的市场价格信息不同，这类信息通常不是一种公共产品，只要它能被保密，用公共产品理论的技术术语来说，它就是一种排他性的商品。但是，在不向他人透露信息的情况下，很难利用信息，从而也就无法获得额外的私人利益。

所以，我们又面临一个悖论，斯图尔特·布兰德总结了这个悖论，我们在本章的开头引用了他的话。完整的阐述如下：

> 一方面，信息是昂贵的，因为它是如此有价值，在正确的地方获得正确的信息能够改变你的生活；另一方面，信息是免费的，因为发布信息的成本在不断降低。两者你争我夺。

回到我们开始时的悖论，市场价格将来自不同买家和卖家群体的机会成本信息组合起来的惊人能力，是我们能想到的一课经济学理论的最佳例证。但是，事实上，市场信息就像所有公开的信息一样，是一种纯粹的公共产品，这意味着两课经济学在这里也是适用的。经济学需要两堂课，而不是一堂。

有效市场假说

上文的讨论展示了价格如何收集和组合关于商品和服务的价值和成本的信息，以及市场可能如何无法正确使用信息。这些观点特别适用于金融市场，在金融市场上，资产的买卖是基于对未来收益的估计。

历史表明，金融市场的价格波动很大，但与任何潜在现实都没有明显的联系。然而，一课经济学家们声称，金融市场最大限度地利用了所有可用信息，包括公共信息和私人信息。这种说法在经济学中被称为有效市场假说（EMH），它代表了经济学最纯粹的一课经济学理论。[1]

随意的观察表明，私营部门和公共部门都难以管理投资。从法老时代开始，公共部门的投资就包括了大量的无用之物、累赘和彻底的失败；但私营部门显然也没有做得更好，极端乐观情绪的浪潮导致了对特定行业的大规模投资，但随之而来的是股市暴跌，在繁荣时期以巨大代价建立起来的资产要么没有完工，要么闲置。

有效市场假说支持上述第一个观察结果。由于公共投资不受金融市场规则的约束，因此我们没有理由期望它们的配置是有效的。相比之下，第二种观察倾向于反驳有效市场假说，根据有效市场假说，私人投资决策是一个自动自我修正的信息系统的产物。股票市场分配给任何给定资产（如公司）的价值，是对其未来收益的经济价值的最佳估计。如果某家公司的所有者和管理者做出了错误的投资决策，那么该公司的股票价值将会下跌，该公司将被新所有者接管，而新所有者将聘用更好的管理者。

有效市场假说将资产的市场价格作为所有相关信息的汇总，这与管理者应该追求公司的长期利益，而不考虑股价的短期波动的观点都是不一致的。有效市场假说的观点认为，短期股价是对长期股价的最佳估计，因此也是公司长期利益的最佳可能估计。[2]

如果有效市场假说被接受，公共投资决策可能会通过使用正式

---

[1] 正如我在《僵尸经济学》一书中所讨论的，对有效市场假说更全面、更准确的描述应该是"强有效金融市场假说"。

[2] 见《僵尸经济学》第 5 章。

的评估程序（如效益-成本分析）得到改善，但唯一真正令人满意的解决方案是将业务移交给私营部门。在 20 世纪 80 年代和 90 年代，这一理由与全球私有化的努力非常吻合。

有效市场假说暗示，政府永远无法超越消息灵通的金融市场，除非政府政策失误或未能充分界定产权，导致市场结果扭曲。如果政府比私人市场参与者更了解情况，它们应该将这些信息公之于众，而不是利用占优势的政府信息替代公共政策。

综上所述，有效市场假说意味着私营企业的表现将始终优于政府，政府应将其活动局限于纠正市场失灵，以及抵消市场结果不平等所需要的任何收入再分配。①

这就是为什么有效市场假说在一课经济学理论中如此重要。相反，有效市场假说失败的证据为两课经济学提供了强有力的论据。最显著的证据就是金融泡沫产生和破裂的反复出现，最近最引人注目的例子是全球金融危机，但还有许多其他例子。

最后，或许也是最重要的一点是，流向金融业的利润份额大幅增长。这低估了问题的严重性，因为相对于金融业的规模而言，它雇用的工人很少。它的大部分收入支付给了相对较少的高薪专业人士，他们的收入实际上是利润，而不是工资。如图 11-1 所示，进入金融领域的利润份额从全球金融危机前的峰值 40% 下降到现在的 30% 左右。随着危机后实施的限制措施逐渐解除，金融业利润的绝对值和相对于整体经济的水平似乎都将继续上升。

---

① 在大多数一课经济学家看来，并没有太多。

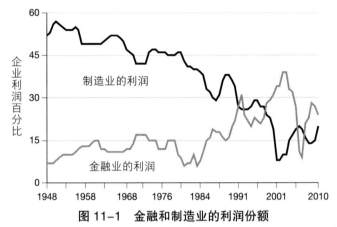

图 11-1　金融和制造业的利润份额

资料来源：BEA，NIPA 表 6.16，年度数据。金融业整体数据基于其他金融数据，不包括美国联邦储备银行

金融市场、泡沫和萧条

金融市场对资本主义经济的运行至关重要，然而它们也是灾难性破坏的根源之一。20 世纪 30 年代的"大萧条"和最近的"小萧条"都起源于金融市场失灵，从 1720 年南海泡沫破裂开始的一系列恐慌和衰退也是如此。

即使不考虑 1929 年、2000 年和 2008 年那种触目惊心的崩盘，金融市场的波动性也比整个经济要大很多倍，即使在严重衰退时期，经济总产出也很少会比长期趋势值低 10% 以上，相比之下，汇率和股票市场指数往往会在几年内翻倍（或减半）。

金融市场的剧烈波动与几十年来困扰经济学家的一个现象有关：股票溢价之谜。股票（在股票市场上交易的股票）通常在经济繁荣时产生高回报，在经济疲软（衰退和萧条）时产生低回报或损失。相比之下，美国国债等高质量债券提供的利息回报不随经济状况而变化。

由于股票比债券风险更大，股票投资者期望高回报率来补偿。从历史上看，股票溢价一直很大：比长期债券利率（经通胀因素调整后平均为 2%）高出约 6 个百分点。由于股票投资在繁荣时期有高回报，但在衰退时期会产生损失，因此这种方式意味着在繁荣时期增加收入，而在衰退时期承担收入减少的机会成本。

股票溢价的大小是一个谜，因为它似乎意味着，在繁荣时期增加收入或消费的机会成本非常低。经济繁荣时期每增加一美元的收入，与衰退时期每增加 50 美分收入，在股市上的价值是相同的。然而，即使是在严重的衰退中，总收入也很少会比其趋势值低 10% 以上。从机会成本的角度进行推理表明，如果一课经济学理论适用的话，溢价高于应有水平。

这意味着，股票溢价之谜是两课经济学的一个例证。总的来说，金融市场产生的价格并不能准确地衡量整个社会所面临的机会成本。

金融市场与投机

金融市场鼓励人们收集有关各种资产价值的信息。有效市场假说的核心认为金融市场提供了产生和组合此类信息的最佳可能方式，但这是错误的。

信息具有社会价值，因为它使投资者、生产者和消费者能够做出决策，使生产和消费的收益与机会成本保持一致。公开的信息越多，经济就越接近于满足第 2 章介绍的一课经济学理论的条件。

信息也具有私人价值。对于投机者来说，获得比当前市场价格所包含的更多的信息显然非常重要。投机者通过提前预测市场价格走势谋生，如果他们预期价格上涨就会买进，如果他们预期价格下跌就会卖出。[①]

对于普通的锡买家或卖家来说，价格传递了机会成本的信息。获得更多关于价格会如何变动的信息可以进一步完善买家或卖家的决策。例如，认为锡价可能下跌的买家可能会重新安排计划，推迟购买；认为价格会上涨的卖家可能会囤积产品，而不是以当前的低价出售。这些判断反映了价格传递了当前和未来的机会成本。

但是锡期货市场的参与者又是怎样的呢？这个市场允许任何能够正确预测锡价走势的人获得巨额利润，无论他们是否需要或有能力供应锡。这反过来意味着，信息是非常宝贵的，只要在其他市场参与者得知之前获得并利用它。期货市场的参与者愿意为成为第一个获得信息的人支付一大笔钱。在现代市场上，随着自动化的高频交易系统的出现，时间观念至关重要，甚至每一微秒都很重要。

在投机市场，有关价格的私人信息本身会有一个价格。但是，这个价格与信息的社会价值没有明显的对应关系。我们没有理由认为，提前一天获得锡价信息有很大的社会价值，更不用说提前一微

---

① 在一些市场上，投机者可以卖空，承诺提供他们不拥有的商品或证券，以期日后能够以更低的价格买进。

秒了。生产和消费的锡的数量不会因为这些短期信息的改善而有明显的变化。信息的私人价值与社会价值并不会必然匹配。

另一方面，商品期货市场这类市场为生产者和使用者提供有用的服务，减少他们面临的与未来价格变动有关的风险。而且，在许多情况下，繁荣的市场需要一个活跃的投机者群体，而在繁荣的市场中，价格是真正的信息。

投机是利是弊，这个问题没有一个普遍的答案。和经济学中的许多其他问题一样，有必要针对特定情况下的投机问题进行衡量，看它是与一课经济学理论还是与两课经济学理论更相关。

然而，纵观近几十年来投机活动的爆炸性增长，似乎很明显能看到分配给投机活动的资源的机会成本超过了任何可以想象的好处。金融的交易量是惊人的，举个例子，世界贸易总值（有形商品的出口和进口）每年约为 15 万亿美元，国际投资流动每年又占 1.5 万亿美元，相比之下，外汇市场上每天的交易额为 5 万亿美元。

也就是说，外汇市场上只有大约 1% 的活动反映了商品从一个国家出口到另一个国家或国际投资流动中发生的交易。其余部分都是投机性金融"工程"，主要目的是尽可能地避税和利用监管漏洞。

账目上这些庞大的数字没有反映实际的机会成本。投机的机会成本主要是专门用于金融部门及其支持性投入（如法律和会计服务）的资源。

自 20 世纪 70 年代以来，金融业的增长令人震惊。像伦敦和纽约这样的国际化大都市现在几乎完全由金融主导。金融业直接贡献了伦敦约三分之一的经济活动，间接贡献了其余大部分。

考虑到信息和通信技术的进步大大降低了日常金融交易的成本，这种增长是惊人的，而在金融业发展时，银行却在关闭分支机构，裁减员工。

原则上，正如我们已经讨论过的，通过使金融资产价格更接近其机会成本，并使资本市场更像一课经济学理论的模型，可以证明金融业的增长是合理的。但是，没有证据表明这种情况正在发生。相反，在过去几十年里，随着金融业的增长，泡沫发生的频率和严重程度以及随后的泡沫破裂都有所增加。

风险和保险

与投机金融市场不同，保险市场提供了一种明确有用的服务。最重要的一种不确定性与大大小小的灾难有关，这些灾难包括轻微的车祸、失业、乃至危及生命的疾病。对于其中一些灾难，比如车祸，人们有可能获得保险，从而在很大程度上抵消损失风险。正如我们在第 3 章中看到的，防范此类灾难的保险为我们提供了一课经济学理论的一个例子。然而，它们受制于市场失灵，这就需要两课经济学。

市场社会的一个显著特征是，对于某些风险，包括失业、作物歉收和医疗成本，通常没有相应的市场保险。在这些情况下，保险通常由政府直接提供，或通过授权和补贴政策的组合提供。

为什么保险只针对某些风险而不针对其他风险？保险公司向

客户提供保险是基于这样一种假设：在任何一年，只有一小部分客户提出索赔，所有客户的保费，包括不索赔的客户的保费，都可以用来支付索赔，以及支付保险公司的运营成本，保障保险公司的利润。

如果保险事件同时影响到很大一部分保险群体，就会出现问题，比如自然灾害。保险公司规模越小，多元化程度越低，问题就越大。这在本质上是规模经济的问题，我们可以用第 9 章的分析来理解。

更大的问题是，保险公司需要合理准确地估计任何一个客户提出索赔的可能性。这取决于客户在没有保险的情况下所面临的风险，以及他们投保后是否会追逐更多的风险。在大多数情况下，客户比保险公司知道得更多。这个问题在经济学中被称为信息不对称。[①]

保险公司可以用多种方式应对信息不对称的问题。在某些情况下，潜在客户的公开信息足以合理准确地估计索赔的可能性。例如，一名 25 岁的司机，如果有不良驾驶记录，就更有可能发生车祸，因此面临的保费也就比一名 45 岁没有不良驾驶记录的司机更高。另一种方法是设计更能吸引低风险客户的合同。例如，保费低、免赔额高的合同对那些预计不会有很多索赔的人来说更具吸引力。

---

① 在保险的技术术语中，这种形式的不对称信息被称为逆向选择，与道德风险不同，道德风险是指客户未能采取适当的行动降低不利结果的风险。由于相当深奥的理论原因，我不认为这种区别特别有用。

然而，对于生活中的许多重要风险，信息不对称的问题是无法避免的，市场也不提供保险。这些问题中最重要的是失业保险，市场中通常没有针对失业的保险。因为员工对失业可能性的了解往往比保险公司更多。一家提供失业保险的私营公司会把大量的保险卖给那些预期会失业的人，而不是那些有信心保住工作的人。这个问题在经济学中被称为逆向选择。

公共失业保险计划之所以奏效，是因为所有雇主都要为他们的所有雇员缴纳失业保险金。保险费因过去的经验而异，拥有稳定就业历史的公司支付的更少，而那些经常裁员的公司支付的更多。由于是强制性缴纳保费，因此不存在逆向选择问题。

一课经济学理论解释了保险的潜在好处。当信息不对称问题阻碍了正常运转的保险市场时，我们就需要两课经济学了。

有限理性

人类非常善于处理和回应信息。我们的推理能力远远超过其他动物，遗传进化和文化进化为我们提供了各种认知模块，使我们能够快速有效地执行特定的任务。例如，我们天生就比其他动物更擅长投掷，也擅长捕捉（尽管猛禽比人类更擅长）。

我们可以通过几种方式提高捕捉能力。一种是基于一般推理，包括估计物体的速度和轨迹，预测物体可能落下的地点。更进一步说，我们可以利用数学和物理学做出令人难以置信的准确预测，因此人类能够发射宇宙飞船，让它飞行到太阳系的边缘甚至更远的地方，并掌握它们航行的路线。

然而，这种理性的优化需要大量的时间和精力。从 20 世纪 50 年代赫伯特·西蒙（Herbert Simon）的著作开始，心理学家和一些经济学家研究了有限理性的含义，即我们对我们面临选择的推理能力有限。

为了接住抛来的球，一种更简单的方法是凝视启发式。外场手可以使用凝视启发式观察球的初始角度，并保持这个角度不变，朝它跑去。棒球手通过反复试验，或通过文化传播（即教练或队友的建议）学习凝视启发式。但它也可以作为一个优化问题的解。

凝视启发式在实践中似乎很有效。[①] 因此，它被认为对于问题中的有关环境是"生态理性"的。启发式是认知模块的一个例子。

在演化出启发式的环境中，启发式非常有效，但是在其他环境中，它可能并不能发挥有效作用。一些研究人员，尤其是丹尼尔·卡尼曼（Daniel Kahneman）和阿莫斯·特沃斯基（Amos Tversky），研究了启发式在某些情况下可能带来好的决策，而在另一些情况下可能导致坏的决策。还有一些研究人员，如戈德斯坦（Goldstein）和吉仁泽（Gigerenzer），则更关注这样的情况：鉴于我们的认知能力有限，在决策中需要结合使用启发式和理性计算。

一课经济学理论忽略了这一点。在标准的一课经济学理论的决策模型中，人类被假定为经济人，是理性个体。理性个体有能力计

---

① 认知科学和心理学中有大量有争议的文献关于人类捕手是否真的使用凝视启发式，以及像启发式这样的术语是否对心理学有用。我们在此不必有所担心。这个术语作为标准的一课经济学假设，即无限理性选择的替代，当然是有帮助的。

算在任何可能的偶然情况下他们的行为会引发怎样的后果。[1] 不仅如此，他们还可以利用自己的推理能力模拟其他理性个体的行为，并考虑到了其他理性个体也在模拟他们的行为，以此类推。在经济学中，这一假设被称为理性共识。

不确定性决策问题是有限理性发挥重要作用的一个重要案例。有效市场假说建立在这样一个假设之上：市场参与者都是理性的个体，他们做出决策以最大化自己的预期效用。

然而，人们早就知道，现实生活中的选择与预期效用理论并不一致，需要更普遍、更灵活的模型。作为一名理论经济学家，我的大部分职业生涯都致力于这项任务。

其中涉及的一个问题是，我们倾向于把过多的注意力放在低概率的极端事件上（至少有效市场假说是这样认为的），比如中彩票或死于空难。我们可以开发出解释这种行为的加权概率模型，但这些模型并不一定符合有效市场假说所要求的合理性。

另一个困难更加根本，我们不可能意识到与决策相关的所有突发事件。我们突然（常常是痛苦地）意识到的偶然事件被描述为未知数和黑天鹅。当金融市场的参与者没有意识到自己的无知，试图将理性优化应用于一个不完整的解释世界的模型时，结果可能是灾难性的。在金融危机中，我们通常突然认识到一种以前被忽视的可能性（如许多借款者同时违约），并且这种认识会迅速蔓延。

我们无法考虑所有的可能性，最好的办法是依赖启发式，而

---

[1] 这种无界理性模型的唯一例外是经济政策制定者，尤其是中央规划者。经济学家乐于指出对手的认知局限性。

不是试图根据我们建立的用于解释世界的心智模型寻求最佳解决方案，因为它有可能完全无法实现。格尔德·吉仁泽（Gerd Gigerenzer）指出，最简单的启发式是永远不要购买你不理解的金融产品。另一个是 1/N 规则。与其试图通过复杂的计算优化风险和回报之间的平衡，不如简单地将投资平均分配给 N 种资产。

有限理性在涉及时间和不确定性的金融选择中最为重要，但它也可能出现在这些因素并不重要的现货市场。在市场（例如电话和互联网服务市场）中占主导地位的企业有时会提供大量令人困惑的选择。其理念是，有时间、有能力的消费者会挑选出最优选项，而不是投奔竞争对手，忠诚的客户会坚持糟糕的交易，因为他们错误地认为没有更好的选择了。

忠诚度是企业利用有限理性诱使消费者做出对企业有利但对消费者有害的选择的许多方式之一。诺贝尔奖得主乔治·阿克洛夫（George Akerlof）和罗伯特·席勒（Robert Shiller）合著了一本有趣的书，书名为《钓愚》（*Phishing for Phools*），书中阐述了这一主题。

此外，考虑到我们的有限理性，我们有可能有太多的选择，而这些选择之间的差别只是微乎其微。巴里·施瓦茨（Barry Schwartz）等心理学家强调了这一点，施瓦茨认为，过多的选择可能导致抑郁症，因为人们会对做出正确的选择感到不知所措和焦虑。

综上所述，一旦我们考虑到有限理性，市场与信息之间的复杂关系就更加令人担忧。市场创造了产生信息的动机，但也创造了隐藏信息的动机，或将有用的信息淹没在无意义的噪音中。[①]

我们的推理能力是有限的，这是两课经济学的另一个例子。价格提供给我们关于机会成本的信息，但前提是我们有能力处理这些信息。

关于金融市场，比特币告诉了我们什么

2017 年 12 月，一种没有价值的加密货币的价格从几乎为零升至 20000 美元，然后开始逐渐下跌，这场比特币泡沫可能最终会摧毁我们对有效市场假说的信心。

有效市场假说挺过了 20 世纪 90 年代末和 21 世纪初的互联网泡沫，以及导致 2007 年和 2008 年全球金融危机的衍生品市场崩溃。尽管这一假设本应被那些灾难所驳斥，但它仍然存在，即使只是以僵尸的形式存在。

至少这些早期的泡沫都有一个合理的前提。互联网的崛起改变了我们的生活，催生了一些非常赚钱的公司，比如亚马逊和谷歌。尽管在 20 世纪 90 年代大多数互联网公司看上去都很快会倒闭，但要为它们中的任何一家单独找出理由都很容易。

至于给我们带来全球金融危机的衍生资产，根据一种被称为"大缓和"的普遍理论，它们被给予厚望。该理论认为由于发达国家在经济运行方式上发生了系统性变化，重大的经济危机是过去的

---

① 正如假新闻现象所显示的那样，这个问题并非市场独有。

事了。① 这一理论得到了主要经济学家、政治家和中央银行家的支持。② 资产担保衍生品最终是对"大缓和"的押注。

与比特币形成鲜明对比的是，比特币泡沫没有建立在任何合理的前提之上。大约 10 年前比特币诞生时，其基本想法是，它将取代现有货币进行各种交易，但却发生了比特币泡沫。目前只有少数合法的商家接受比特币，随着比特币泡沫推高交易费用和等待时间，就连这一小部分人也会离开。

有一段时间，比特币被用于人们希望对政府当局保密的交易，比如毒品交易和洗钱。然而，很快人们就发现，如果当局想要追踪这些交易，他们是可以做到的。例如，首个使用比特币的大型在线毒品市场"丝绸之路"在 2013 年被美国联邦调查局关闭。

现在几乎没有人认为比特币具备作为一种货币的价值。相反，新的说法是，比特币是一种价值储存手段，其价格反映了其固有的稀缺性。（按照设计，比特币的数量不能超过 2100 万枚。）

包括我在内的大多数经济学家都不认同这种说法。如果这种说法是错误的，比特币的价值显然是对有效市场假说的又一次致命打击。

即使这种说法是正确的，认为比特币之所以有价值，只是因为人们重视它，因为它是稀缺的，这种观点也应该动摇人们对有效市场假说的任何剩余信心。

---

① 在我的书《僵尸经济学》中讨论过。
② 这种认可或许并不令人意外，因为这一理论很好地体现在这三个群体中：管理经济的央行行长、任命他们的政客以及为他们提供建议的经济学家。

思考一下：如果比特币是一种价值储存手段，那么资产价格就完全是任意的。正如加密货币的数量所表明的，没有什么比创造一种稀缺资产更容易的了。同样的道理也适用于任何现有的金融资产，标普 500 指数中的任何一只股票都可以根据人们任意高估的价格定价，而不是根据它未来的赢利前景。

更合理的假设是，比特币没有潜在价值，最终将变得一文不值。根据有效市场假说，金融市场会正确估计比特币的真实价值，并立即将其价格调整至零。

但这并没有发生，也不可能发生，因为比特币市场本身就像这种货币一样难以理解。

现在这是可能的：芝加哥商品交易所的比特币期货交易自2017 年 12 月开始进行，比特币价格在期货交易诞生后开始上涨，直到政府采取措施限制投机，比特币价格才开始逐渐下跌。

无论比特币发生什么，我们都不能忽视一个更根本、更令人担忧的动态。在全球最复杂的金融市场上，出现了一种随意定价的金融产品。

比特币可能不会导致金融市场崩溃，但监管机构仍然需要缩减比特币市场的规模。

延伸阅读

哈耶克对此已经有过讨论（Hayek，1945）。布兰德的研究作为互联网早期流行的技术乌托邦主义的代表非常有趣，而且仍然值得一读（Brand，1987）。

格林伍德和莎尔福斯坦记录了金融业的增长（Greenwood and Scharfstein，2013）。如果你对有效市场假说的兴衰感兴趣，可以阅读贾斯汀·福克斯（Justin Fox）的《理性市场的神话：华尔街风险、回报和错觉的历史》（*The Myth of the Rational Market: A History of Risk, Reward and Delusion on Wall Street*，Fox，2009）。乔治·古德曼（George Goodman）的经典之作《金钱游戏》（*The Money Game*，Goodman，1968）在问世 40 年后仍充满洞见。约翰·凯（John Kay）对市场的优势和劣势，以及市场只有嵌入社会和文化机构中才能发挥作用的方式，提供了一个优秀的、富有同情心的观点（Kay，2004）。本章的讨论借鉴了我 2010 年出版的《僵尸经济学》一书。

支持有效市场假说的重要文章有曼尼关于公司控制市场的文章（Manne，1965）和法玛关于金融市场效率的文章（Fama，1970）。

关于早期泡沫的经典参考文献有查尔斯·麦凯（Charles Mackay）在 1841 年出版的《大癫狂：非同寻常的大众幻想与全民癫狂》（*Extraordinary Popular Delusion and The Madness of Crowds*）。我写了很多关于股票溢价之谜及其含义的文章。有关投机部分的链接可见世界贸易组织、联合国贸易和发展会议、国际清算银行和世界发展银行的网站。

关于有限理性的经典著作包括赫伯特·西蒙（Simon，1957）、特沃斯基和卡尼曼（Tversky and Kahneman，1974）以及泰勒（Thaler，1990）的作品。最近的贡献包括吉仁泽和泽尔腾（Gigerenzer and

Selten，2002）的著作，卡尼曼的《思考，快与慢》（Kahneman，2013），吉仁泽等写的《启发式：适应性行为的基础》（*Heuristics: The Foundations of Adaptive Behavior*，Gigerenzer et al.，2015），欧特曼和斯皮里奥普洛斯的研究（Ortmann and Spiliopoulos，2017），以及施瓦茨的研究（Schwartz，2005）。塔勒布的《黑天鹅》（*The Black Swan*）也引起了人们的兴趣，尽管作者声称其独特的见解不被任何主流经济学家所认同，但我们应该对其持保留态度（Taleb，2007）。维基百科上关于生态合理性的文章也很有用。

对我在脚注中简要提到的道德风险和逆向选择分析感兴趣的人，可以阅读我与鲍勃·钱伯斯（Bob Chambers）合著的《不确定性、生产、选择和代理：状态偶然性方法》（*Uncertainty, Production, Choice, and Agency: The State-Contingent Approach*，Chambers and Quiggin，2000）一书。

第二课第二部分

公共政策

哲学家们只是用不同的方式解释世界，而问题在于改变世界。

——卡尔·马克思，《关于费尔巴哈的提纲》

本书最后一部分将研究两课经济学在公共政策中的应用，我们首先探讨的是公共政策如何解决收入和财富分配不均的问题。在第12章，我们讨论"初步分配"，相应的观点认为解决不公平的产权分配比解决由此产生的市场结果更好。初步分配的例子包括保障雇主和工人的权利，设定最低工资，建立知识产权，以及建立规避商业风险的制度（如破产清算）等。

第13章通过税收和福利制度研究收入再分配。这一章将阐述税收和社会福利制度如何共同发挥作用创造有效的边际税率。最后，我们会讨论衡量初步分配与再分配时所涉及的机会成本原则。

第14章讨论充分就业的政策。我们从传统财政和货币政策工具入手，考虑通过培训和工资补贴等项目直接干预劳动力市场。"就业保障"是最直接的干预形式，旨在确保愿意承担工作的任何人得到有偿工作。我们还会讨论就业保障和机会成本之间的关系。最后，我们将讨论从巴斯夏到黑兹利特，以及其他一课经济学家一直尝试但仍然没有很好解释的失业问题。

第 15 章讨论日益凸显的垄断与买方垄断的权力问题。在考虑恢复反垄断政策后，我们认为"混合经济"是最好的解决方案，即政府和私营企业合作，生产和提供包括卫生、教育和基础设施服务在内的关键服务，并且由政府发挥主要作用。

最后，第 16 章将讨论以气候变化为核心的环境政策。两课经济学可以用来评估直接监管、污染税、排放许可等政策的优劣势。相比之下，一课经济学家在处理这些问题上无能为力，因此他们中的许多人否认科学气候说。[1]

① 令人惊讶的是，这种否认模式可以追溯到 19 世纪的巴斯夏（详见第 16 章）。

第 12 章

收入分配：预分配

黄金法则：谁拥有黄金，谁就可以制定规则。

——约翰尼·哈特（Johnny Hart）、布兰特·帕克
（Brant Parker），漫画《Id 巫师》（*The Wizard of Id*）

在第 7 章中，我们看到，机会成本的逻辑不像黑兹利特和其他坚持产权主义传统的经济学家所假定的那样，以预先设定的产权分配开始。相反，产权分配，包括社会保障、劳动权利等权益的分配，本身就是一个社会选择。每一个这样的选择都涉及利益和机会成本。

社会如何决定收入和消费分配方式？思考这个问题的方式之一是以"预分配"和"再分配"之间的差异为基础。"预分配"是雅各布·哈克（Jacob Hacker）提出的术语，是指决定工资、利润和其他市场收入如何分配的产权制度规则。再分配是指改变市场所决定的收入和消费最终分配的再次分配政策，如税收政策、支出

政策）。

这一章，我们将从预分配和再分配的一些例子着手，然后再详细研究预分配问题。

收入分配和机会成本

许多政策的变化往往会提升一些社会群体的经济地位，比如：

（A）使工人更容易组成工会，从而通过谈判提高工资。

（B）提高法定最低工资。

（C）让更多的人享受社会保障金和失业保险，使那些因年龄或能力等原因找不到工作的人受益。

（D）增加大学的公共资助名额，从而使有权申请这些名额的年轻人受益。

（E）延长版权和专利等知识产权的保护周期，从而使这些产权所有者受益。

（F）让公司更容易通过破产清偿债务。

（G）降低所得税的边际税率水平，使高于应纳税所得额水平的纳税人受益。

在过去的40年中，美国及世界其他国家中（E）、（F）、（G）政策发生了实质性变化，这些变化让一些公司的管理者或股东等高收入群体受益很多。

所得税的最高边际税率已经从 70% 降到了 39.6%，版权保护的最长期限从 1975 年的 56 年延长到了作者的生命期加上 70 年。其他措施，如在贸易协定中使用的投资者与国家端解决（ISDS）条款，为跨国公司扩张了各种新产权。企业可以很容易就宣告破产，在解除债务后重建。

相比之下，对工人有利的（A）和（B）类政策，以及对社会福利和公共服务接收者有利的（C）和（D）类政策却变化不大。相反，政府政策直接降低了工资，削减了各种公共开支。

这些结果反映了，在政治权力向企业和富人转移的背景下，机会成本的逻辑。要为某个目标增加的支出提供资金，或减少某个群体所缴纳的税款，政府必须在其他地方找到抵消的支出削减或增税的办法，否则就得接受更大的赤字，从而产生必须在未来偿还的债务。政策制定者的选择反映了最不具吸引力的选项也是提供利益的机会成本的一部分。

像（E）、（F）和（G）这样的政策变化通常使那些已经相对富裕的人受益。正如我们所看到的，机会成本是相比（A）、（B）、（C）和（D）等政策，较少的资源用于改善初始财富较少的人的处境。

在上面的清单中，（A）、（B）、（E）和（F）等政策涉及预分配，特别是工人和雇主之间的市场收入分配。（C）、（D）和（G）等政策涉及再分配，两者之间的区别并不明显。提供教育可以被认为同时符合这两类。因为教育被视为一项普遍权利，提供教育是一种预分配。另一方面，如果教育被视为可自由支配的购买或投资，那么公众对教育的支持最好被视为再分配。我们把由税收提供资金的教育和其他公共服务视为一种再分配形式。

在本章中，我们将阐释上面给出的四个预分配示例。下文将涉及工会、最低工资、知识产权，以及公司破产和有限责任。

预分配：工会

决定市场收入分配的最大单一因素是工资和资本收入（租金、利息、股息和资本收益）的相对份额。[①]这种划分通常被视为竞争性市场过程的结果，从产权分配开始，工人拥有自己的劳动力，而其他一切都属于财产所有者。然而，这是一种极端的过度简化。

劳动力市场产生的工资是工人、雇主和工会（如果有的话）之间进行隐性和显性谈判的复杂过程的产物。这些讨价还价的结果取决于各方的相对权力，而相对权力又取决于社会制定的规则。

工人与雇主关系的历史起点是形成英美普通法基础的主仆关系。在普通法框架下，仆人在法律上受主人的约束。提供更高工资的竞争性雇主可能因"引诱"而被起诉，离开雇主的工人也会被刑事起诉。[②]早在 1864 年，英国就有 10000 多名工人因这类罪行而入狱（Jones，1867）。

在这种情况下，工人们联合起来为更高的工资谈判构成犯罪阴

---

① 如果高层管理人员和金融业专业人士的收入被视为反映了对资本的控制，而不是劳动力的工资，那么这种划分就会更加明显。

② 如果有人诱使妻子离开她的合法主人，即她的丈夫，也可以采取同样的行动。

谋。美国继承了英国的普通法，并在 1806 年的联邦诉普里斯案中确立了这一点。在这种情况下，南方奴隶主嘲笑北方工人只不过是工资奴隶，这句话所蕴含的事实令人不安。主人和仆人之间的讨价还价极其不平衡，几乎确保所有的利益都归主人所有，而仆人一无所有。①

从 19 世纪到 20 世纪上半叶，政治和经济环境对工会和工人越来越有利。联邦诉普里斯案于 1846 年被推翻。1886 年美国劳工联合会的成立标志着一个时代的开始，工会被认为是现代社会的正常组成部分，而不是反对市场的阴谋。然而，政府的立场仍然是支持雇主反对工人，并积极协助雇主破坏罢工。

劳工运动的巨大成就是在新政下取得的。1935 年的《瓦格纳法案》保证了工人加入工会和采取罢工行动的权利。此外，全国劳资关系委员会成立，负责投票，允许特定工作场所的工人组成工会。《瓦格纳法案》明确规定要纠正工人和雇主之间议价能力的不平等，并要求雇主与工会进行集体谈判。

从 1939 年第二次世界大战爆发一直到 20 世纪 70 年代初是一个空前的充分就业时代，它对提高工人的议价能力同样重要，甚至更重要。在充分就业的条件下，雇主发现很难或不可能通过雇用非工会工人来平息罢工，而威胁解雇支持工会投票的工人则不那么令人畏惧。

---

① 仆人问题的核心是逐渐减少这种不平衡，使一般工人，特别是家政工人能够要求更好的工资和条件，如果不满意就离开。从 19 世纪中期开始，中上层阶级家庭，一直在讨论仆人问题。到 1945 年，住家仆人几乎绝迹。

结果，工会成员激增，在 20 世纪 50 年代达到顶峰，连同新政的其他内容，美国（和其他发达国家）的经济不平等大幅减少，降至历史最低水平。在强劲的经济增长的背景下，创造了一个中产阶级繁荣的时代，尽管这个时代已成为历史，但它仍主导着我们对经济运行方式的预期。在 20 世纪 50 年代和 60 年代的大部分时间里，工会的地位依然稳固。更重要的是，工会作为现代社会核心部分的观念已被普遍接受。

作为这一进程的一部分，工会扩大了其覆盖面。19 世纪中叶出现的手工工会是美国劳工联盟（AFL）的前身，当时的工会仅限于熟练的体力劳动者，工会的主要成员是白人男性。手工工会向工业工会的转变伴随着产业工人联合会（CIO）的兴起，扩大了会员范围，包括非熟练工人，并为白领工人进入工会提供了一个模板，尤其是在公共部门。

工会主义的扩张不可避免地引发了种族主义和性别歧视问题。与社会其他方面一样，种族主义和性别歧视的态度在早期的工会运动中普遍存在。然而，CIO 挑战了许多老的 AFL 工会根深蒂固的种族主义。1955 年成立的合并后的劳联—产联（AFL-CIO）禁止成员工会中的种族歧视，并大力支持民权运动。同样重要的是，妇女在服装行业的斗争导致了国际女装工人工会（现在的 UNITE）的迅速发展。工会运动是 1963 年《同工同酬法》背后的主要力量之一。

在整个 20 世纪 50 年代和 60 年代，美国似乎在引领世界走上一条上升的轨道，走向一个越来越不能接受阶级、种族和性别不平等的社会。工会在这方面发挥了核心作用。

美国的经验复制到了其他拥有市场经济的发达国家，但结果却各不相同。到 20 世纪中叶，各国政府普遍将自己定位为工人和雇主之间的中立仲裁者，促进公平与和谐的结果，这种结果才是与普遍共享繁荣相一致的。工会的合法性被普遍接受，这些都反映在国际公约中，如国际劳工组织公约。

然而，自 20 世纪 50 年代以来，由于法律的变化以及日益激进和有效的反工会策略，工会被不断削弱。这一进程始于 1947 年的《塔夫脱–哈特利法案》，该法案规定关闭商店为非法行为，这在很大程度上限制了罢工的权利。然而，《塔夫脱–哈特利法案》是一个孤立的失败案例，最初并没有对工会造成太大的伤害。

20 世纪 60 年代的全球通胀飙升对工会运动和工人来说都是一场灾难。回过头来看，很明显，通货膨胀的加速主要是宏观经济政策失误造成的。然而，在当时，把责任归咎于工会和大公司的贪婪导致的工资螺旋式上涨似乎更为合理。

保持工资高于通胀的过程实际上需要持续的罢工行动，于是工会开始被视为（在某种程度上工会也认为自己）与整个社会相冲突。相比之下，试图控制物价上涨的努力以可耻的失败告终，最明显的例子是 1971 年至 1973 年期间尼克松实行的工资—物价冻结。

20 世纪 70 年代，随着金融业爆炸式增长和一课经济学理论的复兴，发达国家对工会的攻击明显加强。自由裁量政策加强了反工会的立法。

从 20 世纪 80 年代开始，政府对工会抱着或公开或隐蔽的敌意，这取决于执政党名义上是右派还是中左派。当时的美国总统罗纳德·里根和英国首相玛格丽特·撒切尔等右翼标志性领导人，就是通过破坏罢工和打压相关工会而确立了自己的地位。反工会立场在英国的立法中得到了体现，如 1980 年和 1982 年的《就业法》和《工会法》。里根政府在国会并不占有多数席位，主要依靠任命反工会官员进入国家劳工关系委员会等机构。这些官员的裁决极大地限制了罢工行动的范围，增强了雇主解雇罢工工人的权力。

美国前总统比尔·克林顿和英国前首相托尼·布莱尔名义上属于中间偏左的领导人，但他们保留并在某些情况下延续了前任的反工会立法和监管。这些第三条道路的支持者尤其敌视公共部门中的工会主义，特别是敌视教师工会。例如，在比尔·克林顿的顾问、奥巴马政府的幕僚长拉姆·伊曼纽尔（Rahm Emanuel）的政策中，这一点仍然很明显。在芝加哥市长任上，伊曼纽尔一直在进行反工会运动。所有这些发展的结果是工会成员的急剧减少，特别是在英语国家。

工会主义的衰落与劳动力在国民收入中所占比例的下降以及大量工人（尤其是在美国）工资停滞或下降是同步的。大量的经济研究表明，工会主义的衰落是工人地位恶化的一个主要因素。即使是像国际货币基金组织（IMF）这样的市场捍卫者，最近也发表了一份总结，得出这样的结论：

> 收入最高的 10% 群体增长了 5%，工会化势头减弱解释了一半的原因。同样，净收入基尼系数的增长约有一半是由去工

会化推动的。

工会化势头减弱伴随着工人之间不平等的加剧。受过高等教育的专业人士比体力劳动者稍微好些，尽管相对于经理人和资本所有者，两者收入都有所下降。布鲁斯·韦斯顿（Bruce Western）和杰克·罗森菲尔德（Jake Rosenfeld）对美国进行的一项研究表明，男性群体内部工资不平等的加剧，约有33%要归因于工会的解体。而这种影响对女性较低，因为她们的初始工会化率较低。

人们通常认为，工会主义的衰落是不可逆转的，在现代条件下，工会根本无关紧要。但是，我们没有充分的理由相信这一点。相反，调查证据显示，许多工人想加入工会，却无法加入，他们担心会被报复。这进一步说明，工会主义的衰落是数十年来反工会法律和政策的产物。

对于已有的立法是可以废除的。我们需要进行的更根本的变革，是修正那些在整个政治进程中被视为理所当然的假设，即公司是市场经济的自然特征，而工会则是外来入侵的产物。主流政治观点中的这种态度直到现在才受到挑战。

我们将在下文看到，公司和工会一样，都是一种社会结构，公司能够存在，是有意识地改变市场经济规则的政策决定的产物。一项政策如果基于支持公司、反对工会的隐含假设，就会加剧不平等。

本书不再进一步讨论恢复工人和雇主之间谈判平衡所需要的变化。但在美国，显而易见的是政治要求从头开始，废除《塔夫脱-哈特利法案》，恢复新政《瓦格纳法案》的亲劳工框架。

随着工会的衰落，许多工人团体寻求通过职业许可保护自己的地位。职业许可限制了人们从事各种各样的工作和职业的可能。从事需要执照的工作的工人通常工资较高。然而，与工会组织不同的是，执照制度往往会加剧工资不平等，无论是在有执照的职业内部，还是在有执照和无执照的职业之间。①

最后，有必要考虑谈判桌的另一边。虽然存在一些互利协议的空间，但议价能力的不平衡意味着一方的收益和另一方的损失。除了加强工人的地位外，重要的是要研究雇主，特别是大公司的议价能力是如何增强的，以及如何能减少这种能力。这个问题将在第 14 章进一步讨论。

预分配：最低工资

政府影响市场收入分配最直接的方式是设定最低工资标准。获得较高工资的工人的福利是显而易见的。但机会成本是什么，又由谁来承担？

最低工资对收入分配的影响一直是大量经济学文献的主题。这些文献大多是从一课经济学理论的简单（或过于简化）版本开始的。首先假设劳动力价格（即工资）是我们在第 2 章中讨论的那种竞争性市场的产物。

如果这是正确的，那么最低工资就包括设定高于劳动力机会成

---

① 这与慷慨的破产法有一个有趣的相似之处，破产法作为再分配税收的政治替代品，往往会加剧不平等，正如后文会讨论的那样。

本的价格。这意味着，一些愿意以低于最低工资水平的工资工作的工人将继续失业，而生产能力低于最低工资水平的潜在工作岗位将继续空缺，或者这些工作岗位根本不会被创造出来。

即使在这个框架内，工人也可能从提高最低工资中受益。例如，假设最低工资提高 10%，雇主的反应是将所有最低工资工人的工作时间减少 5%。在这种情况下，工人的总工资将增加 5%，工作时间将减少 5%，从而获得更多的收入和更多的闲暇时间。

基于这一框架进行研究的经济学提出了一些推论来质疑这种有利的预测。首先，工人的收益与雇主的成本增加有关。因为还没有给两方都带来积极回报的潜在就业机会。

其次，根据工资变化估计工作小时数的变化（称为劳动力需求弹性）是针对工资的微小变化而得出的。随着工资的大幅快速增长，可能会产生更大的比例效应。

第三，为所有拿最低工资的雇员统一减少工作时间的想法显然是不现实的。更有可能的是，许多工人在工作时间上不会有任何变化（完全受益于工资上涨），而其他人则会在试图进入市场时失业或找不到工作。

第三点是最重要的。然而它没有强化基于一课经济学理论的分析，反而削弱了这种分析。工作时间作为一种商品，其供求关系无法按照价格和机会成本相匹配来调整。相反，每个工人通常只从事一项工作，这在很大程度上决定了他们的生活水平。①

---

① 除非他们不得不把两到三份工作拼凑在一起，否则几乎无一例外，他们的工资和工作条件都会比从事同一份工作的同类工人差。

美国盛行将财产权分配给雇主，被称为"雇用自由"。工作是雇主的财产，雇主可以任何理由或完全没有理由随时收回工作。唐纳德·特朗普的口头禅"你被解雇了"就是对这一现实简单而残酷的表达。

由于这种权力的不平衡，两课经济学和一课经济学一样与工资的确定有关。在缺乏工会和最低工资等补偿机制的情况下，议价能力的失衡使议价的大部分好处流向雇主。

直到 20 世纪 90 年代初，完全基于一课经济学理论的方法一直主导着经济学研究。这些研究的中心关注点是估计最低工资工人的需求弹性。需求弹性是最低工资变动百分比所引起的工作时间百分比变动的比率。在上面的例子中，最低工资提高了 10%，雇主的反应是减少工作时间，最低工资工人的工作时间减少了 5%，因此弹性是 0.5（即 5% / 10%）。

使用这一方法的经济学家预计会发现劳动力的适度弹性需求，他们也确实发现了劳动力的适度弹性需求。20 世纪 70 年代和 80 年代的计量经济学分析通常估计弹性高于 0（0 即没有响应），但低于 0.5。然而，在 20 世纪 80 年代，估计数趋于下降。此外，随着 20 世纪 70 年代经济危机后再度出现的长期高失业率，将工资视为竞争均衡（充分就业是竞争均衡的先决条件）产生的价格这一观点变得越来越不可信。

20 世纪 90 年代，辩论发生了根本性的变化。最大的单一事件是两位年轻经济学家戴维·卡德（David Card）和艾伦·克鲁格（Alan Krueger）的研究成果（在第 9 章中讨论过）产生了重要影响。卡德和克鲁格研究了邻近州最低工资的差异变化，发现它们对快餐行业的就业没有明显影响。后续有研究者对这些估计进行了大量的再分析，其中大多数都证实了卡德和克鲁格最初的分析。

或许更重要的是，卡德和克鲁格改变了辩论的措辞，将两课经济学的重点包括进来，即市场价格并不总能反映社会机会成本。他们特别强调了雇主和潜在工人之间议价能力的不平衡。这些现象反映在所谓的垄断权力上（用经济学术语来说）。买方垄断和垄断是硬币的两面，从字面上理解，买方垄断的意思是所涉及的商品或服务（这里指工时）只有一个买家。但更普遍的情况是，当交易的一方有足够的议价能力影响价格（在本例中是工资）时，垄断和买方垄断是相关的。

卡德-克鲁格分析的核心含义是，提高最低工资的主要影响是把薪资议价的好处从雇主那里重新分配给工人，而不是将招聘的机会成本提高到超过私人和社会福利的水平。

最低工资并不是万灵药。最低工资水平要高于工作的机会成本和产出的社会价值。在这一点上，一课经济学比两课经济学更重要。

然而，我们没有理由认为，目前（截至 2018 年）美国每小时 7.25 美元的全国最低工资（实际水平远低于 50 年前的普遍水平）高到足以产生这种影响。

澳大利亚的最低工资

澳大利亚在许多方面与美国非常相似，但是澳大利亚认为成人最低工资为每小时 15 美元是可以实现的，逐渐提高最低工资对就业产生的不利影响微乎其微。以当前汇率计算，澳大利亚的最低工资约为每小时 13.50 美元。全职工人还享有其他福利，如四周年假，意味着澳大利亚工人的实际最低工资接近 15 美元，而澳大利亚的劳动力市场总体表现要好于美国。

一个更棘手的问题是，美国最低工资的大幅提高是否会产生与澳大利亚类似的结果。劳动力市场制度是在特定的历史条件下，随着时间的推移而发展起来的，它决定了工人和雇主的期望和计划。

相对于平均工资，澳大利亚的最低工资一直很高，这反映了一种制度历史，在 20 世纪的大部分时间里，基本工资是制定所有工资的起点。在这种制度的基础上形成了劳动力市场制度和预期。例如，较高的最低工资意味着以对工人技能要求最低的方式组织工作场所是无利可图的。因此，投资于能够提高劳动生产率的资本符合雇主的利益，投资于培训也符合雇主和工人的利益。

这其中存在的政策问题是：高水平最低工资对就业和失业有什么影响？这个问题太大了，我们无法全面回答，但我们可以看看明显的数据点。官方失业率（近年来两国都是平均 5%）和 15 ~ 64 岁的就业人口比例（澳大利亚 72%，美国 67%）。从这些数据上来看，澳大利亚的劳动力市场并没有因为最低工资而瘫痪。

相比之下，美国的最低工资从未特别高，从 20 世纪 60 年代末至 2007 年，实际工资水平一直在下降，直到 2007 年恢复到了 1973 年的水平。经济政策研究所的劳伦斯·米歇尔（Lawrence Mishel）在研究中指出，联邦最低工资的下降是造成不平等的一个主要因素。

在这种情况下，加上大部分时期的高失业率，许多企业在组织生产时是以有无限供应的廉价劳动力为基础的。如果最低工资突然大幅提高，这些生产需要大规模重组，否则就会倒闭。

这意味着，不应压低最低工资水平以维持这种经济结构。相反，有必要将提高最低工资与其他措施结合起来，鼓励高工资企业的出现。最明显的是，其中包括第 12 章中关于支持工会措施的讨论。从长远来看，改善职业教育和培训也很重要。

预分配：知识产权

市场社会的产权制度主要是建立在私有产权的基础上的，也就是说，对某些资产的控制权完全分配给一个人（或在现代资本主义形式下，分配给一个公司实体）。经济学中的私有物品概念是指在消费中具有竞争性和排他性的商品。这些概念之间有明显的相似之处，这往往导致人们假设两者是相同的。

在现实中，存在着至关重要的差异。私人物品的经济概念与相关物品的技术特性有关。私有财产是一种由法律创造并最终强制执行的权利，它可以适用于几乎任何事物，无论它是否符合私有物品的经济理念。[①]

特别是公共产品（在经济意义上）可能是私有产权的主体。最重要的例子是知识产权（IP），即控制信息使用的权利，如版权、

---

① 例如 19 世纪的英国，军官可以买卖他们的佣金，这种做法一直持续到 1871 年。

专利和商标。这种权利的执行通常包括在事后对未经权利所有者同意复制信息的行为施加惩罚。

与任何其他类型的财产相比，专利等知识产权显然是由定义和执行它们的国家创造的。专利最初是对扑克牌等普通商品的垄断，英国都铎王朝和斯图亚特王朝的君主们用这些专利奖励自己的宠臣，或者出售专利权利来筹集资金，用于战争和其他开支。

创建新的产权或扩展旧的产权，使所有者能够控制以前所有人都可以使用的资源。所有者以外的用户或被排除在资源之外，或被要求与所有者协商条款，相关成本代表机会成本。

知识产权的建立提供了一种激励，促使人们产生新的想法，或者至少是在构思上足够独特的想法，足以引入知识产权保护。但是，这些权利的实施意味着思想的使用是受到限制的，尽管由于思想是非竞争性的，不限制思想的使用能够产生社会效益。经济学家研究了保护知识产权的成本与收益之间的权衡，并得出结论，总体而言，执行强有力的知识产权保护，成本大于收益。

到 18 世纪美国宪法起草时，人们已经认识到专利和版权是鼓励创新的一种方式，同时也认识到过度限制信息流动的危险。国会的权力包括：通过在有限的时间内保证作者和发明者对各自著作和发明的专有权利，促进科学和实用艺术的进步。

1790 年通过的第一部版权法授予作者出版地图、图表和书籍的独家权利，期限为 14 年。如果作者在第一个期限结束时还活着，这个 14 年的期限可以再延长一个 14 年。同样，发明者可以为他们的想法申请 14 年的专利。

在随后的两个世纪里，版权和专利的期限得到了适度的延长。然而，自 20 世纪 70 年代市场自由主义复苏以来，如今被称为知识产权的期限和范围都已大幅扩大。

几乎所有的东西，从颜色到染色体，现在都成了知识产权的主题。2010 年，苹果公司甚至试图为小写字母"i"申请商标，但澳大利亚的法院驳回了这一请求。

1976 年，版权期限被延长至作者的寿命加 50 年，1998 年《松尼-波诺版权期限延长法案》又将版权期限延长至作者的寿命加 70 年，"职务作品"的公司所有者可再延长 25 年。该法案的通过部分原因是来自欧盟的压力，欧盟支持强有力的知识产权保护；部分是由于迪士尼公司的推动，该公司的卡通人物米老鼠和小熊维尼等版权存在失效的危险（因此被人嘲讽为《米老鼠保护法案》）。[1]

专利的扩张同样存在问题。专利申请的门槛不断降低，专利申请范围却不断扩大。最成问题的结果之一是为计算机编程中使用的显而易见且众所周知的概念申请专利，以及商业方法专利的开发。这两件事发生在 20 世纪 90 年代互联网繁荣时期，当时几乎所有的商业交易，从公司采购到出售狗粮，只要在互联网上加上几个词，就能获得专利。[2]

矛盾的是，知识产权的扩张与信息和通信技术的爆炸性发展同时发生。以文本、视听材料、开源软件和实体产品的设计等形式

---

[1] 有趣的是，推动保护的力量之一是巴伐利亚政府，它拥有希特勒《我的奋斗》的版权，并禁止出版。虽然我们可能会同情压制这本邪恶的书的愿望，但这个案例表明，版权限制了各种思想的流动。
[2] 类似的事情也发生在比特币的底层分布式数据库技术区块链上。

出现的创意，现在可以在全球范围内大规模共享，几乎不需要任何成本。

结果是一团糟。一方面，知识产权经常受到大规模侵犯，几乎每个人都会这样做。另一方面，大规模执法和随意执法为任何处于被起诉境地的人制造了一个雷区。电影背景中播放的一首老歌片段，或几行循环使用的电脑代码，都可能为代价高昂的诉讼打开空间，结果往往是付钱，这比打官司更容易。

专利流氓靠这种方式赚钱。除了名字，这些专利流氓还包括大公司。华纳兄弟公司会起诉任何胆敢在公共场合演唱《祝你生日快乐》这首歌的人，并从中获得了数百万美元的赔偿，尽管这首歌进入公共领域至少有一个世纪了。（这首曲子有不同的歌词，可以追溯到 1893 年。我们唱的词是随着时间的推移而演变的，有时也被称为民谣。）

知识产权的主张还被用来压制公开辩论，支持对政府和企业的不当行为保密。"科学教派"尤其以利用版权声明让批评者闭嘴而臭名昭著。商业秘密作为知识产权原则的发展，虽然不那么引人注目，但几乎肯定更具破坏性。这一原则尤其被用来隐瞒企业与政府之间交易的信息，这些都为虚假陈述和腐败提供了便利的掩护。

对专利和版权的经济研究也得出了类似的结论，即知识产权执法造成的损害超过了创新带来的好处。特别是美国消费者为专利药物支付的溢价远远超过了制药公司的研发总支出。

1998 年的《版权期限延长法案》在经济学领域引发了不同寻常的反响，从米尔顿·弗里德曼这样的自由市场倡导者，到乔治·阿克洛夫这样的干预主义者，不一而足。这些人以及其他一些人（总共包括 5 位诺贝尔经济学奖得主）加入了"法庭之友"向美国最高法院提交了一份摘要，对该法的合宪性提出质疑，但不幸的是，这一质疑没有成功。

将思想转化为知识产权的影响甚至更大。经济学家们越来越认识到，企业知识产权的扩张是造成不平等加剧和国民收入中劳动份额下降的最重要因素之一。

正如第 7 章所指出的，现代经济中许多最赚钱的公司，如谷歌、脸谱网、苹果和微软，盈利能力严重依赖知识产权。这些都转变为日益不平等的机制，并且仍在发展中，但其中最引人注目的是知识产权作为全球企业避税的关键工具之一所起的作用。

基本方法很简单：由总部设在美国和其他大国的公司开发或购买的创意将转化为位于避税天堂的子公司的知识产权，这些避税天堂给予此类财产优惠待遇。例如，爱尔兰仅对知识产权收入征收 6.25% 的税。然后，公司会为自己（或者更确切地说，是他们的爱尔兰子公司）使用自己的创意支付大笔费用。这种支付减少了他们在国内的利润，而爱尔兰子公司几乎不用纳税。

避税公司甚至连这么少的税款都不愿意支付。通过位于加勒比海的避税天堂（"双重爱尔兰"）将利润转至荷兰（"荷兰三明治"），其中一些公司甚至完全消除了税务负担。

国际避税和逃税问题很复杂，遏制此类避税需要努力很多年才能成功。但是向越来越强大的知识产权转变，将是这一过程中重要的一步，而且本身也是有益的。

强知识产权的替代品

什么可以取代强大的知识产权？在许多情况下，不需要替换。限制已过世多年的作家的作品出版，对社会没有任何好处，他们在写作时也从未预料到被限制出版。即使展望未来，认为我（或今天的任何作家）写作是为了给我未出生的曾孙提供收入的想法也是荒谬的。

类似的，最近几十年新增的大多数新专利类别（商业方法、适用于互联网的标准理念等）都是不受欢迎的。如果一项新专利需要一个积极的证明，而不是简单的断言，即所谓的发明实际上是新颖的、非显而易见的、对社会有益的，那么这些专利中的大多数将会消失，同时消失的还有利用这些专利敲诈真正的创新者的"专利流氓"。就目前的情况来看，付钱给这些恶意挑衅著往往比证明他们只是在对众所周知的想法（专利法术语中的现有技术）主张权利更容易。

在某些情况下，如制药业，有必要奖励生产新药的私营公司。医药企业将总收入的 15% 左右用于研发，这一数字只有信息技术和通信部门能与之匹敌。

但这些公司从受专利保护的药品中获得的几乎所有资金都直接或间接地来自政府。在美国和其他发达国家，政府通过支持基础研究对制药业做出贡献。然而，更重要的是通过联邦医疗保险处方药计划（小布什政府）支付的医疗补助和医疗保险。此外，美国政府通过雇主提供的医疗保险税收优惠和《平价医疗法案》（奥巴马政府）为大多数人的医疗保险提供补贴。这笔补贴的很大一部分用于购买处方药。

与其他政府不同，美国政府不与制药公司就药品价格进行讨价还价（医疗保险制度明确禁止这样做）。相反，公司通过与私人保险公司讨价还价来制订自己的价格。因此，美国药品价格比其他发达国家高出 50% 左右。[①]

制药业的支持者声称，这一制度为研发提供了资金，其他国家实际上得到了美国的补贴。这种说法有一定道理，但美国药品价格较高，至少在很大程度上要归功于营销和知识产权的保护，制药公司因此获得垄断利润的能力。

美国最好效仿其他国家的做法，例如澳大利亚通过澳大利亚药品福利计划等机制与制药公司直接谈判。拥有一种新药（甚至可能是一种未来新药）的公司可以通过谈判获得一个商定的支付费率和一个专利期限，到期后允许仿制药生产。理想情况下，目前对贫穷国家的豁免将扩大到允许立即以生产成本或接近生产成本的价格获得挽救生命的治疗。

这样的安排会产生全球成本，需要在美国、欧盟和其他国家政府之间分担，这种方式要取代目前有效的美国补贴肯定会有困难。但与目前通过知识产权系统造成的浪费相比，这些都是微不足道的。

最后，也是最重要的，各国政府可以做更多的工作来支持对公

---

① 缺乏直接的讨价还价在很大程度上促成了这一结果，但它不是唯一因果因素。在美国盛行的准私人医疗体系几乎在所有医疗保健领域都产生了更高的成本。

共领域的贡献。从历史上看，政府最重要的支持形式是通过国家科学基金会等机构资助（主要是大学）研究。然而，资助研究的公益动机与通过专利和其他形式的知识产权将研究商业化的持续压力难以共存。

互联网的出现为公共领域的扩展创造了广泛的可能性。虽然这大部分是自发进行的，但政府可以在许多方面提供帮助。例如，可以扩大对版权的"合理使用"豁免，以消除障碍，促进人们使用不同来源的材料进行创造性混合。更广泛地说，可以考虑到这样一个事实，即"复制品"作为一个单独的实物的想法已不再有意义。

更积极的支持形式是提供资助款来协助创造性项目（从文化作品到开源软件），使其成果可以通过公共领域或知识共享许可等变体广泛传播。虽然各国政府有可能试图控制这些项目的结果，但在这方面，只要较少的财政资助就可以产生巨大的社会利益。

就知识产权而言，美国宪法的起草者比 200 年后的继任者更懂得这两点。[1]产权是一种社会建构，既有收益也有机会成本。市场无法决定两者之间的适当平衡，因为它们只允许已经建立起来的产权交易。产权的确定是预分配的一个重要方面。

预分配：破产、有限责任和商业风险

正如我们在前文看到的，围绕就业的产权和制度的社会建设决

---

① 当然，在其他方面，最重要的是对奴隶制的含蓄接受，宪法对财产权的处理令人震惊。

定了工资和工作条件。这些社会建构影响预分配，即在考虑税收和公共支出的影响之前产生的收入和财富的分配。

预分配与个人收入的另一个重要来源——私营企业和公司的利润——同样相关。如果没有专门为保护企业免受破产风险而设计的法律架构，利润将大打折扣，建立和经营企业的难度也会大得多。企业利润不是市场社会的自然产物，而是为促进企业发展而引入的特定产权结构的产物。

从18世纪一直到19世纪，经营企业的风险都是巨大的，并且由个人承担。没有破产这回事。企业破产意味着债务人入狱，债务人被关在监狱里，直到他们通过劳动还清债务，或者获得外部资金偿还债务。

在经历了18世纪早期短暂而灾难性的实验（南海泡沫）后，人们对股份公司也产生了严重的怀疑。只有像东印度公司这样经过特别授权的准政府企业例外，这类公司专注于对外贸易。一般来说，当时英国或大多数其他国家都不允许有限责任公司。企业的合伙人对企业的所有债务负连带责任。

当时流行的观点可以用一句格言来概括："当一个公司既没有灵魂可以被诅咒，又没有躯体可以被踢翻时，你还指望它有什么良心吗？"亚当·斯密也批评了公司：

> （股份）公司的董事，与其说是管理自己的钱，不如说是管理别人的钱，因此不能指望他们会像私人合伙企业的合伙人看管自己的钱一样焦急地看管它。……因此，在管理这样一

家公司的事务时，疏忽和挥霍或多或少总是存在的。

同样的规则也适用于英属美洲殖民地，并且一直到 19 世纪中叶还在美国盛行。个人破产法的出台结束了债务人的牢狱之灾，大大降低了经营企业的风险。有限责任公司的成立是一个更为彻底的变革。

这些变化遭到自由市场倡导者的强烈抵制。戴维·莫斯（David Moss）在《当一切都失败》（*When All Else fail*）一书中描述了政府作为终极风险管理者的辉煌历史。书中描述了在工业经济中，主张对债务负无限个人责任的人，是如何被企业的需求压倒的。破产法和有限责任法的出台，大大降低了创业和经营企业的风险。

相比之下，在《一课经济学》中，黑兹利特没有提到有限责任或个人破产，他似乎认为（像大多数资产主义者一样）这些都是市场社会的自然特征。更倾向于理论的产权主义者继续就破产法和有限责任法的合法性进行辩论，但没有得出结论。

他关于破产法和公司法是否与契约自由相一致的辩论实际上无关紧要。收入和财富的分配因这些机构的存在及其设计的细节发生了彻底的改变。特别是，如果没有有限责任，由股权资本收益带来的巨额个人财富积累将根本不存在。也许会以其他方式获得类似的财富积累，但这些财富的所有者将是不同的人。

因此，一个关键的政策问题是，目前有关公司破产和有限责任的法律和政策是否加剧了不平等，并助长了作为 20 世纪特征的脆弱和危机重重的经济。这些因素的综合作用导致了美国大部分人口生活水平的绝对停滞或下降，除了少数最富有的人以外，所有人的生活水平都出现了相对下降。

毫无疑问，情况就是这样。就在 20 世纪 70 年代，公司破产还是资不抵债的公司最后的手段，通常会导致相关公司的清算。破产不仅是一场财务灾难，也是所有相关人士的耻辱之源。由于这个原因，几乎所有的大公司都试图维持投资级信用评级，在这个信用评级上，评级机构认为公司破产的可能性微乎其微。

从那时起，破产已成为一种常规的财务操作，用来避免不方便的债务，如工人的养老金义务和清理矿区费用等。关键的创新是 1978 年《破产法》的第 11 章。

《破产法》第 11 章的预期效果是，公司可以在破产期间进行重组，重新成为持续经营的公司，却产生了意想不到的影响，企业管理者不再害怕破产。这反映在垃圾债券市场（更礼貌的说法是高收益债券）的惊人增长上，也就是说，高利率的证券反映了相当大的违约可能性。垃圾债券曾经只有不可靠的业务会采用，如今甚至成为标普 500 指数成分股公司的标准融资来源。

与此同时，立法的改变和全球资本市场的增长大大提高了公司结构的好处，同时消除了许多相关的成本和限制。在公司规模的最底层，只有少数股东的"封闭式公司"成为组织小型企业的标准方法。这一过程得到了一系列支持企业的立法改革和法院裁决的支持。① 20 世纪 70 年代开始，全球金融市场的崛起催生了极其复杂

---

① 尤其是在长期引领这一进程的特拉华州，那里有大量美国公司注册成立。

的公司结构，这些公司将总部设在避税天堂，有组织地抵制任何形式的审查。

在这些公司的要求下，各国政府已达成协议，旨在确保企业利润在不同司法管辖区不被重复征税。在现实中，利用复杂的公司结构和政府（特别是其中包括爱尔兰和卢森堡）的联合，急切地推进避税以换取一小部分收益，很多全球企业在其赚取利润的国家甚至从未被征过税。

我们能做些什么改变这种明显偏向企业的平衡？显而易见的出发点是透明度。从加勒比群岛到美国特拉华州等公司保密的避风港，必须让它们披露企业的真实所有权，就像瑞士等避税天堂（主要由富人使用）披露秘密账户的所有权一样。[1]

加布里埃尔·祖克曼（Gabriel Zucman）提出的另一种选择是，根据企业在每个国家的销售情况而不是利润来征税。因为通过会计操纵转移利润很容易，但转移销售收入要难得多。这一提议，通常被称为"谷歌税"，因为一旦按销售额来征税，谷歌将是受影响最大的公司之一，而按销售额征税已经在澳大利亚和英国得到了认真的讨论。

利用复杂的公司结构避税是一个更难解决的问题。目前，一些措施已经被用来打击所谓的"税基侵蚀和利润转移"，但过去的经验表明，这种缓慢的进程充其量只能跟上新形式的避税和逃税的发展步伐。我们有必要重新审视全球税收协定的整体结构，与其把重

---

[1] 我们目前掌握的大部分信息都来自泄密，比如臭名昭著的巴拿马文件。

点放在避免对企业利润再次征税的必要性上，不如把重点放在确保企业利润至少在实际产生利润的地方被征税一次。

不过，更普遍的观点是，公司是经济秩序的自然组成部分，拥有人类所有的权利，却没有任何义务。但是这种观点需要受到挑战，有限责任公司是公共政策的产物，对促进资本的有效利用是有益的，但对促进收入和机会的严重不平等是危险的。

延伸阅读

哈克提出了预分配的概念（Hacker，2011）。戴蒙德和奇瓦利斯编辑的预分配议程提供了一系列有用的观点（Diamond and Chwalisz，2015）。

哈塔姆对联邦诉普里斯案（1806）及其对美国工会主义发展的影响进行了历史分析（Hattam，1993）。斯瓦茨从现代工会权利斗争的角度审视了这个案例（Swartz，2004）。

经济合作与发展组织（OECD，2017）讨论了工会主义的衰落。IMF 关于工会化的研究由若莫特和布迪隆完成（Jaumotte and Buitron，2015a，2015b）。关于工人愿意加入工会的程度的证据来自弗里曼（Freeman，2007）。

卡德和克鲁格的研究（Card and Krueger，1994）引发了关于最低工资的广泛争论，但仍未能形成统一的结论。米歇尔（Mishel，2012a，2012b，2013）讨论了最低工资与不平等之间的关系。澳大利亚的最低工资标准由公平劳动委员会（Fair Work

Commission）制定。

努恩的研究提供了关于职业许可的有用信息（Nunn，2018）。

一种早期观点认为，"一个关心收入分配的社会计划者可能在原则上想要使用减少知识产权的方法"，这个观点可以在圣保罗的一篇论文中找到（Saint-Paul，2004），不过，这篇论文涉及的数字计算很复杂。斯蒂格利茨的论文提供了一种更受欢迎和更容易获得的解决方法（Stiglitz，2016）。

别布丘克和弗莱德（Bebchuk and Fried，2004）发表了他们最详尽的研究：《无绩效薪酬：高管薪酬的未兑现承诺》（*Pay without Performance: The Unfulfilled Promise of Executive Compensation*）。

关于公司的格言是对原文的改进，引自波因德（Poynder，1841）："公司既没有肉体可以惩罚，也没有灵魂可以谴责；因此，他们想怎么做就怎么做。"

格言在流行中发生了改进，是对布兰德"信息是自由的"这一观点的一个小小的说明。在主张强有力的知识产权的人士最终设想的世界里，在没有原作者许可的情况下进行这样的改编是非法的，如果找不到原作者也不能改编。

比亚西和莫泽的论文（Biasi and Moser，2018）提供了一些关于版权保护如何危害科学进步的惊人证据。贝克尔、贾亚德夫和斯蒂格利茨详细讨论了强知识产权的替代方案（Baker，Jayadev and Stiglitz，2017）。祖克曼讨论了谷歌税（Zucman，2018）。

第 13 章

收入分配：再分配

这笔钱全部拨给了上层人士，希望能逐渐惠及贫困人口。胡佛先生不知道钱是慢慢流上来的。无论如何，把它给底层的人，上层的人就会在天黑之前得到它。但它至少会经过穷人的手。

——威尔·罗杰斯（Will Rogers）

在第 12 章，我们讨论了预分配；也就是说，市场互动发生的框架，以及人们进入市场的权利和义务。这一套权利和义务在很大程度上决定了人们可以从市场上获得的收入。

现在我们考虑再分配，也就是说，通过对市场收入征税和收费改变收入分配，并利用由此产生的收入提供卫生和教育等公共服务，比如社会保障、失业保险和社会福利等转移支付。如第 7 章所述，相关的起点是现有制度，包括产权结构和现行税率、转移支付和公共支出的设置。在这里，我们将集中讨论现有的税收和转移支付制度。

美国联邦政府主要依靠收入税。收入税主要有三种：个人所得税（几乎占全部税收的一半）、为社会保障和其他社会保险项目提供资金的工资税（约占全部税收的三分之一），以及企业所得税（约占全部税收的 10%）。美国的州政府和地方政府依赖所得税、销售税和土地税。总的来说，大约 27% 的国民收入是以税收的形式支付给政府的，这一比例几十年来基本保持不变。

有些税收以现金福利的形式支付，包括社会保障、失业保险和对贫困家庭的福利援助（主要是食品券和对贫困家庭的临时援助）。其余资金用于公共服务，最重要的是卫生、教育和国防。

当某些收入来源或支出项目全部或部分免税时，公共支出和税收政策的最终的、更微妙的一面就会出现：其效果与使用公共资金补贴这些开支是一样的。

机会成本对于理解税收和公共支出政策的影响至关重要。机会成本的两个方面是相关的。

首先，机会成本反映了一课经济学理论，当一笔交易要交税时，买方和卖方面临不同的机会成本。特别是，政府收入的主要来源是对劳动所得征税，这意味着工人面临的机会成本与雇主面临的机会成本之间存在差异。

其次，机会成本反映了两课经济学，任何导致减税或增加公共开支的政策决定都必须从机会成本的角度来评估，即用于该决定的资金的最佳替代用途。

这里的关键概念是有效边际税率，我们现在开始讨论这个问题。

有效边际税率

很多时候，关于再分配的机会成本的讨论完全集中在税收及其对工作和储蓄动机的影响。但这是一个错误的方法。

要了解再分配政策的全部效果，有必要研究税收制度、各种税收抵免和社会保障等转移支付之间的相互作用。

大多数公共资金资助的福利都要经过经济状况调查。在一定的收入范围内，福利随着收入的增加而减少。这种缩减通常被称为"弥补性收入"（clawback）。从每一美元的额外收入中，纳税人不仅必须缴纳边际所得税（包括工资税），而且还必须放弃弥补性收入。在所得税的边际税率上加上弥补性收入比率，就得到了有效边际税率。

所得税抵免（EITC）是一种最重要的弥补性收入措施。尽管EITC是税收体系的正式组成部分，但它被广泛视为一项福利措施。EITC为低收入或中等收入的工薪家庭提供退税，部分或全部抵消他们缴纳联邦所得税的义务。

中等收入家庭通常每多挣 1 美元就要缴纳 15 美分的联邦所得税，另外还要缴纳 12.4 美分的社会保障工资税。此外，随着收入的增加，EITC 的受惠者每增加 1 美元收入，他们的退税额就减少 20 美分。把这些加起来，每增加 1 美元，就有大约 47 美分返还给政府，这就是有效边际税率。对于参加补充营养援助计划（食品券）的家庭来说，额外的弥补性收入可以将有效边际税率提高到 50% 以上。

美国国会预算办公室估计，2014 年中低收入纳税人的平均有效边际税率为 35%。然而，这个平均值掩盖了巨大的差异，没有孩子的单身纳税人面临着更低的税率，而有孩子的家庭面临着更高的税率。变化范围如图 13-1 所示。

相比之下，高收入者不受弥补性收入的限制，收入超过 118500 美元的人不需要缴纳额外的社会保障税。对这些收入者来说，有效边际税率就是（联邦）所得税的边际税率，当收入超过 50 万美元时，有效边际税率（以及任何州所得税率）为 37%。这一税率与中低收入群体的平均税率相近，而且远远低于根据收入调查获得救济金的中低收入家庭所面临的税率。

当考虑到有效边际税率而不是官方所得税时，很明显，低收入

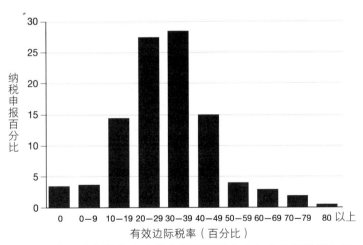

图 13-1　美国中低收入家庭的有效边际税率分布（考虑联邦和州所得税、工资税和 SNAP 福利的综合影响）

资料来源：美国国会预算办公室（2012 年）

工薪家庭面临较高的边际税率，而不是高收入人群，尽管这些高收入人群通过公共评论不恰当地吸引了如此多的关注。实际上，大多数高收入者都可以通过各种法律手段降低所得税，他们的实际边际税率低于官方表格中规定的税率。[①]

有效边际税率的概念自然是用机会成本表示的。有效边际税率描绘了雇主支付的工资总额与工人因从事某项工作而获得的净收入之间的差额。对于雇主来说，工资代表雇用工人的机会成本。对于员工来说，工作的机会成本必须与支付有效边际税率后的净工资进行比较。

当雇员所做的工作对雇主的价值大于工作的机会成本时，交易就有潜在的社会收益。然而，如果有效边际税率过高，这种社会收益可能无法实现。在这种情况下，工资低于雇主从工作中获得的利益，同时高于扣除有效边际税率后工人的净工资，从而可以抵消工人的机会成本，这样的工作可能不存在。

当有效边际税率较低时（比如低于25%），错失有利交易的机会造成的损失范围和价值很小，可以忽略不计。但随着税率上升，错失的交易机会造成损失的范围和这些机会的价值会以税率的平方增加。这意味着有效边际税率为50%时，相关的损失大约是有效边际税率为25%时的损失的4倍。

因此，在设计税收和转移支付系统时，最好不要产生非常高的有效边际税率。这对中低收入家庭尤其重要，因为他们往往面临最

---

① 一个特别令人震惊的例子是附带权益漏洞，它将对冲基金经理和其他金融高管的税率降至20%。

高的有效边际税率。设计不良的税收和转移支付系统，加上高的弥补性收入比率，有时可以产生接近甚至高于100%的有效边际税率。如此高的税率通常被称为"贫困陷阱"。

高收入者的情况则大不相同。对于美国的高收入者来说，有效边际税率是指经过优惠和避税策略折算后的所得税的边际税率。此外，在考虑放弃有利交易的机会时，高收入者额外消费的社会效益很小。因此，首要的焦点必须放在交易另一方的潜在损失上。

再分配的机会成本：一些例证

权利和义务分配的任何变化都会为一些人创造利益，给另一些人带来成本。一个简单的例子：增加 10 亿美元的补充营养援助计划（即 SNAP，它取代了食品券）。

这一政策的机会成本是为其提供资金所需的抵消措施。假设该政策的资金来自最高边际税率的提高，边际税率必须提高多少？应该如何评估机会成本？

征税和推行失业保险计划都涉及行政成本。征税的成本很高，管理失业也是如此。因此，要把 10 亿美元转移给 SNAP 的接受者，就必须再增加 10 亿美元以上的收入。用于行政管理的资源是必要的，但其本身并不产生社会效益。

正如一课经济学理论的倡导者指出的那样，降低高收入者的税率将导致他们面临的机会成本发生变化。特别是增加闲暇时间的机会成本会随着税率的上升而下降。增加闲暇的机会成本是税后收入较高的情况下可以享受的额外支出。

这种机会成本的变化，通常被称为"激励效应"，意味着当税率提高时，高收入者倾向于分配更少的时间用于工作，更多的时间用于休闲。因此，增加税收所产生的额外收入将少于简单计算的预期。

这种效应的一种极端形式出现在所谓的拉弗曲线（Laffer curve）上。拉弗曲线假定边际税率非常高，以至于税率的提高实际上会减少税收收入。从逻辑上讲，这样的税率必定会存在，在100%的税率下，除了工作狂和极端利他主义者，没有人愿意做任何有偿工作。几个世纪以来，这一点已经得到了很好的理解。拉弗曲线在政治上变得重要的原因是由于"拉弗假设"，即目前的普遍税率处于或接近100%。正如我们将看到的，这远远偏离了主题。当边际税率为70%至80%左右，我们就无法获得更多收入。

面对更高的所得税税率，以及因此降低的额外收入的有效回报，高收入者可能会选择不那么努力工作。这样一来，高税收也无法带来更多税收。要评估全部的社会机会成本，有必要考虑高收入是否是对高收入者的社会贡献的一种准确衡量标准，还是高收入是以牺牲他人为代价的，例如通过财务操纵或过高的高管薪酬。如果是后者的话，那么高收入者选择不那么努力工作带来的社会损失将小于高收入者收入的减少。有充分的证据表明，近几十年来高管薪酬的提高并没有使他们的经济贡献相应增加。同样，第11章的讨论表明，来自金融市场的高收入并不反映经济贡献。

另一个机会成本是，税率越高，高收入者以及他们的律师和会计师会投入更多的精力来制订避税计划。从一个缴纳 40% 税率的人的角度来看（不考虑避税的道德规范），将 1 美元应税收入转换为 70 美分免税的计划是非常值得的。70 美分的收益超过了 60 美分可支配收入的机会成本。因此，我们可以预期，较高的边际税率与用于避税的资源的增加有关。

另一方面，经常有人认为，更慷慨的失业福利降低了继续失业的机会成本，即放弃的收入，从而使失业者不那么热衷于找工作。在美国，这方面的证据有好有坏，但可能至少有一些影响。

考虑到所有这些因素，减少高收入者缴纳的 10 亿美元税收的机会成本，就是减少不到 10 亿美元的可支付给失业者的净福利。对于一课经济学家来说，这足以解决问题。对富人减税，并使穷人更加贫困，通常会增加 GDP。但是 GDP 是一个总量，它没有告诉我们不同权利和义务分配的社会机会成本和收益。

为了评估权利再分配的可取性，我们需要权衡受益者的利益与受损者的机会成本，在本例中，即高收入纳税人的净收入减少了。

至少在原则上，评估的一部分是直截了当的。我们需要确定机会成本的大小，即高收入纳税人净收入的减少，这是为提高福利受惠者的净收入筹集资金所必需的。

评估的另一部分提出了更棘手的问题。假设一个贫困家庭多购买 1 美元食物的机会成本是一些富裕纳税人净收入减少 2 美元。这种转移对社会来说是好是坏？如果成本是 5 美元或 10 美元呢？这些价值判断必须通过政治程序做出，并最终反映社会判断。不管怎样，正确理解机会成本有助于澄清这些问题。

权衡机会成本和收益

在过去的 40 多年里，对劳动力和资本市场的监管和税收及支出政策的改变，极大地提高了社会中最富裕成员（所谓的 1%）的收入和财富，并且使收入分配中前 20% 的人（广义上的专业人士和企业主及管理人员）的地位得到了较为温和但可观的改善。

另一方面，根据 1945 年至 1975 年这几十年的经验，社会其他阶层的收入增长比预期的要慢。近几十年的重大技术进步，对美国中等家庭（经通胀调整后）的收入影响甚微。对于许多收入低于中位数的人来说，由于实际工资下降和福利改革，他们的收入实际上减少了。[1]

如果没有 20 世纪 80 年代的减税政策，以及与之相关的公共支出削减和有利于企业的金融及劳资关系政策，富人的收入就不会有现在这么快的增长。那些中低收入的人情况也会更好。[2]但是我们应该如何比较这些收益和损失呢？

长期以来，经济学家和哲学家一直在以许多不同的方式研究这个问题。最符合机会成本推理的答案可以从下面的"思想实验"中得到，该实验由约翰·哈萨尼（John Harsanyi）和约翰·罗尔斯（John Rawls）在 20 世纪中叶明确提出，在杰里米·边沁、约翰·斯

---

[1] "改革"一词常表示"向好的方向改变"的意思。然而，从自由主义或社会民主主义的角度来看，过去 40 年作为改革而兜售的大多数政策带来的变化都是变得更糟。在这一点上，最好是中立地使用这个术语，让读者自己做出判断。
[2] 我在《僵尸经济学》一书中详细论述了为富人减税的主张，即减税最终将惠及所有人，使他们生活得更好。

图亚特·密尔和弗里德里希·冯·维塞尔等早期作家的推理中也隐含着这一答案。

首先，把你自己放在高收入的受益者和低收入的受损者的位置上。接下来，假设你正在为一个社会制定规则，你将成为其中的一员，而你不知道可能处于其中的哪个位置。一种思考方法是把生活想象成一张彩票，你的人生机会取决于你抽到的彩票。

现在你要考虑是增加富人的收入还是穷人的收入。假设在这两种情况下，你可以得到相同的收入增长，你更愿意在你贫穷的情况下增加收入还是在你富有的情况下增加收入呢？

这种偏好的原因很明显。对于一个非常贫穷的人来说，额外的 100 美元可能意味着吃和不吃的区别。对于不那么贫穷的人来说，这可能意味着支付房租和被驱逐的区别。对于中产阶级家庭来说，这意味着能够购买奢侈品。对于年收入 100 万美元的人来说，额外的 100 美元几乎不会引起注意。

经济学家通常用边际效用的概念表述这一点，边际效用是一个技术术语，指从额外收入或消费中获得的好处。如上所述，额外收入的边际效用随着收入的增加而减少。因此，一项等量增加富人收入而减少穷人收入的政策，将会使穷人减少的效用大于富人增加的效用。

几乎没有主流经济学家会完全拒绝这种分析。[①] 然而，许多

---

① 最引人注目的例外是"奥地利学派"的成员，他们在某种程度上不属于主流，他们认为人际比较是"不科学的"，并为不平等提供了各种或多或少虚假的理由。正如第 1 章所讨论的，机会成本分析的创始人维塞尔是一个例外。

人倾向于回避这个问题，他们依靠的是"实证"经济学和"规范"经济学之间的区别，前者关注的是对特定经济政策结果的事实预测，后者关注的是上文讨论的那种"价值判断"。关于这种区分的正当性或其他方面的辩论已经持续了几十年，短期内不太可能得到解决。

更重要的是，从经济学中衍生出来的结构经常被含蓄或明确地使用。这意味着，无论收入流向谁，额外的 1 美元收入都应被视为具有同等价值。

这些结构中最重要的是国内生产总值（GDP），即经济中所有生产的价值总和。人均 GDP 是社会平均收入（或算术平均收入）。人均 GDP 对收入的增量变化一视同仁，而不管谁得到这些变化。这是不恰当的，原因有很多，但最重要的是没有考虑收入的分配。

对于任何一个重视更平等社会的人来说，穷人收入的增加是以富人收入等量减少的机会成本为代价的，这是一种更好的转变。然而，这种再分配使 GDP 保持不变。

如果当穷人收入增加，富人收入减少，从而导致 GDP 的净下降，在这两者之间做出选择的情况又会如何呢？富人获得的利益必须达到多大才能超过机会成本（放弃改善穷人处境的机会）？这个问题让我们再次回到上面提到的思想实验，可以用许多不同的方式来回答。

当人们被问及这类问题时，他们通常得出的观点与其中一个答案似乎很接近，那就是把同等比例的收入增长视为同等可取的。也就是说，一个年收入 1 万美元的人增加 1000 美元（增加 10%）的收益，与年收入 10 万美元的人增加 1 万美元（增加 10%）的收益相当。相反，如果高收入者获得 1 万美元收益的机会成本是低收入收入者损失超过 1000 美元的机会成本，那么成本就超过了收益。

同样比例的增长具有同样的价值，因此几何平均数是衡量经济福利或福祉的良好指标，这种观点不是上述问题的唯一答案。另一个答案引导我们追求更强烈的平等主义，那就是人们总是愿意让生活更贫困的人获得收入增加。在这种情况下，福利是由最低收入来衡量的。

这样的问题不可能有最终的解决办法。但值得注意的是，以收入几何平均数最大化为目标的政策，将比市场经济中所见过的任何政策都更加平等。

毫不奇怪，政治结果不如机会成本估计所显示的那样平等。促使人们产生几何平均数观点的思想实验给每个人分配了同等的权重，就好像这是一个理想的民主国家一样。但实际上，在民主制度中，富人比穷人拥有更大的权重，在非民主制度和部分民主制度中，富人和穷人在权重上的差异更大。虽然我们有很多理由去支持平等主义方法，但在任何可行的政治制度中，旨在最大化收入的几何平均数的政策都处于中间偏左的位置。

最富有的 1% 人群应该缴纳多少税

长期以来，由于缺乏充分的资料，对与收入分配和再分配有关的机会成本的讨论一直受到阻碍，导致辩论的大部分内容都是断言和反驳。特别值得一提的是，直到最近，人们对非常富有的人（最富有的 1% 的人，甚至是最富有的 0.1% 的人）的收入几乎一无所知。他们获得了总收入的巨大份额，并持有总财富的更大份额。

在过去的 15 年里，这种情况在很大程度上得到了纠正，这要归功于一群学者的工作，其中包括托马斯·皮凯蒂和伊曼纽尔·赛兹（Emmanuel Saez，主要研究美国和法国的数据），以及托尼·阿特金森（Tony Atkinson）和安德鲁·利（Andrew Leigh）（研究英国和澳大利亚的数据）。这些作品通过皮凯蒂的畅销书《21 世纪资本论》引起了更广泛的公众关注。

在机会成本问题上，这个研究项目最具启发性的成果之一是皮凯蒂、赛兹和斯蒂芬妮·斯坦切娃（Stefanie Stantcheva）的一篇论文，该论文研究了人们对最高边际税率变化的反应。最高边际税率的提高会增加政府收入，这些收入可能会转移给低收入者或用于资助公共支出。

最明显的机会成本是那些支付额外税收的人收入的减少。然而，正如前文所指出的，在收入高度不平等的社会中，采用适度平等主义，这种机会成本将小得可以忽略不计，因为我们是在通过减少奢侈品支出的增长提高满足基本需求的能力。

正如前文所讨论的，我们还需注意其他机会成本，最显著的是工作抑制效应和避税及逃税的激励。皮凯蒂、赛兹和斯坦切娃的研究表明，这些机会成本比主张降低和减少累进税的人所声称的要小得多。

至于所谓的工作激励，他们没有发现 1960 年至今的实际人均

GDP 增长与最高边际税率下降之间存在相关性的证据。相反，这一证据与一种模式相符，即高收入者的收益是以牺牲低收入者的利益为代价的。税率越低，高级管理人员和金融公司就越有动力改变公司运作的规则，以牺牲其他所有人的利益为代价为自己攫取更多的收入。

避税的结果也很惊人，至少在经济理论方面是如此。尽管所得税最高税率大幅下降了，但自 20 世纪 70 年代以来，避税行为却大幅增加，这绝对不是因为高税率。

随着《巴拿马文件》（Panama Papers）等大量文件的公布，这一结论实际上是不言而喻的。避税的驱动因素主要是全球化金融体系中避税的易用性，而不是税率的激励效应。

皮凯蒂、赛兹和斯坦切娃的结论是，80% 或更高的最高税率是社会福利和机会成本的最佳匹配。这样的税率可能适用于收入最高的 1% 的人（也就是那些收入超过 36 万美元的人），主要是企业主、高级经理和金融专业人士。根据最近的经验，这似乎是不可想象的。然而，正如前文所示，许多低收入者面临的实际边际税率就有这么高。

第二次世界大战后，世界各地经历了普遍的繁荣时期，这一时期被称为"大压缩"（Great Compression），当时的最高边际税率非常高。虽然这些高税率在一定程度上被慷慨的优惠和漏洞所抵消，但毫无疑问，当时的税收制度比今天要进步得多。然而，几十年来，经济增长依然强劲，也没有出现大规模失业。因此，没有理由认为提高最高边际税率会导致经济停滞。

当前和未来的政策

本书的目的不是制订一个政策计划，而是利用经济学的两堂课思考政策。尽管如此，总结本章提出的观点并对当前和未来的政策提出一些建议可能是有益的。

有些人认为，从富人向穷人的转移所带来的好处远远大于机会成本，他们接受这一普遍的平等主义立场，从这一观点出发，可以将预分配和再分配的政策方案概述如下：

- 扭转反工会政策，提高最低工资份额，并提高工资在国民收入中的比例。
- 限制公司垄断权力，特别是基于知识产权的垄断权力。
- 修改公司破产法，使公司更难逃避对工人和供应商的义务。
- 实行累进税收福利制度，使高收入者面临最高的有效边际税率。这意味着提高最高边际税率，并降低福利体系中"弥补性收入"的重要性。

这些政策将在很大程度上逆转 20 世纪 70 年代以来的一系列改变，这些改变深受一课经济学理论的影响。

近年来，随着一课经济学理论的失败变得越来越明显，人们的注意力转向了更为激进的替代方案，尤其是包括普遍性基本收入或保障性最低收入的想法。这些超出了本书的范围，但是正如我指出的，机会成本和有效边际税率的概念对于理解它们是至关重要的。

几何平均数

我们在上面已经讨论过这样一个观点，即无论其接受者的收入水平如何，收入成比例增长是同样可取的。把这种看待事物的方式转变成一种衡量生活水平的方式出奇地容易。如果我们想要一个平等对待比例变化的衡量标准，那么需要做的就是用我们在高中学过的几何平均数代替算术平均数，比如人均收入。

几何平均的性质是，如果所有收入以相同比例增长，几何平均也会以相同比例增长。这表明，它比通常的算术平均值更能衡量整个社会的收入增长率。它也可以用期望效用理论在数学上得到证明。

收入分配越不平等，算术平均数与几何平均数的差距越大。由于这个原因，算术平均数与几何平均数的比值经常被用来衡量收入不平等。

我们可以使用美国人口普查局的数据和一些简单的计算（详情可根据要求提供）查看这些衡量标准的变化。从1967年到2013年，每个家庭的算术平均收入（以2013年美元计算）从66500美元上升到104000美元，增长了56%。但几何平均值仅上升了34%，从50000美元升至67500万美元。两者之比从1.32上升到1.54，表明不平等现象显著增加。

延伸阅读

税收政策中心提供了关于美国税收系统的有用信息（Tax

Policy Center，2018）。巴基贾、科尔和海姆的研究表明，最高收入的增长主要流向了高管、经理、监管者和金融专业人士（Bakija，Cole and Heim，2012）。其他参考文献包括韦斯顿和罗森菲尔德的论文（Western and Rosenfeld，2011），国会预算办公室的报告（Congressional Budget Office，2012），皮凯蒂和赛兹的论文（Piketty and Saez，2003，2006），皮凯蒂的论文（Piketty，2014），皮凯蒂、赛兹和斯坦切娃的论文（Piketty，Saez and Stantcheva，2014）以及斯图尔特的论文（Stewart，2017）。

第 14 章

充分就业政策

> 国会特此声明，联邦政府的持续政策和责任是……为那些有能力、有意愿和正在寻找工作的人创造有利的就业条件，并促进最大限度的就业、生产，提高购买力。
>
> ——1946 年美国《就业法》中的"政策宣言"

1946 年的《就业法》是之前 30 年痛苦经历的产物。在美国乃至整个发达国家，1918 年第一次世界大战结束，随之而来的是漫长的经济衰退。美国经济在蓬勃发展的 20 年代复苏，但在 1929 年股市崩盘开始的"大萧条"期间陷入了更严重的衰退。正统的应对措施，如紧缩政策、提高税率和削减公共开支，让情况变得更糟。直到富兰克林·D. 罗斯福总统推出新政，美国经济才开始复苏，并且也只是部分复苏。

然而，二战爆发刺激了需求，失业几乎消失了。大萧条和战争之间的鲜明对比清楚地表明，让 1500 万工人无所事事的机会成本，远高于挑战一课经济学的正统。

大萧条产生的全球性后果甚至比美国的情况更为严重。在德国，保守派布吕宁政府采取的紧缩政策的失败直接导致了希特勒的崛起。日本也出现了类似的情况。

第二次世界大战后，获胜的盟国决心不再重复这样的灾难。在凯恩斯主义宏观经济政策的支持下，对充分就业的承诺就是这种决心的产物。[①]

正如我们在第 8 章看到的，衰退和萧条是两课经济学的一个重要例子，其中市场价格（在本例中是工资）与机会成本不匹配。在本章中，我们将研究政府能做些什么来应对失业问题。

政府对经济衰退能做些什么

如果政府想让市场按照一课经济学要求的方式正常运转，将价格设定为与机会成本相等的水平，那么就应该设法确保经济尽可能接近充分就业。

关键的一点是，在高失业率的情况下，新就业工人所获得的工资并不是衡量他们的劳动机会成本的标准，机会成本是他们本来可以无所事事地度过的时间。

不幸的是，实现这一目标所需的关键政策与我们管理家庭预算

---

① 承诺从未完成。《就业法》是一项妥协的产物，在这项妥协中，早期草案中所述的对充分就业的无条件承诺被淡化为一项雄心勃勃的目标。然而，该法案所代表的态度的改变是至关重要的，并有助于在数十年内维持近乎充分的就业。

的经验所得出的直觉背道而驰，这一点反映在一课经济学理论中。当资金短缺时，一个家庭的自然反应是勒紧裤腰带，放弃不必要的开支，同时尽可能多地找工作赚取更多的收入。

这对一个家庭来说是可能的，但对一个国家来说是不可能的。既然生产出来的东西必须被消费或投资，我们就不能通过生产更多而同时消费和投资更少来集体赚取更多收入。[1]

在经济衰退期间，包括劳动力在内的资源的机会成本比正常情况下要低，而且远低于繁荣时期。因此，政府在经济衰退时花钱雇人，在繁荣时期增税为这些支出提供资金，这些都是有道理的。

反过来，这就需要在衰退期间增加支出，在繁荣时期努力结余，并在整个经济周期中达到平衡。[2] 通过临时减税和降低利率鼓励私人消费和投资也是有道理的。

财政政策

针对失业工人和未被利用的资源，政府能做的最简单的事情就是增加公共支出来雇用他们。在经济学术语中，这被称为逆周期财政政策。财政政策是对公共支出和收入进行管理的总称。"逆周期"一词的意思是，当经济活动疲软时，政府通过增加支出来逆经济周

---

[1] 在一个很大一部分生产是出口的、部分消费来自进口的开放经济中，情况要复杂一些。但快速增加净出口相当困难。不过，这个问题超出了本书的范围。

[2] 在一个不断增长的经济体中，政府一般来说可以维持较小的赤字，同时保持债务与 GDP 的稳定比率。但"熨平经济周期"是一个更简单的描述，它抓住了凯恩斯主义政策处方的精髓。

期而行。政府还可以通过临时减税或转移支付来鼓励私人支出。

逆周期财政政策的理由很简单。由于生产资源的机会成本在衰退期间较低，政府应设法在衰退期间增加对资源的使用，而不是在资源充分利用或接近充分利用的时期。

逆周期财政政策包括在衰退期间增加支出，从而造成预算赤字。在繁荣时期，这些政策应该逆转，产生盈余。在整个周期中，这些赤字和盈余应该平衡，以保持公共债务与国民收入的稳定比例。

逆周期财政政策理论最早由伟大的英国经济学家约翰·梅纳德·凯恩斯提出，他在 1936 年发表了《就业、利息和货币通论》。在这一理论基础发展之前，以及在《国家工业复兴法》等其他方法失败之后，富兰克林·德拉诺·罗斯福的新政体现了凯恩斯主义的基本逻辑。

逆周期财政政策最成功的应用发生在全球金融危机之后不久。各国政府，包括美国的奥巴马政府，都采取了逆周期的财政政策，这有助于阻止产出和就业的下降，稳定经济，但仍然低于危机前的水平。然而，从 2009 年年末开始，紧缩政策迅速回归，结果是美国经济的复苏缓慢得令人痛苦，许多欧洲国家重新陷入衰退。

财政政策及其乘数

我们很难对财政政策涉及的数字有一个直观的感觉，但仍然可以试一试，关键的思想是乘数。

正如凯恩斯所指出的，公共工程项目的支出所产生的影响并没有止于项目本身。它所雇用的工人将花费他们大部分的工资，这将创造更多的需求，带来更多的就业机会等。

我们可以通过一些简单的代数运算，用数字来描述这个文字论点。假设每 1 美元的初始支出中有一定比例 c 被用于购买国内生产的商品和服务，比如 $c = 0.5$，也就是说初始支出的一半会再次投入使用。如果相同的比例适用于第二轮，那么初始金额中有 c^2 将在第三轮继续发挥作用（$c^2 = 0.25$）。这是一个几何级数，我们学过的高中代数知识告诉我们，所有支出之和最终接近 $1/(1-c)$。在这个例子中，所有支出之和为 $1/(1-c) = 1/0.5 = 2$。这一最终效应被称为乘数，加上其最初的来源，即为公共支出乘数。

在计算出乘数之后，重要的是要记住最初的假设，即所有增加的生产都是通过雇用失业工人和利用未使用资源而产生的，而不是通过将他们从其他商品和服务的生产中转移出来。也就是说，没有机会成本，除了工人可能利用他们的时间进行的其他用途。一般来说，失业的工人很少重视他们多余的自由时间（很多人会很高兴有工作）。这意味着使用额外资源的机会成本接近于零。

对乘数的最初分析是在大萧条最严重时期提出的，当时让失业工人和未使用资源投入工作的机会成本接近零。任何需求的增加都可以通过雇用失业人员满足，而不是通过从其他活动中转移工人和资源。

如果经济处于充分就业的状态，情况就大不相同。在这种情况下，只有将资源从其他生产活动中抽离，或诱使工人工作更长时间、放弃闲暇时间和家务劳动，才有可能增加商品和服务的生产。

在这种情况下，额外生产的机会成本可能与最初公共支出的贡献一样大或更大。额外公共支出和其他地方生产减少的第二轮效应将抵消，不会产生进一步的乘数效应。

乘数与机会成本之间的关系可以用数值形式表示，具体取决于乘数在任何给定时间的取值范围：大于 1、介于 0 和 1 之间、小于或等于 0。

在深度衰退中，乘数通常大于 1。这意味着额外支出的机会成本为负。社会不仅从该项目本身获益，而且需求的增加还创造了更多的就业机会和更大的收益。在经济衰退时期，即使没有达到充分就业，公共项目也可能是有益的。因为公共项目不仅增加了就业，而且它们对商品和服务的需求也将刺激更多的生产，这些生产主要在私营经济部门。

在温和的衰退中，乘数可能在 0 到 1 之间。公共支出项目雇用了一部分失业工人，使用了一些闲置的资源，但还需要从私营部门生产中转移一部分工人和资源。这种挤出效应构成了反对凯恩斯财政政策的标准论据的基础。

然而，除非完全挤出（乘数为 0），否则公共支出的社会机会成本将小于增加公共支出的货币成本。只要增加支出的社会价值大于等于货币成本，就会产生净效益。即使社会价值低于货币成本，它仍然可能超过社会机会成本，因为所使用的一些资源以前是闲置的。

在竞争均衡的理想情况下（隐含在破窗的比喻中），乘数恰好为 0。在竞争均衡中，只有在机会成本相等的情况下才能实现一种商品产量的增加。公共产品和服务供应的增加将挤出具有同等市场价值的私人生产和消费。

这意味着公共支出的社会机会成本等于预算的货币成本。在这种情况下，我们可以使用标准的成本效益分析规则。

最后，在繁荣时期，乘数小于 0。在经济繁荣时期，通常已经显现出通货膨胀，各种商品和服务的需求超过了市场的供应能力。因此，即使工人创造的额外产品的社会价值小于工人时间的机会成本和资本的折旧，工人仍得到雇用，资本仍被使用。

在繁荣时期，政府支出的增加不仅会转移私人部门生产的资源，还会增加已经过剩的总需求。

正是出于这一原因，凯恩斯在 1937 年写道，财政部应该在繁荣时期实行紧缩政策，而不是在衰退时期。

繁荣不像衰退那么常见，但繁荣令人愉快。然而，由繁荣产生的金融泡沫最终会破裂，紧接着是时间更长、程度更深的衰退。此外，利用货币政策（提高利率）来应对金融泡沫，有可能反而会导致泡沫破裂。因此，利用财政政策减少过度需求来抑制过度繁荣，是宏观经济稳定的一个重要组成部分。

自动稳定器

在某种程度上，逆周期财政政策的出台并不需要做出具体的政策决策。当经济放缓时，税收自动下降，而失业保险等一些支出将增加。

企业所得税和累进所得税下降得最明显。在整个经济周期中，公司利润的升降幅度通常大于国民收入的整体升降幅度。因此，在经济衰退期间，公司所得税收入也会大幅下降。

在累进所得税制度中，平均税率低于边际税率，因为纳税人的收入只有一部分是按与其纳税等级相关联的边际税率纳税，其余收入则按较低的税率纳税。因此，当收入下降，比如说 10%，税收减少的百分比会更大。

由于这些原因，当经济衰退时，税收下降的速度更快。实际上，以公司所得税和累进个人所得税为重要收入来源的制度提供了一个自动稳定器。

失业保险是另一种形式的自动稳定器。失去工作的工人从失业保险基金中得到补偿。在美国，失业工人获得这一补偿的期限通常是 26 周，这是一段自动稳定的时期。在经济衰退时期，美国国会通常会延长补偿期限。全球金融危机后，申请资格被延长到 99 周，将近两年。然而，这一延期并没有持续到劳动力市场从危机中复苏。

在 20 世纪下半叶，自动稳定器的存在确保了 20 世纪七八十年代的衰退没有演变为萧条。

然而到了 21 世纪，由于人们对机会成本没有足够的认识，财政政策中的自动稳定器被其他机制取代，这些机制可称为自动稳定消除器。自动稳定消除器的最极端形式是要求政府预算在年度基础上保持平衡。

总的来说，欧盟所推行的紧缩政策已经产生了可以预见的灾难性后果。例如，意大利 2018 年的总产出仅略高于 2000 年的水平。

毫不奇怪，宏观经济管理的失败让政客能够将经济困境归咎于移民，并为反政治的民粹主义大开方便之门。

微　调

逆周期财政政策作为稳定经济的手段的一个问题是，它需要时间来计划和实施。米尔顿·弗里德曼是财政政策全盛时期最著名的批评者，他提出了一个重要观点，认为财政政策在执行过程中存在长期且多变的滞后效应。

弗里德曼的观点只适用于可相机抉择的财政政策，这种政策源自政府为应对经济活动放缓而决定增加公共支出或减税。它不适用于前面讨论的自动稳定器。

20 世纪 60 年代普遍流行一种乐观主义的观点，即凯恩斯主义财政政策可以用来微调经济，甚至消除增长衰退（即经济增长在半年到一年的时间内适度放缓）。针对这一观点，弗里德曼尤其尖锐地批评了相机抉择的财政政策。在如今的世界环境下，这一点已经不那么重要了，因为这些国家的停滞已持续多年。

货币政策

与财政政策一样，货币政策也是对这样一个事实的回应：在衰退期间，支出的机会成本低于正常情况或繁荣时期。正如我们在第 3 章看到的，利率决定了当前消费的机会成本，这一成本以未来消费的形式体现。货币政策的核心思想是在经济衰退时降低利率，在经济繁荣时提高利率。

利率降低使得通过借贷融资的各种投资更具吸引力。投资所需资本的机会成本是未来必须偿还的本金和利息。如果投资的回报大于这个机会成本，那么投资就是有利可图的。利率越低，机会成本越低。

美联储等央行并不设定针对家庭和企业的利率，至少不是直接设定的。相反，美联储设定一个它愿意贷款给银行的利率（联邦基金利率）。这一利率的变化部分或全部通过银行向借款人收取的利率和向储户支付的利率结构反映出来。

从20世纪90年代初到2008年全球金融危机的这一段时间是一个例外，各国对货币政策的依赖似乎取得了成功。利率的小幅调整，通常只要0.25个百分点的变动，就足以维持稳定的增长率。这一时期唯一的一次衰退发生在2000年，股市泡沫破裂，以历史标准衡量，那次衰退短暂而温和。

最终围绕"大缓和"产生了一个自满的泡沫。当2008年全球金融危机将经济推向崩溃边缘时，这个泡沫连同其他泡沫一起破灭了。尽管避免了巨大的灾难，但事实证明，扩张性货币政策无法刺激经济恢复正常。在金融危机的10年后，美国经济仍远低于此前的增长速度，而其他发达国家的情况甚至更糟。

零利率下限

货币政策的一个关键问题是，银行利率不能降至零以下，或者至少不能降至零以下太多，这时人们可以选择持有现金。[①] 也许为了不用随身携带现金或不用把钱藏在床垫下，他们愿意接受小额负利率。但是，如果把钱以负利率存入银行的机会成本是现金回报率为零，再加上安全存储的成本，人们很快就会开始持有大量现金。

不幸的是，深度衰退最需要扩张性宏观经济政策，而此时零利率最有可能成为一个问题。

零利率下限是货币政策无法成为理想的宏观经济管理工具的众多原因之一。货币政策可以很好地平息经济中相对较小的波动，但在最紧要的时候却失败了。

自全球金融危机以来，利率作为货币政策工具在使用时一直受到零利率下限的限制，此时我们面临的选择就很有限了。最受欢迎的是量化宽松，即中央银行用新发行的货币大规模购买政府债券或其他资产。这是一个重要的话题，但超出了本书的范围。

劳动力市场计划和就业保障

财政政策和货币政策的核心思想是保持商品和服务的总需求，使工人在内的资源得到充分利用，也就是使经济产出增加的机会成本超过收益。在这一点上，至少总的来说，一课经济学理论的条件是满足的。

要解决衰退造成的失业问题，另一种方法是直接创造就业容纳

---

① 有很多建议通过让货币随着时间贬值绕过这个问题。最近的一些建议来自迈尔斯·金伯尔（Miles Kimball）。

失业工人。罗斯福新政的公共事业振兴署（Works Progress Administration）就是一个典型的例子，在多个项目上雇用了数百万名工人。

创造就业计划好坏参半。创造就业计划有两个共同特点，往往会削弱其有效性。第一个特点是对参与者的惩罚，这种惩罚通常出现在旨在取代福利的工作福利计划中。在这些计划中，主要的重点是确保工作时间，而不是创造有社会价值的产出，也无法让参与者为进入普通劳动力市场做好准备。

另一个问题是，创造就业计划的选择要考虑不与私营公司或政府标准活动产生竞争。这一考虑的基础是，如果创造就业的项目所生产的商品和服务取代了现有的生产并导致现有工作岗位的流失，就有可能出现生产混乱。然而，深度衰退时，这种担忧是错误的。我们在关于乘数的讨论中已经知道，深度衰退时创造就业将刺激需求，从而改善现有生产者的地位。

理想的就业创造计划应该是创造足够的工作，使任何有意愿和有能力工作的人都有工作。此类目标经常被提及，最近又在"就业保障"的名义下得到了推广。[①] 其中的一个核心部分是，基于就业保障雇用的大量工人构成前文所讨论的那种"自动稳定器"。

创造就业机会的替代方案

工资补贴应对的是工资与社会机会成本之间的差距，而这种差距正是经济衰退的特征。工资补贴在经济复苏初期效果最好，此时

---

① 我在 1994 年出版的《为所有人工作》（*Work for All*）一书中主张提供就业保障。最近，我又主张将就业保障作为全民基本收入的补充。

雇主正在增加产出，但在复苏可持续之前，他们不愿雇用新工人。

在正常的经济条件下，雇主随时都在招聘，此时大部分补贴都是无效的，只是对于那些无论如何都要填补空缺的雇主提供了额外的津贴。这个问题被称为"额外性"（additionality）或缺乏额外性。

在严重的经济衰退中，利用工资补贴的雇主可能会解雇现有工人，转而新雇用有补贴的工人。这个问题被称为搅局（churning）。

另一项为应对经济衰退而普遍采用的劳动力市场政策是增加培训项目。这一观点从一课经济学的角度讲是有道理的，即技能的提高将使工人的生产能力提高，这样一来工人失业的机会成本也会提高。

一般来说，增加培训和教育确实有助于提高生产能力，从长远来看，这反映在更高的工资上。然而，作为对经济衰退的回应，提倡更多的培训是一种误解。的确，在所有经济环境下，受教育程度较高的工人比受教育程度较低的工人更有可能找到工作，并且当他们找到工作时，失去工作的可能性也更小。但这并不意味着增加教育和培训能够大幅降低失业率。在过去的两个世纪里，平均教育水平有了很大的提高，但是失业率随经济周期波动，没有明显的趋势。大规模的失业不是由于工人缺乏技能，而是由于经济衰退，也就是说，由于市场无法使工资与机会成本相匹配。这里需要用两课经济学理论来理解，而不是一课经济学理论。

一课经济学和失业

经济学家喜欢称经济学是一门科学，就像自然科学一样，理论会越来越进步。然而，就与经济周期相关的大规模失业而言，一课经济学已经开始倒退。我们可以将巴斯夏与黑兹利特进行比较，然后将其与当今领先的经济学家——真实经济周期理论的倡导者——进行比较。

巴斯夏在这个问题上相对务实。他反对创造就业，并把这一点作为公共政策的一个目标，认为这在经济萧条时期可能是可取的：

> 作为一项临时的应急措施，在艰难时刻，（创造就业）可能会对纳税人产生有益的干预。它的作用与保险类似。它既不增加劳动，也不增加工资，但它减少了正常时期的劳动力和工资，转移给困难时期，它将带来损失。

这种说法不太对。巴斯夏没有详细说明困难时期增加的劳动力和工资是如何被正常时期更大的损失抵消的。

显然，巴斯夏的直觉是基于一课经济学理论。他假设额外的工作始终具有机会成本，而高失业率时期并没有机会成本（比如严冬，农业劳动力的需求较低），机会成本只有在正常时期才会有。但是，失业的机会成本是失业工人的时间可以用来做其他事情，这些时间大部分被浪费在无所事事和抑郁中。尽管如此，巴斯夏的观点概括来说是正确的，即宏观经济稳定就像保险一样，降低了工人面临的风险。

现在让我们看看黑兹利特。1946 年，就在第二次世界大战刚刚结束，凯恩斯的《通论》开始影响美国经济学专业之后，黑兹利特出版了《一课经济学》。他在大萧条后不久就开始写作，那是美国历史上最艰难的时期。人们自然会问，与巴斯夏近 100 年前的分析相比，黑兹利特的分析在多大程度上发生了改变。答案是几乎完全不同。

我们不清楚黑兹利特是否意识到这种对比，他的书中没有给出任何暗示。事实上，他对大萧条唯一明确的暗示是他在将失业归咎于技术的理论背景下提到了 1932 年的大萧条。[1]

黑兹利特在讨论失业和周期性繁荣与萧条等宏观经济问题时，既模糊又缺乏说服力。黑兹利特是这样解释大萧条理论的：

> 大多数时候，（萧条）真正的原因是工资成本价格结构中的失调：工资与价格、原材料价格与成品价格失调，或者一种价格与另一种价格、一种工资与另一种工资之间的失调。在某种程度上，这些失调消除了生产的动力，或使生产无法继续下去；而我们这个交换经济内部是有机相互依赖的，通过这种相互依赖，萧条蔓延开来。只有纠正了这些失调，才能恢复充分

[1]　黑兹利特提到这一点时，技术治国运动正流行，这一运动短暂但令人印象深刻。技术治国运动主张通过把所有经济问题交给工程师来解决。这项运动在 1932 年达到了最高峰。然而，大萧条始于 1929 年的股市崩盘，直到 1939 年才真正结束。1939 年，为战争做准备促使美国迅速恢复充分就业。

的生产和就业。

早在黑兹利特之前，就有很多人这样描述过萧条，但此类描述明显是有缺陷的。甚至黑兹利特的奥地利学派导师哈耶克和米塞斯也对此发表过非常精妙的分析，他们基于的观点是信贷市场存在的问题驱动资本投资过度积累。

黑兹利特所提到的相对价格失调，意味着某些价格高于所涉商品或服务的真正机会成本，而另一些价格则较低。上面讨论的机会成本逻辑解释了市场将如何应对这种情况。

当价格超过机会成本时，生产者就会提供有关的商品或服务，但他们可能找不到买家。反过来，价格低于真正的机会成本的商品和服务将存在未满足需求。

然而，在经济衰退或萧条时期，很少或根本没有需求过剩的领域，这与黑兹利特的解释相矛盾。物价不是相对调整，而是普遍下跌，这被称为通货紧缩。此外，萧条经常从一个国家蔓延到另一个国家，如果是由国家层面的因素（比如工会或最低工资法等）引起的市场失调造成的萧条，这根本不可能发生。

一课经济学理论的宏观经济学受到质疑，很大程度上是因为战后的繁荣与大萧条的痛苦形成了鲜明对比。战后人们普遍奉行凯恩斯主义的政策。然而，在始于 20 世纪 60 年代末的经济危机之后，一课经济学理论的宏观经济学以真实经济周期（RBC）理论的名义重新出现。尽管真实经济周期理论精妙得令人惊叹，但它甚至比黑兹利特所拥护的奥地利学派的理论更不现实，而且与巴斯夏提出的

"保险"立场相比，也是巨大的倒退。[①]

真实经济周期理论的核心主张认为，即使在经济衰退时期，市场价格（包括工资）与机会成本之间也没有差异。这意味着，政府在经济衰退时期降低失业率的任何尝试只会让情况更糟。

该理论最简单的版本是，经济周期是由技术冲击造成的，技术冲击改变了劳动力和其他资源的机会成本。有利的技术冲击来自为生产活动创造更多机会的新发现。这将导致对劳动力的更高需求和更强劲的工资增长。闲暇的机会成本增加，就业机会增加。

当技术停滞不前，新的机会减少时，不利的冲击就会出现。在这种情况下，闲暇的机会成本下降，就业也减少，至少相对于长期趋势而言是这样。

这种观点的问题在于，除非技术真的倒退，否则它无法解释严重的衰退，在这种衰退中，传统上以 GDP 衡量的总生产实际上是下降的。

真实经济周期理论学家则从机会成本和工资关系的另一方面做出了回应。他们认为改变劳动者对休闲的偏好，可以增加或减少工作时间的机会成本。乍一看，这似乎是合理的，但只要我们认真思考其中的含义，这种可能性就会瓦解。

[①] 2004 年诺贝尔经济学奖授予真实经济周期理论的著名理论家芬恩·基德兰（Finn Kydland）和爱德华·普雷斯科特（Edward Prescott）。几年后，该奖项被授予了他们最尖锐的批评者之一保罗·克鲁格曼（Paul Krugman）。事实证明，诺贝尔经济学奖可以授予观点完全相反的人，经济学更像是文学（没有人指望作家彼此认同），而不是物理学（用证据解决分歧，也只有发现可确认的证据才能获得诺贝尔奖）。

在大萧条最严重的时期，25% 的工人失业，真实经济周期理论的经济学家就认为可以用人们偏好发生了变化来解释，不如称之为"放大假"（Great Vacation）。保罗·克鲁格曼就曾嘲笑过这种观点。

全球金融危机显然不是由科技或休闲的欲望造成的，这让真实经济周期理论的经济学家更加扭曲。尽管这场危机显然是由金融体系内部引发的，真实经济周期理论的支持者建议，应该将其视为一场技术冲击，而不是将其视为对他们理论的驳斥。

用伟大的科学哲学家伊姆雷·拉卡托斯（Imre Lakatos）的话来说，这样的举动让一种理论无法被反驳，这是一个研究退化的标志。事实上，他们中的许多人很明显不再相信自己的理论。自全球金融危机以来这些年里，美国一课经济学家的理论失败了。

总　结

在市场经济中，对大多数人来说，有偿工作是维持基本以上生活水平的必要条件。因此，当市场无法将价格和机会成本相匹配时，最重要表现之一就是失业。

20 世纪的经验表明，在政治意愿和健全的经济政策的结合下，失业率可以在长期内降到最低水平。21 世纪的经验则显示了相反的情况。如果我们不理解紧缩政策所代表的机会成本，将导致经济灾难，并最终导致政治灾难。

延伸阅读

斯蒂尔曼描述了 1946 年就业法案的背景（Steelman，2013）。布莱斯记录了德国和日本紧缩政策的灾难性影响（Blyth，2012）。

感谢评论家蒂姆·威尔金森（Tim Wilkinson）找到了凯恩斯关于紧缩的名言。

乘数的概念首先由卡恩提出（Kahn，1931），凯恩斯随后再次提及（Keynes，1936）。它经由萨缪尔森写作的经济学教科书推广开来（Samuelson，1948），在随后的 19 个版本中都有出现，可以说，它仍然是凯恩斯主义视角下最有用的经济学入门教材。

我和朗摩合作的论文（Langmore，Quiggin，1994）、米切尔的论文（Mitchell，1998）以及莫斯勒（Mosler，1997）提出了明确的充分就业政策的论据。

克鲁格曼对宏观经济学的失败进行了有益的讨论（Krugman，2009）。关于研究退化的想法，见拉卡托斯的论文（Lakatos，1970）。技术统治运动见维基百科的相关描述。

第 15 章
垄断与混合经济

在允许垄断之前，必须有理由证明它对社会有好处，而不仅仅是对垄断者有益。

——劳伦斯·莱斯格（Lawrence Lessig）

《思想的未来》（*The Futre of Ideas*）

卡尔·马克思 200 年诞辰之际，也是 1968 年革命浪潮高涨的 50 年后，垄断资本主义等术语听起来既古怪又过时。然而，在现实中，垄断和相关市场失灵（如寡头垄断和垄断）的问题从未像现在这样严重。

市场失灵的概念直接来自一课经济学理论中描述的一般均衡理论。在竞争一般均衡的理想条件下，所有商品和服务的市场价格反映整个社会的机会成本，但并非所有市场都是竞争的。在经济的许多领域，个体公司对价格和工资有很大的影响力。

经济学家试图论证，在现代全球化经济中，市场力量的问题不像过去那么重要了。事实上，情况恰恰相反。

在 20 世纪，大公司的市场力量在很大程度上被工会和政府的力量所抵消。随着工会的衰落，这种制衡力量消散，政府也越来越多地听从金融市场的指令。与此同时，正如我们所看到的，通过反垄断政策来控制垄断权力的尝试在很大程度上已经被放弃。

本章我们将思考如何应对垄断权力，包括反垄断政策的复兴和公共企业的扩张。

垄断和买方垄断

一课经济学理论的一个必要条件是，价格是由竞争性市场决定的，但自由市场不一定具有竞争力。如果生产技术涉及规模经济，大公司的平均成本将低于小公司，大多数制造业和服务业都是如此。

企业的数量会因为企业退出或合并而减少，直到不再具有规模经济。自然垄断虽然很少见但也会出现，在这种情况下，不受约束的竞争将导致单一主导企业的出现。

一旦一个公司获得了主导地位，它可以长期保持这个地位，即使它已经不具备任何最初的优势。供应商和经销商不得不签订长期合同。如果这些合同在不同的时间到期，供应商和经销商就没有其他选择，因此议价能力很小。

在竞争中通过降价占据主导地位的公司可以排除任何缺乏雄厚财力来维持价格战的进入者。当不同的公司在不同的细分市场或地理区域占据主导地位时，他们可能会同意（合法的情况下正式地同意，不合法的情况下非正式地同意）有秩序地分享市场和相关的垄断利润。

如果关键部件是按照标准设计生产的，这些部件的专利可以用来排除竞争对手。例如，美国电话电报公司（AT&T）的贝尔实验室在美国凭借垄断地位要求只有其子公司西部电力生产的手机才能接入其网络。几十年来，这类限制为其排除了所有竞争对手。

在自然垄断行业中，单独由一家公司生产在技术上是有效率的。但是使利润最大化的价格将高于生产的机会成本。技术效率的一些潜在好处将会丧失，剩下的大部分将落入垄断者手中，而不是消费者手中。[①]

更糟糕的垄断是通过昂贵的设备排除竞争对手。价格不仅会高于机会成本，而且还会超过竞争市场价格。正如自由市场经济学家戈登·图洛克（Gordon Tullock）所指出的那样，即使是垄断者，在排除竞争对手的过程中，也会消耗大部分利润。

这些问题第一次大规模出现是在 19 世纪晚期，当时铁路网络的发展使公司能够在全国范围内运营并实现赢利。铁路作为最重要的行业之一，具有规模经济和潜在垄断利润，这种吸引力引发了大量合并。

---

① 在一个非常简单的垄断定价模型中，垄断者从商品供应中获得一半的潜在收益，消费者获得四分之一，剩下的四分之一由于价格和机会成本的差异而损失。

反垄断

19 世纪晚期的第一次公司垄断是通过一种叫作"托拉斯"的法律手段组织起来的，托拉斯是"控股公司"的前身。① 与第 9 章讨论的标准石油公司一样，著名的托拉斯包括美国钢铁公司、美国烟草公司和国际商船公司。

托拉斯持有若干公司的股份，并采取行动协调它们的活动，以实现互利。托拉斯获得利益的一个显著手段是利用垄断或垄断权力提高向消费者收取的价格，同时降低支付给供应商的价格和工人的工资。

为此政府出台了一系列反垄断法作为政策回应。从 1890 年的《谢尔曼法案》开始，到 1950 年的《塞勒-克福弗法案》结束。这些法律旨在解散已有的托拉斯，并通过限制合并来防止新的托拉斯出现。

最激进的反垄断政策通常被称为反托拉斯政策，包括将大公司拆分为独立的公司，以此希望这些独立的公司相互竞争。1911 年标准石油公司和美国烟草公司的分拆开启了反垄断时代，1982 年 AT&T 的分拆结束了这一时代。

从 20 世纪 80 年代开始，由于一课经济学理论的复兴，人们对反托拉斯的热情下降了。反垄断的批评者认为，AT&T 的垄断并不

---

① 尽管公司结构越来越复杂，托拉斯作为一种法律手段迅速被淘汰，但"反托拉斯"（antitrust）这个名称却被保留下来，并在美国司法部反垄断部门继续使用。

依赖该公司的市场力量，而是依赖各州各种各样的监管规定，而且从长远来看，技术创新会破坏垄断。这意味着，即使政府不干预市场，竞争也会自然而然地出现，并压低垄断利润。

尽管美国司法部继续提起反垄断诉讼，但多数都没有成功。最大的挑战是微软对台式电脑软件市场的统治地位，经过 10 年的法庭诉讼以和解告终，但和解对限制微软的市场力量几乎没有起到任何作用。尽管苹果和谷歌的盈利能力也严重依赖市场力量，但微软在台式电脑市场的持续主导地位意味着它仍是全球盈利能力最强的企业之一。

就像适用于所有政策一样，机会成本的逻辑也适用于反托拉斯。打破垄断会削弱垄断权力，代价是放弃并购带来的规模经济。

除了经验检验，我们没有其他简单的方法确定机会成本的平衡。自 19 世纪中叶以来，随着政策的反复无常，我们可以越来越明显地看到，收入、财富和政治权力的不平等与无限制的垄断相伴而生。

从《谢尔曼法案》通过到 20 世纪 70 年代，控制垄断损失的规模经济被视为可接受的代价。在这段时间里，从 19 世纪末的"黄金时代"开始，到 20 世纪中期的"大压缩"时期达到顶峰，收入不平等程度有所减轻。到 20 世纪 60 年代，美国似乎可以被描述为一个中产阶级社会，极端富有和极端贫困都是这个舒适繁荣的社会中的例外。

20 世纪 70 年代中期的经济危机之后，一课经济学理论卷土重来，颠覆了反垄断政策的基本假设。垄断有害的假设（要求提供相反的证据）被无罪的假设（要求证明干预市场结果是必要的）所取代。

自全球金融危机爆发以来的 10 年里，人们的观点已开始再次发生转变。对 20 世纪 70 年代以来不平等加剧的分析表明，垄断和垄断权力是一个主要因素。引用诺贝尔奖得主约瑟夫·斯蒂格利茨的话：

> 随着不平等的加剧和人们对不平等的担忧加剧，以边际产量衡量个人回报的自由竞争学派越来越无法解释经济是如何运行的。

斯蒂格利茨所描述的无法解释经济是如何运行的自由竞争学派就是一课经济学，这一理论认为价格由边际（机会）成本决定，而边际（机会）成本又反映了资本和劳动力的边际产量。垄断的特征是资本所有者除了对生产的边际贡献外，还获得剩余。

经济政策研究所和开放市场基金会等机构，以及包括戴维·奥特尔（David Autor）和保罗·克鲁格曼在内的主要经济学家，也强调了垄断和寡头垄断在造成不平等方面的作用。

然而，到目前为止，经济学专业观点的这种变化还没有反映在公共政策中。相反，随着反垄断政策被抛弃，取而代之的是基本上无效的监管和竞争政策。

监管及其限制

随着反垄断活动的减少，人们的注意力转向了各种形式的监管。监管的核心理念是使垄断企业收取的价格能够反映生产中所使用的资源的机会成本，不允许垄断企业榨取利润。

第一步是评估生产相关商品或服务所需的资本资产的价值，以确定"监管资产基数"。垄断者允许获得的回报率等于投资于这一资产基数的资本的机会成本。

实际上，回报率几乎总是被定得太高。普遍的结果是受到监管的垄断企业利润丰厚，而消费者支付的价格却超出了必要水平。

这方面的一个例证是，据监管机构估计，一家受到监管的垄断企业的市值通常比其监管资产基数高出 40% 左右。这种资产基数溢价反映了这样一个事实，即管制价格高于生产中使用的资源的机会成本。

监管限制了垄断权力，但监管也有合规和执行成本，还可能阻止企业和消费者达成互利互惠的交易。在自然垄断情况下，企业需要进行大规模投资，我们可能很难确定一个既能准确反映机会成本，又能激励有效投资的价格。

监管的一个根本问题是监管俘获，即监管机构受其本应监管的公司的支配，最终帮助它们维持高价格。一个典型的例子是，联邦通信委员会被理应受其监管的有线电视公司收购。至少当它们保持一致时，一课经济学家认识到了监管俘获的问题。问题是，除了不受监管的垄断，它们别无选择。

监管方面的关键权衡涉及收入和产权的分配。为了鼓励适当的投资水平，最好提供高回报率。然而，这意味着垄断利润的提高将以牺牲整个社会为代价。下面我们将讨论的一个解决方案是公共所有权。

公共企业

虽然美国用反托拉斯和监管解决垄断权力的问题，但大多数其他发达国家更倾向于直接公有制。这样做部分是由于社会主义思想在这些国家更加流行，部分是由于人们认为受监管的垄断企业未能生产足够的产出。

到 20 世纪中叶，大多数发达国家的公共企业提供铁路、电信、供水和电力等基础设施服务。[①] 这些企业对其服务收取市场价格，通常要能够支付提供服务所使用的资源的机会成本，除此之外还要有盈余能够支付折旧和设备更新。随着时间的推移，这些企业公司化并支付股息，这就为各国政府提供了收入来源。

就在 1945 年后的几十年里，随着各种再分配政策的实施，公有制垄断企业前所未有地减轻了不平等程度，这一时期也被称为大压缩时代。

此外，公有制时期也是基础设施网络大规模扩张的时期之一。

---

① 当然也有一些例外，比如法国的供水和日本的铁路。相反，各国政府经营的企业在私营部门更为常见。例如，在澳大利亚，州政府经营旅行社多年。不过，总的来说，混合经济的结构有显著的一致性。

电力供应以前是断断续续的，而且常常局限于城市地区，现在几乎在所有地方都普及了。高速公路系统大大扩展，其中美国州际公路系统是最突出的例子。电话系统从本地服务发展到国家和国际网络，成本稳步下降。

然而，公共企业受到两项重大批评。首先，他们被视为人手过剩、效率低下。其次，虽然它们产生了足够的收入来支付总的生产机会成本，但对特定服务收取的价格不一定反映提供这些服务的机会成本。农村和城市用户之间、家庭和企业之间存在着广泛的交叉补贴。①

这些批评在战后几十年里逐渐出现。然而，只要凯恩斯主义的宏观经济政策带来充分就业和持续的经济增长，人们对政府管理经济能力的信心就会扩大，并认为公共企业的收益大于成本。虽然情况反复，企业有些被国有化，有些被私有化，但总的趋势是更大程度的公有制。②

直到20世纪70年代的经济危机，凯恩斯主义的政策未能控制危机，这种局面才被终结。从20世纪80年代开始，公有制的扩大趋势发生了逆转。从英国的撒切尔政府开始，各种各样的公共企业被逐渐私有化。

私有化在政治上的吸引力很大程度上源于政府出售资产的免费午餐。出售资产所得可用于当前政府支出或为理想的基础设施新投

---

① 其中一些是合理的，因为希望提供普遍服务，但其他只是政治分肥的结果。
② 他的术语用得不多；目前的非国有化一词反映了这样一个事实，即这些运动与总趋势背道而驰。

资提供资金，而无须增税或发债。

通常情况下，免费午餐的出现是虚幻的。公共资产私有化的机会成本是损失的资产所有权（股息或留存收益和再投资收益）流入政府的收入。

1980 年以后进行的大多数私有化对资产定价过低，因此在出售中实现的价值低于机会成本，也就是未来可能的收入。政府花掉出售资产后的所得，从私有化的企业获得的收益将减少，这样一来，政府将永远变得更穷。

主张私有化的一课经济学家大多乐于让政府从资产出售中攫取免费的午餐。然而，他们真正希望的是，竞争性市场会随着政府企业的退出而出现，这样一来一课经济学理论也将受到重视。

一课经济学理论倡导私有化，并通过一系列研究表明，自然垄断的问题被夸大了，并且很容易解决。[1] 因此，他们在很大程度上忽视了早期监管的失败，认为监管只在过渡时期才需要，只要完全竞争市场出现，就无须监管了。

像往常一样，一课经济学家无视对收入和财富分配的担忧。当被迫对这些问题做出回应时，他们认为私有化带来的效率效益足以为消费者提供更低的价格，为投资者提供更高的回报，甚至为失业工人提供某种补偿。

各界对私有化的最初评价非常积极。特别是世界银行，它是私

---

[1] 在航空公司放松管制的案例中，一个重要的流行观点是，垄断如果是可竞争的，就不会构成问题。然而，放松管制后的经验表明，只有一两家航空公司提供服务的航线，票价要高得多。

有化非常有影响力的推动者之一，至今仍然在推动私有化，尽管语气越来越具有防御性。

然而，随着时间的推移，问题变得越来越明显。解雇大批技术工人所节省的费用，部分或全部被市场和金融部门的扩张以及激增的高级管理人员的薪金和奖金所抵消，而且这些高级管理人员还有辅助人员。

此外，承诺给消费者带来的好处往往没有实现。在有些案例中，物价上涨了而不是下跌；还有一些案例中，价格降低了，但服务质量也随之下降了；还有一些成本并非显而易见。2014 年联合国发布的一份报告指出，教育私有化损害了妇女和女童的教育机会。

另一方面，私有化已经被证明是那些设法控制私有化进程的人致富的一种非常可靠的手段。在构成全球 1% 人口的大富豪中，许多人的财富都来自私有化，尤其是俄罗斯寡头。

这些失败导致私有化进程放缓，甚至出现了一些逆转，包括英国铁路轨道系统和新西兰铁路网的重新国有化，以及澳大利亚在私有化的电信公司未能建立全国性的网络后建立了一个国有的国家宽带网络。

在公有制和受管制的私人垄断之间做出选择，需要在不同的机会成本之间权衡。随着时间的推移，这种平衡已经发生了变化，部分原因是技术的变化，部分原因是意识形态的变化。自 20 世纪 70 年代以来，对一课经济学的过度信任导致了一场去公有制的剧烈运动，而没有权衡成本与收益。如今，这样的重新评估姗姗来迟。

混合经济

在现代社会，提供商品和服务的方式多种多样。有些产品所在的市场几乎没有监管，自由竞争的公司可以选择供应的产品和收取的价格。另一些产品则或多或少受到严格管制，价格是通过一系列规则确定的。还有一些产品由政府或政府资助的组织提供，通常没有任何明确的价格。

结果就是所谓的混合经济。就所有制而言，混合经济介于中央计划经济和理想的自由放任经济之间。

混合经济学的活动模式因地而异，因时而异。例如法国的家庭用水主要由私营公司提供，而在美国大部分地区则由公共事业公司提供。

尽管存在这些差异，但在私人市场、政府以及混合经济提供的服务种类方面，存在着惊人的一致性。例如，家用电器和食品杂货等消费品几乎总是由私营公司供应，而对这些商品进行价格管制通常是不成功的。

相比之下，卫生和教育服务大多由政府提供或资助。营利性公司很少参与这些领域的活动，即使参与往往也问题重重。

混合经济的典型结构可以用两课经济学解释。在经济的某些部门，例如提供各种各样的消费品和服务的部门，都大致满足第 2 章所讨论的竞争均衡的大多数条件。所有的消费者都面临着同样的价格，并且都知道他们所面临的价格。由于消费者熟悉他们经常消费的商品和服务，因此可以假定他们做出的选择反映了他们自己的需求和偏好。因为有大量的买家和卖家，没有人能显著影响价格。生产的外部性可以通过环境政策来管理（见第 16 章），而不需要公有制。在这些情况下，一课经济学理论基本上是正确的。

另一个极端是医疗和教育等服务。在这些情况下，定价很少与服务的机会成本有密切的关系。消费者（病人和学生）依赖生产者（卫生专业人员和教育工作者）的专业知识和专业精神，而不是他们自己对有关服务的知识。此外，在卫生方面，许多大额费用是在紧急情况下产生的，在这种情况下，病人往往对他们的治疗没有发言权，更不用说选择购买价格合适和质量最好的产品。

公共供应发挥重要作用的另一个领域是基础设施和公共事业，特别是那些具有自然垄断特征的领域。在这种情况下，一课经济学理论的失败主要来自垄断权力和外部因素。

最后，经济活动的基础是产权，而构成产权结构基础的法律、司法和执法体系不可避免地依赖国家权力。这些系统的某些部分可以外包给私营部门，比如私立监狱和私人仲裁制度。这类尝试不尽如人意，而且其中一些功能由私人实体执行的事实并没有改变系统对国家权力的直接依赖。国防也是如此，甚至更为直接。

在混合经济中确定公共部门和私营部门的界限是一种权衡，可以用机会成本解释。公共部门提供某种商品或服务就要放弃市场价格的好处，也就是市场价格能够提供有关机会成本的信息，并且能够在机会成本上促使生产和消费一致。另一方面，公有制为我们讨论过的各种形式的市场失灵提供了多种选择，从而充分考虑了机会成本。

这两种形式的机会成本之间的权衡取决于一课经济学和两课经济学的相对重要性。因此制订经济政策需要同时理解这两堂经济课。

我，铅笔

市场能够实现的事情看起来非常的不可思议。比如本书从出版到读者拿到手要经历成千上万个步骤，这些步骤几乎没有一个中心来进行协调。纸张是由几十年前种植的树木砍伐后制成的，印刷有可能在另一个大陆进行，而文字是由熟练的排版员用复杂的计算机程序制作的。

甚至像铅笔这样普通的商品也包含了数百万不同工人的劳动、不同投资者的资本和众多国家的资源。这是著名的亲市场宣传册《我，铅笔》（*I, Pencil*）的基础，其作者为伦纳德·里德（Leonard Read）。

里德的这篇文章描述的就是制作一支简单的铅笔的极其复杂的过程，明确指出生产一支铅笔需要数以百万计的人投入工作，一个人不可能从头制作一个铅笔，而大多数参与其中的人都不知道也不关心他们的工作是不是在生产一支铅笔。[①] 这一描述是没有问题的。

---

① 事实上，考虑到原材料，铅笔的制作过程本身很简单，一个人就能理解并独立完成。亨利·大卫·梭罗（Henry David Thoreau）和他的家人手工制作铅笔，并在一段时间内主导了美国市场。梭罗对这一过程进行了改进，自那以后，这一过程只发生了微小的变化，只是现在这些过程由机器完成。梭罗用家里的一支铅笔写下了他的经典之作《瓦尔登湖》，这是经济学家所说的纵向一体化的一个著名例子。

但里德随即说：

> 还有一个事实更令人震惊，那就是这个复杂的过程没有幕后决策者。没有人指挥或强制指挥生产"我"（铅笔）的过程，我们看不到任何踪迹。相反，我们会发现，是看不见的手在起作用。

不用着急下结论！深入研究表明，在制作铅笔的过程中，很大一部分实际上是中心导向的。

里德的描述以铅笔为第一人称，他在开头这样写道：

> 我最初的源头要从一棵树开始说起，一棵生长在加利福尼亚北部和俄勒冈州的直纹雪松。

这棵树很可能生长在美国林业局或土地管理局（或类似的国家机构）管理的森林里。为什么呢？从 19 世纪末开始，美国政府（特别是罗斯福政府）认为，如果依赖私有制和看不见的手，美国的森林无法充分确保木材的供应，以便生产铅笔和其他物品。澳大利亚和许多其他国家也做出了类似的判断。事实上，20 世纪 50 年代人们还在生产铅笔，这在很大程度上依赖 50 年前有意识的计划。

里德的描述接着提到了参与铅笔生产的人和技术，包括森林业和后续生产阶段。这些人中的大多数都在公立学校学习基本技能，然后在大学和技术学校等地方学习更多的知识，这些学校大多是公立的。

教育是一个典型的例子，在市场上以营利为目的提供教育服务几乎是不可能的（除了少数情况或非常具体的职业技能）。成功的"私立"学校几乎都是非营利性的，它们从直接或间接的公共资金中受益。像 EdisonLearning 这样的营利性学校都倒闭了，营利性高等教育部门依赖于欺诈性获取联邦拨款，瑞典一直都是营利性学校的典型代表，如今也出现了类似的问题。就像森林一样，能否找到受过良好教育的熟练工人生产里德的铅笔，取决于多年或几十年前做出的规划决定。

里德的铅笔接下来会经历去往加州圣莱安德罗的火车之旅。里德没有提到具体的铁路线，但火车最有可能从西北太平洋铁路出发，然后连接到南太平洋铁路和中央太平洋铁路。中央太平洋铁路和联合太平洋铁路这两条铁路线的建设有赖于亚伯拉罕·林肯领导下的国会通过的一项法案，该法案计划修建一条横跨美国大陆的铁路，最终在犹他州普罗蒙托里打下金色道钉（Golden Spike），将两条铁路线贯通起来。无论在哪里，依靠"看不见的手"构建连贯的铁路网络都是失败的。如今，政府试图将公路网移交给私营收费公路运营商也是一样。在复杂的交通网络中，中央规划必不可少。

而且制作铅笔需要在两块木板中间夹放石墨，里德忘记了提及铅笔的发明者尼古拉斯·孔蒂（Nicolas Conte），他在 18 世纪末申请了专利。正如我们之前讨论过的，专利制度是政府创造的临时垄断，是混合经济的一个经典例子。

最后，让我们看看制造铅笔的埃伯哈德·费伯公司。它现在是纽威乐柏美的子公司，纽威乐柏美是一家拥有两万多名员工和几十个不同品牌的跨国消费品集团。显然，有不少例子显示对数千名员工进行"指令和强制指导"，而不是完全依赖于市场上的交易，会带来相当多的好处。股东更愿意以受国家保护的有限责任公司组织生产经营活动，而不是作为独立的企业家。

公司制企业（甚至是非公司制企业）是一个复杂的社会建构，既体现了合作——生产和销售公司产品，也体现了冲突——工人与企业所有者在工资和工作条件上冲突、股东与管理者之间的冲突以及长期和短期利益相关者之间关于战略方向的冲突。从这种混杂的合作与冲突中，公司产生的收入实现了分配，这种分配总是不平等的，但在某些时候和某些地方比其他地方更平等。

我们能从中学到什么？正如里德所言，追随亚当·斯密的脚步，市场确实可以组织非常复杂的生产过程，对于任何试图用抽象推理理解市场的人来说，这就是奇迹。但这并不意味着市场是组织生产的唯一方式或最佳方式。

为什么生产大都在企业内部有组织地进行，而不是在市场中进行？罗纳德·科斯（Ronald Coase）在 1937 年发表的一篇经典文章中首次提到这一问题。科斯通过大量论文发展了这一思想，其核心是把公司作为契约的联结。

大多数经济活动与市场没有任何直接的联系。这包括家庭或政府部门中的活动，以及通过市场交易但使用中央计划组织活动的大公司内的活动。随着一些活动在家庭、政府和市场部门之间转移，以及家庭、政府和公司将一些活动外包，将另一些活动整合，边界在不断变化。

某种组织形式存在并发挥作用并不能证明这种组织形式就是最优的。在想象中，现代社会的形态可能是市场和私有财产不起作用，也可能是一切都依赖市场。在广泛的混合经济中，存在着各种各样的可能性，大多数商品和服务在某个地方或某个时候由政府提供，在某个地方或某个时候由私人市场提供。

不过，混合经济的大致轮廓自 20 世纪 40 年代以来一直保持稳定。它经受住了苏联全面中央计划的挑战，比始于 20 世纪 80 年代并在最近的全球金融危机中结束的私有化进程持续得更久。任何严肃的政策计划都必须考虑这一事实。

延伸阅读

本章开头的引文来自莱斯格（Lessig，2001）。"反补贴力量"一词是加尔布雷思（Galbraith，1969）首创的。

近年来，垄断 / 买方垄断与不平等的关系是研究的热点问题。有用的资源包括奥特尔等人的论文（Autor et al.，2017），比文斯、米歇尔和施密特的论文（Bivens，Mishel and Schmidt，2018），克里斯托夫斯的论文（Christophers，2016），林恩的论文（Lynn，2011），可汗和瓦希桑的论文（Khan and Vaheesan，2017），克鲁格曼的论文（Krugman，2016），纳伊杜、波斯纳和韦尔的论文（Naidu，Posner and Weyl，201）以及斯蒂格利茨的论文（Stiglitz，2016）。

科洛科的论文讨论了监管俘获（Koloko，1970，1977）。埃斯格拉的论文（Esguerra，2008）和沃克的论文（Walker，2008）从截然不同的角度研究了联邦通信委员会的监管俘获。汤普森、麦克唐纳和穆利亚基斯提供了关于澳大利亚受监管垄断企业超额回报的证据（Thompson，MacDonald and Mouliakis，2016）。

我写过大量关于公有制和混合经济的文章，包括我的上一本书《僵尸经济学》。混合经济一词是由肖恩菲尔德推广开来的（Shonfield，1965，1984）。

里德的《我，铅笔》（Read，1958）最初版可以在互联网上找到。2011 年，我在"曲木"博客上发表了相关的回应。其他还可以参见罗德里克的文章（Rodrik，2011）。科斯的思想（Coase，1937）由威廉姆森继续发展（Williamson，1986）。

其他参考文献包括 CEDAW（2014）和塔洛克的论文（Tullock，1967）。有关标准石油公司和反垄断历史的讨论借鉴了维基百科。

第 16 章

环境政策

人们过度制造污染是因为他们无须支付处理污染的费用。

——张夏准（Ha-Joon Chang），《资本主义的真相》

（ *23 Things they Don't Tell You about Capitalism* ）

正如我们在第 10 章中看到的，污染的外部性是市场经济中最普遍和最棘手的市场失灵之一。几乎每一种经济活动都会产生有害的副产品，安全处理这些副产品的成本很高。成本最低的办法是把垃圾倾倒在陆地上、水里或大气中。

在市场环境下，情况恰恰如此。这是两课经济学的经典案例。污染者没有为倾倒垃圾付出任何代价，而社会却承担了代价。

很早以前经济学家就这个问题提出了一种解决方案，或者更确切地说，同一解决方案的几种变体。早在 20 世纪 20 年代，庇古就提出，对产生负外部性的公司征税可以消除私人机会成本和社会机会成本之间的差异。这样一来，公司支付的（含税）价格就能反映社会成本。污染程度取决于生产过程对企业的价值。

另一种方法是从罗纳德·科斯的著作中发展而来的，他在 1960 年发表的经典文章强调了财产权的作用。[①] 在科斯派的方法中，由社会（通过法院或政府）决定多少污染是可以容忍的，并建立反映这一决定的产权，而不是为污染定价。想要处理垃圾的公司必须为这样做的权利付费。庇古派的方法决定价格，让市场决定污染活动的数量，而科斯派的方法决定污染活动的数量，让市场决定价格。

庇古和科斯的思想为市场失灵问题提供了理论上的简洁答案，这是两课经济学的一个重要部分。然而，他们遇到了更根本的收入分配和产权问题。

无论是像科斯派那样明确地建立产权，还是像庇古税那样含蓄地建立产权，由此导致的产权分配的变化，以及在此基础上的市场收入的变化，既有受损者也有受益者。在许多情况下，这些潜在的受损者对以市场为基础的污染控制政策产生了有效的抵制。

最强烈的抵制出现在那些之前免费向空气和水域排放污染的企业，它们被迫承担自己行动的机会成本，比如缴税或购买排放权。这样的企业可以召集一大批说客、智囊团和友好的政治家捍卫自身的利益。

有时他们可以阻止任何行动。在其他情况下，由于预期产权结构会发生变化，污染实际上增加了。面对这些困难，政府往往求助于成本效益较低但更简单的选项，即监管。

[①] 科斯后来因为这项工作获得了诺贝尔经济学奖。

在本章中，我们将着眼于监管以及市场的反应，并考虑这两者是否能够协同工作。

监　管

治理污染最简单和最直接的办法是禁止污染，禁止排放废物。另一个办法是要求污染者采用特定的技术减少污染源或将其排放到更远的地方。这种政策通常被轻蔑地描述为命令和控制，或者更中立地描述为监管。

早在 19 世纪就已经有了一些环境法，但第一次系统地对污染进行管理的尝试是英国（1956 年）和美国（1970 年）的《清洁空气法》[①]。这些行动依靠直接控制实现其目标，例如要求在城市地区使用无烟燃料。1972 年，美国颁布了《清洁水法》，英国和欧洲也颁布了类似的法律。[②]

由于人们很少注意到污染问题，这种要求往往能以相对较低的成本大幅度减少污染。伦敦著名的"豌豆汤"烟雾已成为遥远的记忆。污染控制政策解决了许多非常严重的空气和水污染问题。泰晤士河曾经污染严重，现在我们又能在河里看见各种鱼类、海豹和海

[①]　1970 年的《清洁空气法》确立了联邦环境立法采用命令与控制的方法。它取代了一系列更有限的联邦立法，这些立法可以追溯到 1955 年的《空气污染控制法》，以及州和地方各级的各种措施。
[②]　与《清洁空气法》一样，《清洁水法》取代了较早的、不太系统的立法，其历史可以追溯到 1899 年的《河流与港口法》。

豚，甚至还有白鲸。[①] 同样，洛杉矶的天空恢复了蓝色，而不再是棕色。这些成就表明，（混合）市场经济与环境保护之间没有必然的冲突。

相反，中央计划并不一定能解决环境问题。苏联的规划者将污染和环境退化视为进步的代价之一而坐视不管，导致了一系列的环境灾难，尤其是切尔诺贝利核泄漏和西伯利亚的贝加尔湖几近毁灭。苏联解体后的一些国家，比如波兰，坚持基本上不受管制的煤炭开采和燃煤发电，空气污染严重，导致居民严重的呼吸疾病。尽管监管取得了成功，但空气污染问题尚未得到完全的解决。在许多情况下，监管的作用是转移污染，而不是减少污染。

例如，1956 年的英国《清洁空气法》就试图通过更高的烟囱来解决污染问题。结果，污染物不是在英国城市中制造烟雾，而是被盛行的西风吹到了海里。不幸的是，烟雾没有停在那里，它被一路吹到斯堪的纳维亚半岛，那里的二氧化硫与雨水结合产生稀硫酸，也就是臭名昭著的酸雨。这是跨界污染问题的最初实例之一。

在其他情况下，污染源，例如制造业，已经转移到包括中国在内的新兴工业化国家。几年来，北京的空气污染非常严重，人们甚至开始认真考虑建造生物穹顶，让富人可以呼吸过滤后的空气。印度的情况也一样糟糕。即便如此，监管仍是应对污染的最直接、最简单的办法。中国政府宣布禁止在北京和其他污染严重的城市附近修建燃煤发电厂。

---

① 最近的报告显示，雾霾可能正在卷土重来，部分原因是气候变化。

当只有少数污染源和有限的解决办法时，法规就能很好地发挥作用。这种情况通常被称为点源污染。在这种情况下，可以简单地要求污染者采取必要的措施控制污染。举个简单的例子，载运煤炭等物品的卡车司机可能被要求运送其他货物。

另一个非常适合监管的案例是，禁止一项污染严重的技术。第10 章讨论的氯氟碳化合物（CFCs）就是一个例子。

如果许多不同的活动造成污染，而且不能简单地禁止这些活动，就会出现更困难的问题。

环境税

到 20 世纪 70 年代末，监管方法越来越表现出明显的问题。进一步减少污染只有在政策继续依赖直接监管的情况下才能实现，而且代价巨大。

两课经济学解释了其中的原因，即公司总是会对它们所面临的价格信号做出反应。如果污染的机会成本没有反映在它们面临的价格中，企业就会绕过监管，将生产成本降至最低。

此外，有几种不同的技术方法来减少排放，而哪一种方法最有效还不清楚。工厂可以改变它们的燃料组合或改进它们的锅炉，也可以在它们的输出堆上安装设备来捕获和中和排放。设定排放价格鼓励企业采用最具成本效益的减排方式。

在欧洲，基于庇古原理的环境税已被广泛采用。总部位于巴黎的经济合作与发展组织一直大力提倡征收此类税收，认为这类税收为进一步的效率提升、绿色投资、创新和消费模式转变提供了激励。

相比之下，美国的政治制度和态度对监管比对税收更有利。与庇古税最接近的是模仿俄勒冈州瓶子法案的环保押金立法，目前在10 个州生效。其理念是瓶子和其他容器的价格中包含可退还的押金，并在回收时退还，如果瓶子没有回收，押金将被没收。

实际上，环保押金是对丢弃瓶子等包装物品征收的一种税，也是对回收这类物品的一种补贴[1]。

庇古的推理也被当作一种证据，来对那些被认为产生负外部性的商品（包括香烟和酒精）征收更高的税率。在前两种情况下，负外部性既包括在消费中对他人造成的直接影响（二手烟和酒精引发的不良行为和酒后驾驶），也包括吸烟者和饮酒者对公共卫生系统造成的成本。

可交易排放许可

不管是由谁来减少污染，好处都是一样的，但是减少污染的机会成本因公司而异。这时候进行交易就存在潜在的收益。

第一个获得这些收益的政策是为了应对酸雨问题而出现的。20世纪 80 年代。欧洲和北美的酸雨突然变得很严重，酸雨主要是由于大气中二氧化硫的存在，而二氧化硫是高硫煤燃烧产生的，主要

---

[1] 奥斯卡提名纪录片《救赎》（*Redemption*）讲述了以收集这类物品获得押金为生的罐头工人的生活。

来自发电厂。二氧化硫与大气中的水蒸气结合形成稀硫酸。酸雨会杀死树木，改变湖泊的酸碱平衡，造成潜在的严重生态破坏。

与 20 世纪五六十年代解决的污染问题（例如城市烟雾和向河流倾倒废物）不同，酸雨的问题不是地方性的。二氧化硫的来源可能离它以酸雨形式落下的地方有数百公里。

为了解决酸雨问题，有必要减少发电厂的二氧化硫排放量。传统的做法是对污染控制设备提出具体要求，或禁止使用高硫煤。事实证明，这种做法在处理城市雾霾等问题方面取得了成功。

然而，治理酸雨的费用非常昂贵。对老厂进行污染控制设备的改造是非常困难的。另一方面，如果只对新厂实施这些规定，老厂还是用原来的设备，那么问题的解决方案就会被推迟，这可能会造成无法接受的延迟。

另一种政策回应是建立一套排放许可制度，允许持有者产生一定数量的排放。实际上，这些许可证是新创造的产权。与此同时，撤销没有许可证的人手里的普遍排放权。

该体系的关键创新在于许可证是可交易的。持有排放许可的公司可以选择安装污染控制设备减少排放，然后将剩余的排放许可卖给没有排放许可的公司。对于出售许可证的公司来说，机会成本就是减少排放的成本。相反，对于购买排放许可的公司来说，排放的机会成本是为获得许可而支付的价格。

如果许可证的价格等于污染的社会机会成本，那么一课经济学的条件就恢复了。

在实践中，污染的社会机会成本很难确定。排放交易计划的作用是为总排放量设定一个上限，低于没有控制的情况下的普遍水平。在大多数情况下，允许的排放量会随着时间的推移而下降。这可以通过限制许可的时间来管理。旧许可证过期后，新的许可证允许排放的数量更少。

两课经济学的另一个方面与收入分配有关。在排放交易计划的最初版本中，大多数排放许可是免费分配给现有的污染者的。实际上，这些公司的污染权有所减少，而潜在的进入者则没有这种权利。

一个更令人满意的方法是拍卖许可证，它不会奖励过去的污染。拍卖所得可用于补偿环境损害等特定用途，也可增加政府一般收入。

全球污染问题

至少在发达国家，减少空气污染和水污染的政策在地方和国家一级取得了显著的成功。一直以来，在中国和印度等快速发展的国家中，高污染是经济高速增长的代价。然而，越来越多的证据和公众对健康损害和其他影响的认识导致了相应变化。例如，中国已经关闭了北京等大城市附近的燃煤发电厂，目前正试图用更清洁的天然气取代家庭取暖用的煤炭。

在地方和国家两个层级取得进展的同时，全球污染问题对整个人类构成了前所未有的严重威胁。其中最引人注目的两项是对臭氧层的破坏和人为引起的气候变化。

对臭氧层的威胁来自一种叫作氟氯碳化物的新型化学物质。在正常情况下，这些化学物质几乎是完全惰性的，因此是理想的制冷剂和喷雾罐的喷射剂。同样的惰性使得氟氯碳化物进入上层大气，与臭氧发生反应，臭氧是一种能吸收紫外线的氧气。

20世纪八九十年代我们曾采取行动，对鼓舞人心的、幸运的科学研究做出反应，才阻止了对保护我们免受太阳致命紫外线辐射的臭氧层的破坏。《蒙特利尔议定书》是一项逐步淘汰氟氯碳化物的国际协议。

气候变化

氟氯碳化物造成的全球威胁只是一个更大的问题的预演。20世纪八九十年代，越来越明显的问题是，温室气体，尤其是二氧化碳的排放，正在改变全球气候，导致平均气温上升，降雨模式改变，以及极端气候事件的频率增加。而全球气温上升威胁着地球上每个人的未来。

现代社会的绝大多数能源来自燃烧碳基燃料，解决这一问题需要在广泛的经济活动中做出改变。要实现这些变化，并且不降低生活水平，也不阻碍较不发达国家摆脱贫困，那么就要找到一种减少排放的途径，使机会成本降到最低。

碳预算

我们应该如何思考二氧化碳排放的机会成本呢？我们可以看看全球人口因气候变化付出的代价，并衡量这一代价是如何随着额外排放而发生变化的。但这是一项几乎不可能完成的艰巨任务。关于气候变化的代价，我们唯一确定的是我们还有很多不知道的。我们可以合理地确定，如果全球气温继续上升，代价将是巨大的，可能是可控的破坏，也可能是全面的灾难。很难计算这些结果的概率。

从碳预算的角度思考这个问题是一个更好的方法。整个世界能够承受多少二氧化碳（和其他温室气体）的排放，才能保证不发生危险的气候变化（超过 2 摄氏度）。一个典型的估计是 2.9 亿吨，而工业革命以来已经排放了 2 亿吨，其中大部分是在过去 30 年里排放的。

在给定的碳预算中，某个污染源额外排放 1 吨二氧化碳，那么其他地方就要减少 1 吨。因此，正是这种抵消性减排的成本决定了额外排放的机会成本。

两课经济学表明，机会成本与价格密切相关。如果二氧化碳排放价格高到足以将总排放量控制在碳预算之内，那么增加排放的机会成本将等于价格。

价格可以告诉我们不同种类排放的相对成本。但这样的价格并不是由现有市场自发产生的，因为二氧化碳排放的成本是由地球上的每个人承担的，而不仅仅是那些直接或间接负有责任的人。

二氧化碳排放的价格或任何一种污染的价格，只会来自以某种形式创造市场的政策行动。这些以市场为基础的工具有时与监管政策竞争，有时互补。

排放许可与税收

我们到底应该实施碳税，还是可交易排放许可，抑或两者同时实施，这个最重要的问题尚待解决。碳税和可交易排放许可这两项措施都已成功实施，都确保了二氧化碳排放价格的存在，而且都可以通过许多不同的方式分配排放成本。[①]

许可证有很多优点。

首先，尽管两种制度的自然出发点都是政府收集排放的全部隐含价值，或者作为税收收入，或者作为拍卖许可证的收入，但排放交易制度允许（但不要求）免费发放一些许可证。尤其是在过渡阶段，此时并非所有污染源都能获得许可证，这可以用来抵消该计划的意外分配后果，从而增加其政治可行性。

其次，由于我们不确定排放需求的弹性，我们面临着一个选择，是让这种不确定性反映在实现减排目标的不确定性和价格的不确定性中（或两者兼有）。考虑到如果个别国家达不到目标，我们将彻底失败的风险，价格的不确定性似乎更可取。

最后，也是最重要的一点，理想的结果是达成一项国际协议，以最具成本效益的方式减少排放。实现这一目标的途径是建立排放许可的国际市场。相比之下，在一个汇率剧烈变化的世界里，建立一个协调一致的全球碳税体系将是非常困难的。

---

① 不列颠哥伦比亚省政府在 2008 年实施了碳税。欧盟自 2005 年以来一直实行排放交易机制。尽管最初由于过度发放许可证而出现问题，但该计划成功地减少了排放。在撰写本书时，中国的一项全国性计划正处于早期运作阶段。

一课经济学和气候变化

长期以来，如何应对污染等负外部性一直是一课经济学的倡导者所面临的难题。

亨利·黑兹利特在1984年接受资产主义杂志《理性》（*Reason*）的采访时也承认了这一点。他指出："我发现污染问题是非常棘手的问题之一。许多这类问题我都没有研究过。"

令人惊讶的是，早在19世纪巴斯夏就写过关于污染的文章。比阿累尼乌斯（Arrhenius）描述温室效应早了十几年，巴斯夏给我们呈现了一个关于气候变化的辩论，以及一课经济学家对此的反应，全文具有诡异的预见性。假设一位化学教授说："世界受到一场大灾难的威胁，上帝没有采取适当的预防措施。我分析了来自人类肺部的空气，得出了不适合呼吸的结论。通过计算大气的体积，我就能预测出空气完全被污染的那一天，以及人类因此死亡的那一天，除非人类采用我发明的人工呼吸方式。"

另一位教授站出来说："不，人类不会这样灭亡。的确，用来维持生命的空气被污染了，但它适合植物生长，植物呼出的气体有利于人类呼吸。一项不完整的研究使一些人认为上帝犯了一个错误，更确切的调查显示，他的作品设计精巧和谐。人类可以按照自然的意愿继续呼吸。"

如果第一个教授对第二个教授破口大骂，说："你是一个心肠冷酷、没有良心的化学家，你鼓吹可怕的自由放任主义，你不爱人类，因为你证明了我的呼吸器官是无用的。"

这就是我们同社会主义者争吵的全部内容。他们和我们都渴望和谐。他们在无数的计划中寻求它，他们希望法律强加于人，我们在人与物的本性中发现了它。

尽管巴斯夏的第一位教授（和阿累尼乌斯一样是一名化学家）被设定为一个稻草人，他正确地识别了导致气候变化的问题气体。人类呼出二氧化碳和甲烷，但牲畜排放的甲烷要多得多，而化石燃料的燃烧产生的二氧化碳也要多得多。此外，尽管这些气体在高浓度下是有毒的，但真正的问题是温室效应，这意味着仅仅是工业化前浓度的两倍就可能是灾难性的。

更引人注目的是巴斯夏对他的主人公的反应的预期，他的第二位教授（看起来是神学教授），他向我们保证一切都会好起来。他没有指出化学家计算中的错误，只是向我们保证，代表自由市场的神圣天意将以某种未指明的方式解决这个问题。150 年后，气候怀疑论者的反应就是这样的，他们也许出于各种实际目的。这一群体在美国主导着美国共和党和保守党，在其他英语国家与一课经济学理论的支持者有着非常密切的重叠。

关于气候变化的辩论说明了（从字面上）死守一课经济学理论的有害影响。降低二氧化碳排放问题的成本效益解决方案必须包括以市场为基础的政策工具，包括税收和新形式的产权。但对于理论家来说，税收是一种诅咒，而由政府创造产权这一事实是一个可耻的秘密。

总　结

　　根据定义，环境就是我们周围的一切。我们在每一项经济活动中都依赖它，我们所做的每一件事都影响着我们的环境。只有在权利和义务的结构以及生产者和消费者所面临的价格反映人类活动对环境的影响时，市场经济才能产生社会和环境上可持续的结果。两课经济学给了我们需要的工具。

延伸阅读

　　参考庇古（Pigou，1920）和科斯（Coase，1960）的经典著作。环境保护局对清洁空气法案的历史和清洁空气市场的概述。

　　沃兰德报道了洛杉矶烟雾的回归以及与气候变化的关系（Worland，2016）。关于环保押金立法历史的信息可参考维基百科。

　　关于环境税的讨论可见卡斯蒂廖内等人的论文（Castiglione，2016），埃金斯的论文（Ekins，1999），经合组织的论文（OECD，2018），以及苏特和菲利克斯的文章（Suter and Felix，2001）。科兹洛夫斯卡描述了波兰污染的灾难性影响（Kozlowska，2017）。

　　达比描述了尤尼斯·富特（Eunice Foote）发现的温室效应的过程（Darby，2016）。巴斯夏的这段话摘自《正义与友爱》（*Justice and Fraternity*）。

结　尾

每一个复杂的问题都有一个明确、简单和错误的答案。

——H. L. 门肯（H. L. Mencken）

当一个人的薪水取决于他对某件事的不了解时，要让他了解这件事是很困难的。

——厄普顿·辛克莱（Upton Sinclair），《我是州长候选人》（*I: Candidate for Governor*）

两课经济学比一课经济学更难。一课经济学的魅力或许可以部分地解释为人类对复杂问题寻求简单而合理的解决方案的渴望。当这些简单的解决方案似乎提供了看似更深刻的见解时，它们的吸引力就会增强。许多经济学专业的学生被一课经济学理论阐述的价格机制的力量所震撼，他们再也没有进行深入研究。当他们遇到诸如外部性、失业和产权分配等问题时，他们会用表面上看似合理但其实站不住脚的论点搪塞这些问题。

同样，人类倾向于忽视那些威胁自己的收入和社会地位的事实，尽管这种倾向不那么站得住脚。用阿尔·戈尔（Al Gore）的话来说，对于那些从工业生产不受约束的增长中受益的人来说，污染和气候变化的外部性代表了一个难以忽视的事实。同样，像黑兹利特这样的市场经济捍卫者也不愿意承认大规模失业是可能的，除非它可以归咎于政府和工会的不良行为。最明显的是，那些从现有产权结构中获益的人从来不想承认这些权利是由政府的行动创造和维持的。

经济学这门课的教条主义确定性总是很有吸引力，尤其是对那些坚持从它开出的处方中获益的人。但是，面对失业、日益加剧的不平等和气候变化等问题，一课经济学没有什么作用。要了解市场是如何运作的，我们还必须了解它们是如何失败的，以及我们能做些什么。在这本书中，我试图通过两课经济学展示经济学如何提供我们所需要的解释。

图书在版编目（CIP）数据

两课经济学 / (澳) 约翰·奎金著; 张茜译. -- 北京 : 九州出版社, 2022.11
ISBN 978-7-5225-1144-3

Ⅰ.①两… Ⅱ.①约… ②张… Ⅲ.①经济学—通俗读物 Ⅳ.①F0-49

中国版本图书馆CIP数据核字(2022)第159349号

著作权合同登记号：图字01-2022-5954

两课经济学

作　　者	［澳］约翰·奎金 著　张　茜 译
责任编辑	王　佶　周　春
出版发行	九州出版社
地　　址	北京市西城区阜外大街甲35号（100037）
发行电话	（010）68992190/3/5/6
网　　址	www.jiuzhoupress.com
印　　刷	天津中印联印务有限公司
开　　本	889 毫米 × 1194 毫米　　32 开
印　　张	10.75
字　　数	223 千字
版　　次	2022 年 11 月第 1 版
印　　次	2023 年 6 月第 1 次印刷
书　　号	ISBN 978-7-5225-1144-3
定　　价	56.00元